2024

EDUARDO AUGUSTO
SALOMÃO CAMBI

Prefácio: **Ministro Luiz Edson Fachin e Professora Maria Berenice Dias**
Apresentação: **Professor Rodrigo da Cunha Pereira**

DIREITO DAS FAMÍLIAS COM PERSPECTIVA DE GÊNERO

Aplicação do Protocolo de Julgamento do
Conselho Nacional de Justiça (Recomendação 128/2022
e Resolução 492/2023)

Dados Internacionais de Catalogação na Publicação (CIP) de acordo com ISBD

C175d   Cambi, Eduardo Augusto Salomão
          Direito das famílias com perspectiva de gênero: aplicação do protocolo de julgamento do Conselho Nacional de Justiça (Recomendação 128/2022 e Resolução 192/2023) / Eduardo Augusto Salomão Cambi. - Indaiatuba, SP : Editora Foco, 2024.

          248 p. ; 16cm x 23cm.

          Inclui bibliografia e índice.
          ISBN: 978-65-6120-097-4

          1. Direito. 2. Direito de Família. 3. Gênero. I. Título.

2024-1130   CDD 342.16   CDU 347.61

Elaborado por Odilio Hilario Moreira Junior - CRB-8/9919
Índices para Catálogo Sistemático:
1. Direito de Família 342.16
2. Direito de Família 347.61

EDUARDO AUGUSTO
SALOMÃO CAMBI

Prefácio: **Ministro Luiz Edson Fachin e Professora Maria Berenice Dias**
Apresentação: **Professor Rodrigo da Cunha Pereira**

DIREITO DAS FAMÍLIAS COM PERSPECTIVA DE GÊNERO

Aplicação do Protocolo de Julgamento do
Conselho Nacional de Justiça (Recomendação 128/2022
e Resolução 492/2023)

2024 © Editora Foco
Autor: Eduardo Augusto Salomão Cambi
Diretor Acadêmico: Leonardo Pereira
Editor: Roberta Densa
Coordenadora Editorial: Paula Morishita
Revisora Sênior: Georgia Renata Dias
Capa Criação: Leonardo Hermano
Diagramação: Ladislau Lima e Aparecida Lima
Impressão miolo e capa: FORMA CERTA

DIREITOS AUTORAIS: É proibida a reprodução parcial ou total desta publicação, por qualquer forma ou meio, sem a prévia autorização da Editora FOCO, com exceção do teor das questões de concursos públicos que, por serem atos oficiais, não são protegidas como Direitos Autorais, na forma do Artigo 8º, IV, da Lei 9.610/1998. Referida vedação se estende às características gráficas da obra e sua editoração. A punição para a violação dos Direitos Autorais é crime previsto no Artigo 184 do Código Penal e as sanções civis às violações dos Direitos Autorais estão previstas nos Artigos 101 a 110 da Lei 9.610/1998. Os comentários das questões são de responsabilidade dos autores.

NOTAS DA EDITORA:

Atualizações e erratas: A presente obra é vendida como está, atualizada até a data do seu fechamento, informação que consta na página II do livro. Havendo a publicação de legislação de suma relevância, a editora, de forma discricionária, se empenhará em disponibilizar atualização futura.

Erratas: A Editora se compromete a disponibilizar no site www.editorafoco.com.br, na seção Atualizações, eventuais erratas por razões de erros técnicos ou de conteúdo. Solicitamos, outrossim, que o leitor faça a gentileza de colaborar com a perfeição da obra, comunicando eventual erro encontrado por meio de mensagem para contato@editorafoco.com.br. O acesso será disponibilizado durante a vigência da edição da obra.

Impresso no Brasil (5.2024) – Data de Fechamento (5.2024)

2024
Todos os direitos reservados à
Editora Foco Jurídico Ltda.
Rua Antonio Brunetti, 593 – Jd. Morada do Sol
CEP 13348-533 – Indaiatuba – SP
E-mail: contato@editorafoco.com.br
www.editorafoco.com.br

"O grau de civilização de uma sociedade se mede pelo grau de liberdade da mulher" – Charles Fourier.[1]

"A igualdade de gênero está se distanciando cada vez mais. No caminho atual, a ONU Mulheres a coloca a 300 anos de distância" – Antonio Guterres (Secretário-Geral da ONU).[2]

---

1. Pensador francês (1772-1837): atribui-se o surgimento do conceito de feminismo a este autor.
2. Declaração dada em 06 de março de 2023, em evento alusivo à defesa dos direitos da mulher. Disponível em: https://noticias.uol.com.br/colunas/jamil-chade/2023/03/06/onu-igualdade-entre-homens-e-mulheres-levara-mais-300-anos-para-ocorrer.htm. Acesso em: 28 mar. 2024.

PREFÁCIO

Desafios para a interpretação e a aplicação do Direito

O sentido do próprio Direito e da justiça está sendo desafiado a refletir sobre os limites e possibilidades da hermenêutica judicial na perspectiva de gênero. Com qualidade e robustez, provêm na linha de contribuir nessa seara as ideias apresentadas por Eduardo Augusto Salomão Cambi, cuja trajetória já é reconhecida pela dedicação ao Direito. A publicação que vem a público agora coroa a produção científica desenvolvida pelo autor, que tanto contribui para a comunidade jurídica brasileira com seu entendimento de máxima efetividade dos direitos humanos.

A obra, com seu exemplar didatismo, expõe o percurso histórico do patriarcalismo, que é marcado pela concessão de privilégios e pelo estabelecimento de uma rígida hierarquia desfavorável às mulheres. Esse fenômeno, severamente construído nas estruturas políticas, sociais, culturais e econômicas, ainda persiste na contemporaneidade, refletindo, não raro, nas decisões judiciais.

O Poder Judiciário lida diretamente com temas associados à perspectiva de gênero, como os casos de exploração sexual, estupro, feminicídio, violência doméstica, equidade salarial, poder parental, divórcio, direitos reprodutivos, participação política, entre outros. A partir desses casos, a atuação judicial pode se orientar pelo replicar (acriticamente ou automaticamente) de estereótipos construídos.

Para arrostar esse contexto, o Conselho Nacional de Justiça implementou o Protocolo para Julgamento com Perspectiva de Gênero (Recomendação n. 128/2022 e na Resolução n. 492/2023). A partir dessa diretriz institucional afirmativa, o Poder Judiciário assumiu o compromisso de robustecer a proteção dos direitos humanos das mulheres e das meninas em todas as esferas do Direito, tais como Penal, Militar, Constitucional, Trabalhista, Civil, Administrativo, Processual e Eleitoral.

O autor dedicou sua análise ao campo específico do Direito das Famílias dentre as várias áreas jurídicas. Nesse contexto, foram exploradas as possibilidades práticas de aplicação do Protocolo para Julgamento com Perspectiva de Gênero, especialmente nos casos em que se discute alienação parental, direitos alimentícios, guarda de filhos, conjugalidades, violência doméstica e familiar, benefício da justiça gratuita, responsabilidade por abandono civil e entrega voluntária de filho recém-nascido pela mãe para adoção.

Esta produção científica, ao analisar a aplicabilidade concreta do referido Protocolo no âmbito do Direito das Famílias, não apenas revela um tema ainda infrequente e que enriquece o debate acadêmico-jurídico sobre equidade de gênero, mas também oferece uma valiosa orientação para situar jurisprudência que não reproduzam relações injustamente hierarquizadas no contexto familiar.

Enalteço também a obra por adotar a perspectiva teórica do constitucionalismo feminista e multinível (no que há refinada e importante contribuição no Brasil de acadêmicas e professoras de Direito Constitucional), cuja finalidade é promover uma releitura constitucional a partir de uma visão que desconhece o homem como o único sujeito universal dos direitos e que ratifica a igualdade substancial e a não discriminação. Assim, essa teoria assegura a construção de decisões judiciais que não reflitam estereótipos e discriminações de gênero, que oprimem e entravam a efetivação de direitos humanos.

O autor evidencia, ainda, que o constitucionalismo feminista e multinível possui uma 'approach' interseccional, a partir da qual se evidencia que as mulheres vivenciam diferentes formas de opressões em virtude de múltiplos marcadores sociais, como raça, classe social, orientação sexual, identidade de gênero e idade. Sendo assim, ao compreender as vulnerabilidades das mulheres pelo viés interseccional, a interpretação e a aplicação do Direito tornam-se mais incisivas no combate de todas as formas de discriminação, maximizando a efetivação dos direitos humanos.

Eis, portanto, uma pesquisa que traz reflexões substanciais sobre a urgência e a relevância de o Poder Judiciário interpretar e aplicar o Direito com as lentes de um renovado constitucionalismo. O marco inaugural histórico desse progresso é o Protocolo para Julgamento com Perspectiva de Gênero, cuja aplicação inovadora é bem esquadrinhada pela obra que o leitor tem em mãos.

Luiz Edson Fachin

Ministro do STF.

Alma mater: UFPR.

PREFÁCIO

O que se espera de um juiz?

E de um juiz que atua com o mais humano de todos os direitos: o Direito das Famílias?

Principalmente porque ainda se vive em uma sociedade hierarquizada, patriarcal, machista e sexista, em que existem dois mundos: o público e o privado. Um detentor do poder e o outro, dos deveres.

A esta realidade são insensíveis a grande maioria dos parlamentares. Diante de um eleitorado majoritariamente conservador, têm pouco apetite legiferante. Afinal, a maior preocupação é garantir a reeleição.

Desse modo, se perpetuam históricas discriminações. Nas questões envolvendo relações familiares, todas as responsabilidades desaguam no colo das mulheres, a quem é atribuído o encargos, não remunerado, de cuidado dos filhos, da casa e do marido. A este, é reservado somente o papel de provedores financeiros.

Basta um exemplo. Apesar que imposto a ambos os pais o dever de sustento, guarda e educação dos filhos, de forma absurda e inconstitucional, há a possibilidade de um deles, imotivadamente, abrir mãos dessas obrigações. E como esta é uma atitude masculina, restam as mães sobrecarregadas, exercendo sozinhas funções que não são exclusivamente suas, o que lhes gera prejuízos de toda ordem: pessoal, afetiva, profissional, social, econômica etc.

A necessidade de enfrentar esta realidade ainda tão discriminatória acaba nas portas do Poder Judiciário. Muitas vezes o chamado é atendido por magistrados que se escudam atrás de sua toga, colocam sobre os olhos a venda de Themis e usam a espada para decidir ainda com os valores do meio em que vive, repetindo estereótipos sociais sem atentar às transformações de poder que vêm se impondo no mundo.

Frente a essa realidade é que o Conselho Nacional de Justiça instituiu o Protocolo de Julgamento na Perspectiva de Gênero (CNJ Resolução 492/2023). E, atentando a tal determinação é que Eduardo Augusto Salomão Cambi, magistrado que se destaca por decisões corajosas e atentas à realidade da vida, agora brinda a todos com esta preciosa abordagem do Direito das Famílias.

Alia sua cultura jurídica e enorme sensibilidade social para mostrar a perversa inferioridade que sempre foi imposta às mulheres. Como propriedade dos homens, eram – ou ainda são? – tratadas como objetos sexuais e não como sujeitos de direito. Crença esta que chancela o absurda violência e a morte de que diuturnamente são vítimas. Daí a premente necessidade de combater condutas preconceituosas e buscar os limites e ambiguidades das leis antidiscriminatórias e protetivas.

Ressalta Eduardo Augusto Salomão Cambi a noção de que o direito ao cuidado é parte dos direitos humanos, por imprescindível à sustentabilidade da vida humana. Por isso é necessário reconhecer o valor deste trabalho, que não é atribuição exclusiva das mulheres, e avançar para a noção de corresponsabilidade social e de gênero, de modo a superar a divisão social do trabalho e construir relações familiares mais justas entre homens e mulheres.

Após minuciosa análise sobre o modelo de família consagrado na Constituição Federal, aponta Eduardo Augusto Salomão Cambi o afeto como vetor hermenêutico para estruturar a intepretação e a aplicação das regras e princípios do Direito das Famílias.

Com seu olhar crítico, aborda os temas mais atuais, trazem minuciosa revisão doutrinária e farta análise jurisprudencial. Entre eles, a família como manifestação sociológica e cultural, conjugalidade, uniões estáveis e homoafetivas, famílias simultâneas, divórcio, dissolução da união estável, convivência familiar, alienação parental. E, de forma nua e crua aponta casos de violência processual de gênero.

Trata-se, portanto, de uma indispensável ferramenta a todos que têm o compromisso ético de assegurar a máxima efetividade aos direitos humanos, sob a ótica do constitucionalismo feminista, de modo a evitar a violência processual de gênero.

Como pontua o autor: Cabe ao Poder Judiciário obter julgamentos imparciais e, com isso, melhor proteger a vítimas e os grupos sociais mais vulneráveis, pautados na dimensão múltipla eficiente e digna da pessoa humana.

Maria Berenice Dias
Vice-Presidente Nacional do IBDFAM. Advogada.

APRESENTAÇÃO

O livro de Eduardo Cambi traz uma importantíssima contribuição ao pensamento jurídico contemporâneo. Pensar o Direito sob a perspectiva de gênero é, historicamente, novo e inovador. O ideal da igualdade de direitos entre homens e mulheres só poderá avançar em sua prática com a participação dos homens. E, para isto é necessário começar a entender o patriarcado como um sistema de pensamento, baseado e sustentado em leis, crenças, tradições e práticas. Desde que nascemos nos vemos presos a esse círculo patriarcal em que a realização dos homens se baseou na exploração e dominação das mulheres. Também é inovador que um livro como esse tenha sido escrito por um homem. Mas o autor tem "lugar de fala". Não apenas porque é magistrado (TJPR), e portanto poderá/deverá usar e aplicar em sua prática cotidiana essa perspectiva, mas também, porque a luta pela igualdade não pode ser vencida sem a participação dos homens.

Para ajudar o leitor a entender a origem, importância e necessidade dos "julgamentos pela perspectiva de gênero" o autor nos introduz em uma reflexão fundamental sobre o machismo estrutural. Essa ideologia patriarcal é uma força poderosa que atinge a todos nós. Sempre acreditamos e vimos o mundo pela perspectiva do masculino. Afinal, foram os homens que fizeram os prédios, as pontes, as rodovias etc. Os homens é que fizeram, e em certa medida ainda fazem, gerar a roda da economia, inclusive às custas do trabalho invisível das mulheres. Todos esses atos e fatos, que também são símbolos fálicos, fizeram a civilização ocidental acreditar na superioridade do masculino sobre o feminino, da hetero sobre a homoafetividade. E é com essa premissa que a organização social, e consequentemente os ordenamentos jurídicos, foram estruturados.

Refletir e entender sobre opressão e dominação do masculino sobre o feminino, e como essa realidade sustenta o machismo estrutural, nos faz enxergar que a balança da justiça não está equilibrada. Para equilibrá-la, é preciso, em cada julgamento, considerar o contexto histórico em que a mulher está inserida.

Quando Lacan disse, na década de 1960, "A mulher não existe", ele estava fazendo uma inquietação, e provocação a esta estrutura patriarcal. Nesta época, a Psicanálise e o movimento feminista já tinham revolucionado o pensamento contemporâneo, e começado a desconstruir dogmas jurídicos sobre a igualdade de direitos entre homens e mulheres. E foi assim que os ordenamentos jurídicos tiveram que absorver que a mulher é sujeito de direitos tanto quanto os homens.

Afinal, são igualmente sujeitos desejantes. E o desejo é a mola propulsora da máquina judiciaria.

Todo, e qualquer, profissional do Direito, comprometido com a ética do sujeito, especialmente Advogados, Magistrados e membros do Ministério Público, deve refletir sobre opressão e dominação engendrada por uma suposta superioridade masculina. E assim, entenderá a necessidade de se olhar os processos judiciais em Direito de Família pela perspectiva de gênero. É necessário, inclusive uma reparação histórica dessas injustiças, e das desvantagens que a mulher está em relação ao homem nas demandas judiciais. Na maioria das vezes, as mulheres sofrem um "déficit" profissional em razão da maternidade, que nós homens não sofremos. Nossa vida profissional pouco altera em razão da paternidade. Se atribuirmos um conteúdo econômico ao invisível trabalho doméstico, incluindo-se aí não apenas o "serviço braçal" com a criação, educação e administração do lar, mas também uma "carga mental", que historicamente só recaía sobre as mulheres, ficará mais fácil compreender as "pensões compensatórias", por exemplo.

O julgamento pela perspectiva de gênero, além de ser uma política afirmativa, é também, e principalmente, uma forma de equilibrar a balança da Justiça. Decidir um processo levando-se em consideração a desigualdade de gênero retira a imparcialidade do juiz? O autor é assertivo ao enfrentar tal questão (...) *A resposta é negativa, porque é função do Poder Judiciário aplicar a Constituição Federal e os Tratados de Direitos Humanos que o Brasil é signatário para combater preconceitos e discriminações, baseados no gênero, para mover a igualdade de direitos e deveres entre homens e mulheres e contribuir para eliminar todo e qualquer costume, tradição ou padrão sociocultural baseado na ideia de inferioridade ou superioridade de qualquer pessoa"* (item 6.2)

Os julgamentos se tornam injustos quando não se leva em consideração o contexto histórico de inferioridade da mulher naquela situação concreta e real. Muitas vezes acontece uma verdadeira violência processual. Sabemos todos que o judiciário, em razão de sua morosidade, naturalmente, beneficia a parte economicamente mais forte. É assim que acontece, por exemplo, com a partilha de bens decorrentes da dissolução da sociedade conjugal e inventários. Eles se eternizam na justiça, em prejuízo da parte economicamente mais fraca. Essa melancólica incapacidade de se fazer justiça pode acabar, ou pelo menos diminuir, significativamente, se os Advogados propuserem, e o Ministério Público e Magistrados aceitarem, que se tenha esse "olhar" para os processos pela perspectiva de gênero, como bem recomenda o CNJ-Conselho Nacional de Justiça.

Os Juízes são imparciais, mas não são neutros. A neutralidade é um mito. Em todo julgamento há uma carga de subjetividade, e que não é possível ficar livre dela. Exigir isso de um Juiz é desumanizá-lo. Daí o seu poder de arbítrio. E é justamente neste seu poder de arbítrio que ele faz a interpretação do caso, e coloca ali, a sua concepção pessoal e subjetiva. Daí poder-se dizer que Direito é, também, interpretação. Portanto, o que o autor propõe, e bem justifica, nesta rica obra, é que a interpretação da lei e dos fatos se faça de acordo com a Resolução 491/23. Mas para isto, é necessário ter olhos para ver a relação de opressão e dominação histórica do homem sobre a mulher. Ou seja, que se faça uma desconstrução dessas relações de poder.

Na objetividade dos atos e fatos jurídicos, especificamente no campo do Direito das Famílias, permeia uma subjetividade que está contaminada pela ideologia patriarcal, que naturalizou até mesmo a violência patrimonial. Por isso o Direito das Famílias quebra a máxima: "o que não está nos autos, não está no mundo." O desafio dos profissionais do Direito, a partir desta recomendação do CNJ é exatamente levar para os autos este contexto histórico da inferioridade e desigualdade da mulher, e assim tornar mais justo cada julgamento. O autor faz isto muito bem ao nos trazer as razões dessas desigualdades estruturais, e como ela se manteve, inclusive introduzindo novas expressões para ajudar a ressignificar as relações processuais, como se vê no capítulo 2: *Historicamente, o androcentrismo é um fenômeno cultural e social que se expressa na centralidade e na valorização do masculino como norma e padrão de referência. O androcentrismo tem origem nos sistemas patriarcais que conferem poder e privilégios aos homens, em detrimento das mulheres(...)* (item 2.2)

O discurso da igualdade entre homens e mulheres já está na lei. E isto é fruto do movimento feminista, e influência da Psicanalise. Mas praticar a igualdade de direitos não é tão simples. Primeiro, porque é necessário considerar as diferenças químicas, físicas e biológicas entre homens e mulheres; segundo, porque o paradigma de igualdade é o homem. E isto por si só já é uma contradição; terceiro, porque igualizar direitos exige uma leitura e contextualização histórica da divisão sexual do trabalho. E neste ponto o autor não deixa margem de erro. É assertivo. E vai além. Ele mostra como o Protocolo de julgamento de gênero pode ser aplicado em diversas situações. Afinal, uma teoria só tem sentido pelos resultados práticos que ela dá. E é assim que ele vai concluindo seu raciocínio, após invocar a Filosofia, a História, a Economia, Política e o Constitucionalismo. Ele demonstra como é possível que o acesso à justiça gratuita, alimentos, guarda e convivência, responsabilidade civil e abandono afetivo, entrega voluntária de filho para adoção, violência doméstica, bem como todas as consequências patrimoniais, decorrentes da conjugalidade devem passar, e serem reparadas, pela perspectiva de gênero.

Para que o Protocolo de julgamento com Perspectiva de gênero tenha eficácia, o autor apresenta o caminho: é preciso que ele seja visto no contexto dos direitos humanos fundamentais. Assim como temos uma dívida histórica com os povos originários do Brasil e as pessoas negras escravizadas, está passando da hora de reparar e corrigir a rota da injusta relação processual com as mulheres. E este ideal pode se tornar realidade se a Resolução CNJ 492/2023 for verdadeiramente aplicada. A eficácia deste Protocolo, que culminou na referida Resolução CNJ, como bem conclui o autor, terá mais eficácia com a compreensão e envolvimento dos movimentos sociais, de estudos e debate nas instituições jurídicas. Somente assim poderemos superar a cultura do machismo estrutural hegemônico.

Eduardo Cambi nos apresenta, e reforça, a necessidade de uma hermenêutica jurídica condizente com o mundo contemporâneo. E isto significa a interpretação da Lei levando-se em consideração o contexto histórico de denominação opressão do masculino sobre o feminino. Teorizar e pensar uma justiça pelo gênero, tem o mesmo sentido que a justiça social pressupõe redistribuição de riquezas. Na verdade, significa reconfigurar o patriarcado. Somente assim poderemos caminhar em direção a um ideal de justiça. O autor cumpre competentemente essa função, quase missão.

Rodrigo da Cunha Pereira

Doutor (UFPR) e Mestre (UFMG) em Direito Civil. Presidente do IBDFAM-Instituto Brasileiro de Direito de Família. Autor de vários livros e trabalhos em Direito de Família e Psicanálise. Advogado. Parecerista.

APRESENTAÇÃO

Este livro é fruto da ousadia de tentar pensar o Direito das Famílias a partir dos Direitos Humanos.

Resultou das inquietações diárias de um juiz que é chamado a interpretar e aplicar o Direito com a preocupação de resguardar e promover a dignidade humana, em um campo tão sensível que são as relações privadas intrafamiliares.

Os questionamentos foram divididos com jovens dedicados profissionais do Direito que, no dia a dia, do Tribunal de Justiça do Paraná compartilham dúvidas e procuram soluções para os casos concretos. Por isso, agradeço, de modo especial, a Letícia de Andrade Porto Nosaki, Anal Letícia Szkudlarek, Carlos Leite Ferraz, Fernanda Angelica Tome, Édina Andrade, Fernanda Branco Andrade, Flávia Moresco Pelle, Larissa Schabert Dias, Paula Gabriela Barbieri, Stefane Prigol Cimi, Thaís Costa de Brito, Thalisie Del Claro Carvalho e Vitória Carolina Fedalto, que já fizeram ou ainda fazem parte da assessoria jurídica ou da equipe de estagiários e voluntários do Tribunal de Justiça do Paraná.

Tentar compreender e encontrar respostas para a melhor aplicação do Protocolo de Julgamento com Perspectiva de Gênero do Conselho Nacional de Justiça é uma tarefa aberta e permanente, que está construção e deve encontrar, no espaço acadêmico e literário, mas também da prática jurídica, dimensões amplas para o debate voltado ao aperfeiçoamento científico e a busca dos melhores resultados para o Direito das Famílias.

Também sou grato aos Colegas Desembargadores do Tribunal de Justiça do Paraná, sobretudo aos integrantes da 11ª e 12ª Câmaras Cíveis, que julgam casos de Direitos das Famílias, e aos meus alunos do Programa de Pós-Graduação em Direito da Universidade Estadual do Norte do Paraná pelas contribuições ao aperfeiçoamento ético e técnico que um texto – sempre inacabado, porque o conhecimento está em contínua expansão – exige.

Boa leitura!

Curitiba, outono de 2024.

SUMÁRIO

PREFÁCIO – LUIZ EDSON FACHIN.. VII

PREFÁCIO – MARIA BERENICE DIAS IX

APRESENTAÇÃO – RODRIGO DA CUNHA PEREIRA.. XI

APRESENTAÇÃO.. XV

1. INTRODUÇÃO.. 1

2. SOCIEDADE BRASILEIRA: HISTORICAMENTE DESIGUAL, HIERÁRQUICA, AUTORITÁRIA E VIOLENTA.. 3

    2.1 Desigualdades sociais... 3

    2.2 Androcentrismo e estereótipos de gênero... 7

    2.3 Movimento feminista, políticas identitárias e interesseccionalidade 9

    2.4 Patriarcado e direito humano ao cuidado.. 13

    2.5 Divisão sexual do trabalho... 16

    2.6 Violências contra as mulheres.. 20

3. CONCEPÇÃO HISTÓRICA DA FAMÍLIA NA TRADIÇÃO ROMANO-CANÔNICA... 29

4. CARACTERÍSTICAS DO MODELO DE FAMÍLIA NA CONSTITUIÇÃO FEDERAL DE 1988... 39

    4.1 Constituição Federal de 1988 e o Estado Democrático de Direito 39

    4.2 Constituição Federal de 1988 e os direitos das famílias 40

           4.2.1 Uniões estáveis e homoafetivas 41

4.2.2 Proteção jurídica do afeto	46
4.2.3 Dissolução do vínculo conjugal	48
4.2.4 Família como manifestação sociológica e cultural	50
4.2.5 Interpretação dos direitos de famílias pelo Poder Judiciário	54

5. EQUIDADE, FILOSOFIA DA DIFERENÇA, EXISTENCIALISMO E TEORIA DA JUSTIÇA SOCIAL 59

5.1 Igualdade e equidade na filosofia da diferença	59
5.2 Filosofia existencialista	66
5.3 Teoria da justiça social	76

6. PROTOCOLO DE JULGAMENTO DE GÊNERO E DIREITO DAS FAMÍLIAS 87

6.1 Constitucionalismo feminista e multinível	87
6.2 Protocolo de julgamento na perspectiva de gênero	98
6.3 Aplicação do protocolo de julgamento na perspectiva de gênero no direito das famílias	109
6.3.1 Acesso à ordem jurídica justa – Benefício da justiça gratuita	110
6.3.2 Alimentos	115
6.3.2.1 Alimentos gravídicos	116
6.3.2.2 Alimentos para ex-cônjuge ou companheira	120
6.3.2.3 Alimentos de pais para filhos	123
6.3.2.4 Prisão civil da mãe devedora de alimentos com outro filho menor de doze anos	134
6.3.2.5 Ressarcimento dos alimentos pagos com exclusividade pela mãe	135
6.3.3 Convivência familiar e guarda de filhos	136
6.3.4 Alienação parental	145
6.3.5 Responsabilidade civil por abandono afetivo	148
6.3.6 Entrega voluntária do filho recém-nascido pela mãe para adoção (art. 19-A do Estatuto da Criança e do Adolescente)	153
6.3.7 Conjugalidades	160
6.3.7.1 Divórcio e dissolução da união estável	160
6.3.7.1.1 Separação de corpos	161

	6.3.7.1.2 Divórcio liminar	166
	6.3.7.1.3 Divórcio *post mortem*	169
6.3.7.2	Famílias simultâneas	170
6.3.7.3	Partilha de bens pelo esforço comum	177
6.3.7.4	Fixação de aluguel pelo uso exclusivo de imóvel comum até a partilha	179

6.3.8 Violência doméstica e familiar 181

    6.3.8.1 Introdução 181

    6.3.8.2 Credibilidade da palavra da menina ou da mulher ofendida ou testemunha de violência doméstica e familiar 185

    6.3.8.3 Vulnerabilidade probatória da mulher 190

    6.3.8.4 Não obrigatoriedade de participação da vítima de violência doméstica e familiar nas audiências de conciliação e de mediação 195

    6.3.8.5 Violência patrimonial – Tentativa de fraude na partilha de bens 199

    6.3.8.6 Assédio e violência processual – *Lawfare* de gênero 201

7. CONCLUSÕES 205

REFERÊNCIAS 215

1
INTRODUÇÃO

As transformações sociais e as mudanças nas relações de poder influenciam a forma de compreender, aplicar e interpretar o Direito.

O ordenamento jurídico é produto de uma construção histórica, marcada pelos valores hegemônicos de uma determinada época, que incorpora na normatividade os conceitos morais afirmados pela concepção majoritária representada nos Parlamentos e no sistema de justiça.

A revolução sexual, ocorrida a partir da segunda parte do século XX, alterou as dinâmicas sociais, rompendo a tradição do patriarcado, o que obrigou a construção de teorias críticas para considerar o gênero como vetor hermenêutico de compreensão das relações jurídicas.

Gênero, enquanto *categoria de análise*, é um elemento constitutivo das relações sociais, baseado nas diferenças percebidas entre os sexos, mas também é uma *fonte de ressignificação* das relações interpessoais, que contém componentes de poder e hierarquia.[1] Deve ser visto como uma *ferramenta analítica* para buscar entender os efeitos das formulações sociais, propriedades e características atribuídas a determinadas pessoas em razão do sexo.[2] Visa facilitar a percepção crítica das *desigualdades estruturais* (sociais, políticas e econômicas) entre homens e mulheres, bem como a superação dos preconceitos e das discriminações (diretas, indiretas e múltiplas) contra as mulheres, imposta pela reprodução histórica de padrões androcêntricos, misóginos, machistas, sexistas, racistas, xenofóbicos e homotransfóbicos, inclusive pelo Direito de Família da tradição romano-canônica, fundado no patriarcado, na hierarquização social, na divisão sexual do trabalho (produtivo e reprodutivo) e na heteronormatividade compulsória.

Nesse sentido, o Protocolo de Julgamento com Perspectiva de Gênero, desenvolvido pelo Conselho Nacional de Justiça (CNJ), por meio de Grupo de Trabalho instituído pela Portaria CNJ 27, de 2 de fevereiro de 2021, e que depois

---

1. SCOTT, Jean. *Gênero*: uma categoria útil para análise histórica. Disponível em: https://edisciplinas.usp.br/pluginfile.php/185058/mod_resource/content/2/G%C3%AAnero-Joan%20Scott.pdf. Acesso em: 30 set. 2023.
2. BRASIL. Conselho Nacional de Justiça. *Protocolo para julgamento com perspectiva de gênero*. Brasília: Conselho Nacional de Justiça, 2021. p. 17-18.

se transformou na Recomendação 128/2022 e na Resolução 492/2023, traz uma nova perspectiva para enfrentar as desigualdades de gênero e as injustiças sociais por meio da atuação do Poder Judiciário.

O objeto deste texto é analisar, inicialmente, como a sociedade brasileira é historicamente desigual, hierárquica, autoritária e violenta. Esse contexto histórico é importante para entender a família como base da sociedade e as razões que levaram a Constituição Federal de 1988 a conferi-la especial proteção jurídica pelo Estado. Em seguida, pretende-se examinar determinadas perspectivas filosóficas que justificam a construção de teorias críticas sobre a justiça social e que permitem assimilar a existência, validade e efetividade do Protocolo de Julgamento com Perspectiva de Gênero. Por último, vai-se pontuar como tal Protocolo tem sido importante na construção de uma jurisprudência voltada à máxima proteção dos direitos humanos das mulheres nas relações familiares.

2
SOCIEDADE BRASILEIRA: HISTORICAMENTE DESIGUAL, HIERÁRQUICA, AUTORITÁRIA E VIOLENTA

2.1 DESIGUALDADES SOCIAIS

O modelo de colonização europeia na América Latina foi baseado na *opressão* de índios e de negros. A exploração da mão de obra e dos recursos naturais deu causa a uma sociedade dividida em classes sociais rígidas e em uma estrutura desigual de distribuição econômica.

A grande maioria dos índios e negros pouco se beneficiou da exploração de seu trabalho. Ao contrário, criou-se uma cultura opressora que privilegia uma minoria, em detrimento do aproveitamento da mão de obra escrava e da destruição dos recursos naturais.

A escravidão no Brasil durou mais de três séculos. Iniciou nas primeiras décadas do século XVI e se encerrou, formalmente, apenas em 1888 (com a assinatura da Lei Áurea).

No continente americano, o Brasil foi o país que mais importou escravos americanos, isto é, cerca de quatro milhões de homens, mulheres e crianças, o que equivale a mais de um terço do comércio negreiro mundial.

A herança escravocrata no Brasil legou uma multidão de pobres e excluídos sociais. Os dados da Pesquisa Nacional por Amostra de Domicílio (PNAD Contínua de 2022) afirmam que 45,3% da população se declara pardos e 10,6% negros. Em outras palavras, os pretos e pardos representam 56% da população brasileira. Apesar de constituírem a maior parte do povo, a proporção deste grupo entre todos os brasileiros abaixo da linha de pobreza (conceito que se refere à renda domiciliar *per capita* igual ou inferior a meio salário mínimo), segundo o Instituto Brasileiro de Geografia e Estatística (IBGE), é de 71%. Por outro lado, a fração de brancos, que estão abaixo da linha de pobreza, é de 27%. Ainda mais preocupante é saber que, em relação aos números de extrema pobreza (ou seja, pessoas que têm renda diária inferior a US$ 1,90 por dia), a discrepância quase triplica: 73% são negros e 25% brancos.

A condição de pobreza reflete nos números sobre a criminalidade. Isto porque, também segundo o IBGE, as taxas de homicídios entre pretos ou pardos é quase três vezes maior que a de brancos. Na faixa das vítimas entre 15 e 29 anos, a taxa de homicídios entre pessoas pretas ou pardas é de 98,5 por 100 mil habitantes, enquanto, entre jovens brancos, esse número é de 34 por 100 mil habitantes.

No Brasil, os índices de pobreza, além de terem relação étnica, também estão ligados ao gênero. Por exemplo, conforme estudo realizado pelo Instituto de Pesquisa Econômica Aplicada (IPEA), em novembro de 2019, dos mais de seis milhões de brasileiros que se dedicam ao trabalho doméstico, 92% são mulheres (na maioria negras, isto é, 63% do total, de pouca escolaridade e oriundas de famílias de baixa renda).[1]

A exploração das pessoas negras integra um *projeto de poder*, que alimenta o capitalismo predatório e ajuda a explicar os elevados níveis de concentração de renda. É preciso não perder a noção crítica de que a *raça* é uma invenção voltada a produzir uma diferenciação entre as pessoas e, portanto, gerar hierarquização social para impor padrões culturais de dominação e de exploração. Trata-se de uma diferenciação criada (artificial), porque o projeto Genoma, ao comprovar que brancos e negros são iguais biologicamente, não deixou nenhuma dúvida sobre como o racismo é uma construção ideológica, estruturada para legitimar a exploração capitalista.

O racismo, como construção cultural, deve ser combatido com educação e políticas antirracistas, como pregava Nelson Mandela (1918-2013): "Ninguém nasce odiando outra pessoa pela cor de sua pele, por sua origem ou ainda por sua religião. Para odiar, as pessoas precisam aprender, e se podem aprender a odiar, elas podem ser ensinadas a amar".

A sociedade capitalista é, historicamente, estruturada de forma hierárquica para a manutenção de relações assimétricas de poder. A produção dos saberes também não se dá de modo independente da ideologia hegemônica,[2] porque a história é narrada a partir dos interesses das classes dominantes, já que está voltada à manutenção do poder.

---

1. BRASIL. Conselho Nacional de Justiça. *Protocolo para julgamento com perspectiva de gênero*. Brasília: Conselho Nacional de Justiça, 2021. p. 24.
2. MOREIRA, Maíra Marcondes. *Freud e o casamento. O sexual no trabalho de cuidado*. Belo Horizonte: Autentica, 2023. p. 31.

Aliás, Walter Benjamin, em *Sobre o Conceito de História*,[3] na tese VII, afirma que deve se ler a cultura a *contrapelo*, para contrariar o historicismo tradicional identificado com o cortejo triunfal dos vencedores, e despertar a empatia e identificação com os que sempre estiveram do outro lado da luta de classes, isto é, os oprimidos, torturados, condenados, pisoteados e vulnerabilizados. A *história realista* é a contada a partir das pessoas traumatizadas, pois revela a violência por de trás dos grandes feitos da história monumental.[4] As desigualdades de gênero são resultantes da sedimentação histórica de *hierarquias sociais estruturais*, que, culturalmente, conferem pouco valor às características associadas ao "feminino" (como esfera privada, passividade, trabalho de cuidado não remunerado ou desvalorizado e emoção em detrimento da razão) em relação ao "masculino" (como esfera pública, atitude, agressividade, trabalho remunerado e racionalidade).[5]

A transformação do poder do Estado em poder masculino se deu com a exclusão das mulheres das estruturas públicas.[6] No Brasil, durante quase todo o período Imperial, as eleições eram indiretas, e somente poderiam votar os homens com mais de 25 (vinte e cinco) anos, que atendessem aos critérios censitários legalmente definidos. Escravos e mulheres não tinham direito ao voto.

As mulheres somente conquistaram o direito de votar em 24 de fevereiro de 1932, por meio do Decreto 21.076, do então presidente Getúlio Vargas. O movimento sufragista brasileiro não teve características de movimento de massas, como na Inglaterra e nos Estados Unidos.[7] Iniciou-se em 1910, quando a Professora Deolinda Daltro fundou no Rio de Janeiro o Partido Republicano Brasileiro, com a finalidade de discutir o voto da mulher, debate ignorado pela Assembleia Constituinte de 1891. Destaca-se, também, a militância de Bertha Lutz que, em 1919, fundou a Liga pela Emancipação Intelectual da Mulher, posteriormente denominada de Federação Brasileira do Progresso Feminino, que fez pressão sobre os membros do Congresso Nacional e mobilizou a opinião pública. Em 1927, o Rio Grande do Norte foi o primeiro Estado a incluir em sua Constituição o exercício do direito ao voto das mulheres. A primeira deputada

---

3. São Paulo: Alameda, 2020.
4. SUDATTI, Ariani Bueno. Reflexões sobre a "Desigualdade Racial". In: GONÇALVES, Cláudia Maria da Costa e DESTERRO, Rodrigo (Org.).. *Vulnerabilidades sociais em tempo de pandemia*. Rio de Janeiro: Lumen Juris, 2020. p. 187-188.
5. BRASIL. Conselho Nacional de Justiça. *Protocolo para julgamento com perspectiva de gênero*. Brasília: Conselho Nacional de Justiça, 2021. p. 21.
6. LUGONES, María. Colonialidade e gênero. In: HOLLANDA, Heloisa Buarque de (Org.). *Pensamento feminista hoje. Perspectivas decoloniais*. São Paulo: Bazar do Tempo, 2019. p. 20.
7. ALVES, Branca M.; PITANGUY, Jacqueline. *O que é feminismo*. São Paulo: Abril Cultural Brasiliense, 1985. p. 47.

eleita foi a médica Carlota Pereira de Queirós, que integrou a Assembleia Nacional constituinte de 1934.

Apesar do direito ao voto estar assegurado no Brasil há quase cem anos, as mulheres continuam sub-representadas. Nas eleições de 2022, por exemplo, apenas 91 (noventa e uma) mulheres foram eleitas Deputadas Federais, isto é, 17,7% do total da Câmara dos Deputados, e, na composição do Senado Federal, havia apenas 15 (quinze) mulheres, em um total de 81 (oitenta e um) Senadores.

Conforme dados de 2022 da União Parlamentar, organização internacional responsável pela análise dos parlamentos mundiais, *o Brasil está em 129º lugar no ranking* que analisa a participação feminina na política.[8] Embora as mulheres *representem 52,65% do eleitorado brasileiro*, o número de cargos políticos ocupados por elas ainda é baixo quando comparado ao dos homens.

Nas eleições de 2022, a Câmara dos Deputados teve um aumento de 77 (setenta e sete) para 91 (noventa e um) no número de cadeiras ocupadas por mulheres. No mesmo pleito para o Senado Federal, apenas 4 *(quatro) dos 27 (vinte e sete) estados elegeram mulheres.*

A falta de representatividade das mulheres no Congresso Nacional também se verifica no Poder Executivo e na magistratura brasileira. Nas Eleições de 2022, somente dois estados elegeram Governadoras: Pernambuco e Rio Grande do Norte. Por sua vez, no Supremo Tribunal Federal, criado em 10 de maio de 1808, dos 171 (cento e setenta e um) Ministros, até o início de 2024, apenas havia o registro de 3 (três) mulheres, nenhuma delas negra.

No Brasil, a magistratura não retrata a *diversidade* do povo brasileiro. Segundo o Censo Nacional da Magistratura Brasileira, com dados parciais referentes ao ano de 2023, 82,7% dos respondentes são pessoas brancas; 13,6% pardas; 1,4% pretas; 1,3% amarelas e 0,3% indígenas.

Com efeito, ainda é necessário quebrar o discurso de que as mulheres são *inaptas* para ocupar cargos públicos e exercer o poder, por meio de ações afirmativas, políticas públicas, legislações e precedentes jurisprudenciais que oportunizem maiores oportunidades de participação feminina na esfera política, em altos cargos dos Poderes Públicos,[9] nas universidades e nas empresas privadas.

---

8. Disponível em: https://www.plural.jor.br/colunas/focanojornalismo/representatividade-feminina-na-politica/. Acesso em: 24 out. 2023.
9. No âmbito do Ministério Público brasileiro, por exemplo, o Conselho Nacional do Ministério Público, por meio do estudo Cenários de Gênero, lançado pela Comissão de Planejamento Estratégico (CPE), apontou que desde a Constituição de 1988 até 2019, houve 73 mandatos de mulheres como Procuradoras-Gerais contra 413 mandatos de homens, o que representa cerca de 15% de lideranças femininas e 85% de masculinas. Cf. CONSELHO NACIONAL DO MINISTÉRIO PÚBLICO. *Cenários de gênero.* Disponível em: https://www.cnmp.mp.br/portal/images/20180622_CEN%C3%81RIOS_DE_G%-

2.2 ANDROCENTRISMO E ESTEREÓTIPOS DE GÊNERO

Historicamente, o *androcentrismo* é um fenômeno cultural e social que se expressa na centralidade e na valorização do masculino como norma e padrão de referência. O androcentrismo tem origem nos sistemas patriarcais que conferem poder e privilégios aos homens em detrimento das mulheres. Está fundado na crença de que o homem é superior às mulheres, o que relega ao feminino uma posição de subordinação e marginalização.

Conforme Reinéro Antônio Lérias,[10] a visão da mulher como um dos bens que compõem a propriedade do homem (mercadoria) tem suas raízes no texto bíblico. No livro do Gênesis, que Deus cria Eva a partir da costela de Adão. Leonardo Boff[11] explica que a tradução do texto bíblico se mostra equivocada, porque, em hebraico, a palavra *zela* significa lado e não costela. Logo, Eva não teria sido tirada da cabeça de Adão, para ser a sua senhora, nem dos seus pés para ser sua escrava, mas de seu lado, do lado do coração, para ser sua companheira. Malgrado se possa fugir de traduções equivocadas, não se pode desconsiderar que, no Gênesis, a mulher fora colocada em outro plano que o homem. Não fosse assim, a mulher não seria considerada como propriedade do homem no Décimo Mandamento ("Não cobiçarás a mulher do próximo").

De qualquer forma, não se pode ignorar que o androcentrismo é naturalizado e reforçado pelas instituições sociais, culturais e religiosas, que, frequentemente, apresentam os homens como protagonistas e modelos de sucesso, enquanto as

---

C3%8ANERO_v.FINAL_2.pdf. Acesso em: 2 mar. 2021. Tais disparidades, e outras desigualdades de gênero e raça, motivaram a adoção da Recomendação 79/2020 do CNMP que adota ações afirmativas e diretrizes para a promoção da equidade, como "fomentar a participação de mulheres nos processos e atos orientados à assunção de cargos eletivos na Administração Superior, assegurando medidas que permitam maior conciliação da carreira profissional com o papel social de cuidado com a família" (art. 2º, inc. II). O Conselho Nacional de Justiça já havia, por meio da Resolução 255 de 04 de setembro de 2018, instituído a Política Nacional de Incentivo à Participação Institucional Feminina no Poder Judiciário, pelo qual compele todos os ramos e unidades do Poder Judiciário a "adotar medidas tendentes a assegurar a igualdade de gênero no ambiente institucional, propondo diretrizes e mecanismos que orientem os órgãos judiciais a atuar para incentivar a participação de mulheres nos cargos de chefia e assessoramento, em bancas de concurso e como expositoras em eventos institucionais" (art. 2º). Além disso, a Resolução 525/2023 do CNJ modificou a Resolução 106/2010, que dispõe sobre os critérios objetivos para aferição do merecimento para promoção de magistrados e acesso aos Tribunais de 2º grau, para afirmar que, no "acesso aos tribunais de 2º grau que não alcançaram, no tangente aos cargos destinados a pessoas oriundas da carreira da magistratura, a proporção de 40% a 60% por gênero, as vagas pelo critério de merecimento serão preenchidas por intermédio de editais abertos de forma alternada para o recebimento de inscrições mistas, para homens e mulheres, ou exclusivas de mulheres, observadas as políticas de cotas instituídas por este Conselho, até o atingimento de paridade de gênero no respectivo tribunal".

10. *Ética, moral, ciência e direitos humanos*. Revista Argumenta, v. 7, 2008, p. 119.
11. *A águia e a galinha*: uma metáfora da condição humana. 21. ed. Petrópolis: Vozes, 1998. p. 39-40.

mulheres são reduzidas a estereótipos e submetidas à ocupação de papéis sociais secundários.

Nesse sentido, as mulheres aparecem como *donas de casa* – responsáveis pelo cuidado primário dos trabalhos domésticos, do marido e dos filhos – enquanto os homens são colocados como os provedores financeiros. Tal estereótipo reforça a noção de que, fora do ambiente doméstico, a capacidade e as contribuições da mulher são menos importantes que a dos homens.

Outro estereótipo bastante disseminado pelo patriarcado é o da *mulher dependente do homem*, isto é, a ideia de que a mulher precisa de um homem para ser completa e realizada. Tal compreensão limita o valor da mulher ao *status* de seu relacionamento afetivo, subordina a mulher às necessidades e às vontades masculinas, e condiciona a sua existência a relações desiguais e, muitas vezes, também tóxicas e violentas.

As mulheres ainda são mostradas, na mídia e na cultura popular, como o estereótipo do *objeto sexual*, reduzidas à sua dimensão física, como meios para a satisfação do desejo masculino. Outras caraterísticas, habilidades, realizações e atributos femininos são desvalorizados para mostrar a mulher como uma propriedade ou mercadoria voltadas para a satisfação do prazer do homem. A publicidade, os filmes e programas de televisão, músicas e outros meios de comunicação dão ênfase excessiva aos corpos e aparências, mostrando com frequência mulheres seminuas, com roupas sensuais ou comportamentos provocativos. A indústria da moda, impulsionada pela mídia, cria padrões de beleza (corpos atléticos, magros, jovens e sensualizados) inatingíveis para a maioria das mulheres, o que gera expectativas irreais, que contribuem para a insatisfação corporal e a baixa autoestima.

Além disso, a *objetificação* sexual das mulheres fomenta o assédio e as mais variadas formas de violência sexual de gênero (como comentários sexualmente sugestivos, toques indesejados e até agressões físicas). A compreensão de que os corpos femininos devem ser tratados como *meros objetos* do desejo masculino leva à *cultura do estupro e do feminicídio*, que procura naturalizar e justificar a violência sexual contra as mulheres, que são culpabilizadas pela própria vitimização (*v.g.*, pelo uso de roupas sensuais e provocativas), enquanto o comportamento dos agressores fica impune e, muitas vezes, ainda é glorificado como forma de afirmação da virilidade masculina. A objetificação sexual das mulheres desconsidera a sua dignidade, liberdade e autonomia, desprezando a necessidade do consentimento para a prática do ato sexual.

Na dimensão androcêntrica, outro estereótipo é o da *mulher frágil e emotiva*. Essa noção foi criada na Idade Média, e transmitida pelo romantismo da cavalaria, pelo qual a mulher – frágil e indolente – estava à espera de seu cavaleiro andante.[12] Busca-se, com isso, afirmar que as mulheres não conseguem lidar com situações difíceis ou desafiadoras, para reforçar expectativas de comportamentos passivos e submissos, e serem complacentes, dóceis e não confrontadoras, ao invés de se posicionarem de forma assertiva e proativa. Assim, pretende-se limitar as oportunidades de a mulher expressar suas opiniões e necessidades, servindo para justificar a redução dos espaços da mulher no mercado de trabalho e nos ambientes acadêmicos, por se acreditar que elas estão, biologicamente, mais propensas a serem influenciadas por suas emoções, ao invés de tomar decisões racionais. Elas enfrentam o estigma social de serem consideradas "histéricas", "loucas" ou "irracionais", quando expressam suas emoções, o que pode provocar estresse, ansiedade e depressão. A falta de apoio social para expressar suas emoções pode causar problemas de saúde mental. Dessa forma, cria-se uma representação simbólica do papel social da mulher que a impede ou dificulta de exercer posições de poder na vida cotidiana.

O androcentrismo está fundado na ideia de ser o homem o *sujeito universal* de direitos. Na modernidade, como efeito da Revolução Francesa, foi promulgada em 1789 a Declaração dos Direitos do Homem e do Cidadão. Esse documento, embora tenha assegurado direitos inalienáveis (como o direito à vida, à liberdade e à propriedade), adotou como *padrão de sujeito de direito* o homem branco, heterossexual, cisgênero (isto é, que se identifica com o gênero – masculino ou feminino – que lhes foi atribuído ao nascer), e proprietário. Essa concepção desvaloriza e invisibiliza outras abordagens mais inclusivas e equitativas, em detrimento da afirmação dos direitos das mulheres, dos negros, dos índios, dos homossexuais, despossuidos etc. Trata-se, pois, de uma construção histórica que expressa privilégios para os homens e hieraquias sociais de poder, em desfavor das mulheres e de outros grupos vulnerabilizados.[13]

2.3 MOVIMENTO FEMINISTA, POLÍTICAS IDENTITÁRIAS E INTERESSECCIONALIDADE

O movimento feminista, em conjunto com outras iniciativas de libertação e resistência a todas as formas de opressão (como os movimentos antirracistas,

---
12. ALVES, Branca M.; PITANGUY, Jacqueline. *O que é feminismo*. São Paulo: Abril Cultural Brasiliense, 1985. p. 19.
13. "Visualizar a las mujeres como un actor social vulnerable constitye una perspectiva de análisis básica para revisar el ordenamiento jurídico nacional y colocar en crisis aquellas normas que reafirman roles estereotipados que giran en torno a la idea tradicional del hombre/padre provedor y la mujer/madre cuidadora (...)" (HERRERA, Marisa. *Manual de derecho de las famílias*. 3. ed. Buenos Aires: Albeledo Perrot, 2024. p. 51).

de minorias étnicas, ambientalistas, LBGTIQIA+ etc.), se organizam e se completam na busca da superação das desigualdades e injustiças sociais, e afirmação dos direitos humanos.

O movimento feminista surgiu para efetivar direitos fundamentais, promover equidade de gênero e empoderar as mulheres nas esferas pública e privada. Procura denunciar e lutar contra a opressão sexista e o patriarcado, a falta de igualdade e liberdade de mulheres em seus aspectos estruturais. Também abrange o exame das relações de poder que constituem o gênero, os processos de formação da subjetividade, a internalização e reiteração de discursos, narrativas e normas que estabelecem a inferiorização e a subjugação de mulheres.[14]

As diversas epistemologias feministas servem para desafiar a força da dominação de gênero na produção de pensamento e conhecimento. Contribuem para desmascarar a falsa universalidade e objetividade das epistemologias tradicionais, com a finalidade de demonstrar que a ciência e a produção de saberes são marcados por relações de poder e hierarquias sociais.[15] Como afirmou Jean Scott, a "história do pensamento feminista é uma história de recusa da construção hierárquica da relação entre masculino e feminino".[16]

A história do feminismo pode ser dividido em "ondas",[17] que é uma metáfora usada para explicar os diferentes períodos de ativismo feminista ao longo da história.

A *primeira onda* surgiu no final do século XIX e início do século XX, como resposta para as desigualdades sociais, políticas e econômicas enfrentadas pelas mulheres. Nesse período, destacam-se as lutas por melhores condições de trabalho (salário, redução da jornada, repouso semanal, condições de higiene etc.) e pelo direito de votar e ser votado (sem critérios censitários). Foi importante o papel das *sufragistas* que, por meio de diferentes estratégias (como campanhas de conscientização, petições, manifestações públicas, greves de fome, atos de vandalismo e desobediência civil), conquistaram o direito ao voto e inspiraram a maior participação das mulheres na vida política, econômica e social, incluindo a ampliação feminina no mercado de trabalho, a ocupação de elevados cargos públicos e a afirmação de direitos contra a discriminação de gênero. A Nova

---

14. RAMOS, Marcelo Maciel. Teorias Feministas e Teorias Queer do Direito: gênero e sexualidade como categorias úteis para a crítica jurídica. *Revista Direito e Práxis*, v. 12, n. 3, 2021, p. 1684.
15. HARDT, Michael; NEGRI, Antonio. *Bem-estar comum*. Trad. Clóvis Marques. Rio de Janeiro: Record, 2016. p. 108.
16. SCOTT, Jean. *Gênero*: uma categoria útil para análise histórica. Disponível em: https://edisciplinas.usp.br/pluginfile.php/185058/mod_resource/content/2/G%C3%AAnero-Joan%20Scott.pdf. Acesso em: 30 set. 2023.
17. GARCIA, Letícia Giovanini. *Mulheres, política e direitos políticos*. São Paulo: Almedina, 2023. p. 62-87.

Zelândia, em 1893, foi o primeiro país a assegurar o voto feminino, seguido de Finlândia (1906), Reino Unido (1906), Estados Unidos (1919) e, mais tarde, Equador (1929), Portugal (1931) e Brasil (1932).

A *segunda onda* emergiu nas décadas de 1960 e 1970, especialmente com a revolução nos costumes e a liberdade sexual proporcionada pela descoberta e popularização da pílula anticoncepcional. Foi marcada por novas demandas feministas, como a busca por igualdade salarial, a afirmação de direitos reprodutivos e sexuais (trazendo para o debate temas como o do prazer feminino, aborto, homossexualidade e violência sexual), acesso à educação e à saúde, e o reconhecimento de diversas formas de opressão patriarcal na vida cotidiana das mulheres. Em 1966, Betty Friedan (1921-2006) fundou a *National Organization for Women* que foi importante na organização do movimento feminista, nos Estados Unidos, para desafiar os estereótipos de gênero da época, em especial para que as mulheres brancas não ficassem confinadas no âmbito doméstico, restritas ao papel de donas de casa e de mães, mas fossem encorajadas a buscar a realização pessoal e profissional fora do lar.

A *terceira onda* do feminismo surgiu no final do século XX com a contestação crítica do movimento feminista. Trouxe a diversificação das perspectivas feministas e a categoria (estrutural e analítica) da *interseccionalidade*, para a compreender uma visão mais inclusiva e diversificada das experiências concretas das mulheres, a partir de outros marcadores sociais, além do gênero, como a raça, a classe, a sexualidade e outras formas de opressão. Rompeu-se com o conceito universal e homogêneo de mulher, para procurar entender o feminismo como um fenômeno plural, a partir da compreensão da(s) diferença(s) dentro da(s) diferença(s).

Como não há um conceito universal de mulher, ela deve ser vista inicialmente como integrante de um grupo vulnerável e que pertence a uma categoria identitária. Trata-se de um ponto de partida, porque na luta pela afirmação dos direitos humanos das mulheres não se deve levar em consideração apenas o sexo biológico, mas também outras circunstâncias econômicas, raciais, de subalternidade cultural e epistemológica, inclusive para não ignorar a dimensão interseccional das múltiplas opressões.

A categoria mulher, enquanto sujeito de direitos, tem sido disputada e repensada por feministas negras, lésbicas, trans, latinas etc., com variadas tensões produzidas pelas discussões epistemológicas e metodológicas trazidas a partir de diferentes saberes, como as *perspectivas liberais* (reclamando reconhecimento e expansão institucional de direitos de mulheres), com o *marxismo* (promovendo análises do gênero com ou para além da classe), com o *pensamento negro* (reivindicando um exame interseccional do gênero e das opressões baseadas na raça), com as tendências *pós-estruturalistas* (na interpretação pós-estruturalista, a categoria analítica homem e mulher varia de acordo com o tempo e o espaço – a visão do corpo e do gênero são uma construção social, o que auxilia nos processos de subjetivação no quadro das micro relações de poder), com as *críticas queer* (denunciando a heteronormatividade compulsória e a invisibilização de corpos e vivências tidos como abjetos e desajustados), com as *críticas coloniais ou pós-coloniais* (repensando as relações persistentes de colonização dos saberes e subalternização de mulheres do sul global).[18]

As opressões atingem as mulheres de formas diferentes, devendo-se levar em consideração diversos marcadores sociais (como raça, idade e classe, por exemplo) para compreender as vulnerabilidades pelo viés interseccional. Por exemplo, as mulheres negras, indígenas e transexuais[19] são atingidas de modo mais prejudicial pelas discriminações estruturais: são vítimas de múltiplas opressões e revitimizações potencializadas pelo racismo e preconceitos em relações às classes sociais,[20] sendo que muitas dessas mulheres trabalham como empregadas domésticas, exercendo os trabalhos domésticos e de cuidado para que as empregadoras (brancas) possam trabalhar fora de casa.

Há também áreas em que os homens não podem estar em igualdade com as mulheres, como é o caso do "domínio da propriação" (neste sentido, a maternidade – embora não seja compulsória – não pode ser negligenciada nas construções de gênero[21]).

Na contemporaneidade, os problemas abordados pelo feminismo jurídico são variados e incluem temas como: a) o reconhecimento pleno das mulheres

---

18. RAMOS, Marcelo Maciel. Teorias Feministas e Teorias Queer do Direito: gênero e sexualidade como categorias úteis para a crítica jurídica. *Revista Direito e Práxis*, v. 12, n. 3, 2021, p. 1683.
19. Uma pessoa, cujo sexo e gênero se alinham, é denominada de cisgênero, ao contrário daquelas que isto não ocorre, que são as transgênero. Também é possível que alguém não se identifique com gênero algum. BRASIL. Conselho Nacional de Justiça. *Protocolo para julgamento com perspectiva de gênero*. Brasília: Conselho Nacional de Justiça, 2021. p. 18.
20. Ser negra e mulher no Brasil "é ser objeto de tripla discriminação, uma vez que os estereótipos gerados pelo racismo e pelo sexismo a colocam no nível mais alto de opressão" (GONZÁLEZ, Lélia. *Por um feminismo afro-latino-americano*. Rio de Janeiro: Zahar, 2020. p. 58).
21. Nesse sentido, o artigo 5º da Convenção sobre a Eliminação de Todas as Formas de Discriminação contra a Mulher (CEDAW) da Organização das Nações Unidas (ONU) afirma: "Os Estados-Partes tomarão todas as medidas apropriadas para: a) modificar os padrões socioculturais de conduta de homens e mulheres, com vistas a alcançar a eliminação dos preconceitos e práticas consuetudinárias, e de qualquer outra índole que estejam baseados na ideia de inferioridade ou superioridade de qualquer dos sexos ou em funções estereotipadas de homens e mulheres; b) garantir que a educação familiar inclua uma compreensão adequada da maternidade como função social e o reconhecimento da responsabilidade comum de homens e mulheres no que diz respeito à educação e ao desenvolvimento de seus filhos, entendendo-se que o interesse dos filhos constituirá a consideração primordial em todos os casos".

como sujeitos de direitos; b) a proteção jurídica contra o feminicídio; c) a violência doméstica e familiar; d) o estupro; e) a pornografia; f) a exploração sexual; g) o tráfico internacional de mulheres; i) direitos sexuais e reprodutivos; j) direitos relativos ao divórcio; k) o poder parental; l) a maternidade e a maternagem; m) o empoderamento econômico, os salários e oportunidades iguais de trabalho; e, n) a representatividade e a participação política.[22]

Os debates concretam-se nos tratamentos jurídicos desiguais, na necessidade de políticas afirmativas, na falsa neutralidade (como a do Poder Judiciário, a exigir a edição e aplicação de um Protocolo de Julgamento na Perspectiva de Gênero) e a desconstrução do caráter patriarcal ou sexista do direito, para combater condutas preconceituosas e buscar os limites e ambiguidades das leis antidiscriminatórias e protetivas.

De qualquer modo, o feminismo se opõe ao patriarcado, sistema social e cultural, fundado na hierarquia de gênero, no qual os homens detêm o poder, isto é, ocupam posições de liderança e privilégio em diversas esferas da vida (política, econômica, religiosa e familiar). Por outro lado, relega-se às mulheres o papel de subordinadas, destinando a elas menos acesso a oportunidades, especialmente na esfera pública.

2.4 PATRIARCADO E DIREITO HUMANO AO CUIDADO

As hierarquias de gênero, que servem de base para a estruturação do patriarcado, se sustentam na premissa de que as mulheres são *definidas em relação aos homens* (considerados os sujeitos universais da norma); em outras palavras, as mulheres são aquelas que não têm um pênis; não têm poder; não podem participar da arena pública.[23]

O patriarcado se caracteriza pela *dominação masculina* (os homens possuem *status* superior, tem maior poder de tomada de decisões e de controle dos recursos), pela *divisão sexual do trabalho* (os homens são os provedores econômicos da família, e as mulheres responsáveis pelos trabalhos domésticos e de cuidado), pelo reforço de comportamentos rígidos baseados em *estereótipos de gênero*, que limitam a liberdade e a expressão das mulheres, pela reprodução de variadas formas de violência (que incluem a doméstica e familiar, o assédio sexual, a cultura

---

22. PIN, Camila Carlesso. Justiça e Gênero: uma reflexão da teoria de Axel Honneth. *Juris MPES* – Revista Jurídica do Ministério Público do Estado do Espírito Santo, v. 4, n. 5, 2023, p. 29-30.
23. LUGONES, María. Colonialidade e gênero. In: HOLLANDA, Heloisa Buarque de (Coord.). *Pensamento feminista hoje. Perspectivas decoloniais*. São Paulo: Bazar do Tempo, 2019. p. 18-19.

do estupro e do feminicídio), bem como pela perpetuação de *privilégios* para os homens em detrimento das mulheres.

O patriarcado, ao sobrecarregar às mulheres com as obrigações familiares, na forma do trabalho doméstico não remunerado, ignora a noção de que o *direito ao cuidado* é parte dos direitos humanos. Isso porque o direito ao cuidado é imprescindível para tornar possível a sustentabilidade da vida humana e do planeta, e implica no reconhecimento do valor do trabalho das pessoas que realizam cuidados, superando a compreensão estereotipada do cuidado como uma atribuição exclusiva das mulheres para avançar para a noção de *corresponsabilidade social e de gênero*.[24] Veja-se, por exemplo, que o artigo 18.1 da Convenção dos Direitos das Crianças da Organização das Nações Unidas (ONU) afirma que ambos os pais têm obrigações em relação aos cuidados e ao desenvolvimento integrar das crianças e dos adolescentes.

Afirmar o direito humano ao cuidado é uma forma de *ressignificação* do lugar e da fundação de cuidadora primária que o patriarcado atribuiu às mulheres. Afinal, não há nada no corpo da mulher, nem nos processos de socialização e de treinamento informal, que torne a mãe (genitora) mais hábil ou apta para o dever de cuidar.[25] Sustentar que há uma afinidade maior entre as mulheres e o cuidado, devido ao papel que elas possuem na reprodução da espécie humana, é uma construção cultural machista para naturalizar o trabalho doméstico – normalmente, não remunerado – como feminino.

Dessa forma, cuidar não é uma obrigação ou uma servidão tipicamente femininas, mas um trabalho que pode ser exercido tanto pelos homens quanto pelas mulheres.[26] Trata-se, pois, de uma questão cultural e não uma determinismo biológico, já que não se pode vincular o cuidado à natureza da mulher e a sua função reprodutiva.[27]

Dessa forma, há de se promover a *transversalidade do enfoque de gênero* para assegurar a corresponsabilidade materna e paterna, isto é, deveres recíprocos entre homens e mulheres, no trabalho doméstico não remunerado e

---

24. GARCIA, Ana Güezmes; VAEZA, María-Noel. In: GARCÍA, Ana Güezmes y VAEZA, María-Noel (Coord.). *Avances en matéria normativa del cuidado en América Latina y el Caribe*. Hacia una sociedade del cuidado con igualdad de género. Santiago: Nações Unidas, 2023.
25. MOREIRA, Maíra Marcondes. *Homens que cuidam e estereótipos de gênero*. Disponível em: https://diplomatique.org.br/homens-que-cuidam-e-estereotipos-de-genero/. Acesso em: 12 jan. 2024.
26. MOREIRA, Maíra Marcondes. *Homens que cuidam e estereótipos de gênero*. Disponível em: https://diplomatique.org.br/homens-que-cuidam-e-estereotipos-de-genero/. Acesso em: 12 jan. 2024.
27. MOREIRA, Maíra Marcondes. *Freud e o casamento. O sexual no trabalho de cuidado*. Belo Horizonte: Autentica, 2023. p. 33.

nas obrigações familiares para se estabelecer uma nova organização social do cuidado.[28]

No Brasil, tal conclusão pode ser extraída da interpretação conjunta dos artigos 3º, inc. I, 5º, inc. I e § 2º, 226, § 6º, e 227, *caput*, da Constituição Federal, 18.1 da Convenção dos Direitos da Criança da Organização das Nações Unidas (ONU), 19 da Convenção Americana de Direitos Humanos, 1º e 3º.1 da Convenção 156 da Organização Internacional do Trabalho (OIT), e 3º do Estatuto da Criança e do Adolescente.

Entretanto, vários países possuem legislações mais avançadas para valorizar o trabalho doméstico, que recai sobretudo nas mulheres.

Por exemplo, o artigo 338 da Constituição boliviana reconhece o valor econômico do trabalho doméstico como fonte de riqueza e que deverá quantificar-se nas políticas públicas.

Além da Bolívia, também o Equador adota o *bom viver* como um princípio que se coloca na relação harmônica entre a natureza, as pessoas e a organização social.

A Constituição mexicana, por sua vez, afirma no artigo 9º ser o cuidado um direito fundamental: "toda persona tiene derecho al cuidado que sustente su vida y le otorgue los elementos materiales y simbólicos para vivier en sociedad a lo largo de toda su vida. Las autoridades establecerán un sistema de cuidados que preste servicios públicos universales, accesibles, pertinentes, suficientes y de calidad y desarrolle políticas públicas. El sistema atenderá prioritariamente a las personas en situación de dependecia por enfermidade, discapacidad, ciclo vital, especialmente infância y vejez y a quienes, de manera no remunerada, están a cargo de su cuidado".

A afirmação do direito humano ao cuidado contribui para a superação da divisão social do trabalho e para a construção de relações familiares justas entre homens e mulheres.

---

28. Conforme Ana Güezmes García y María-Noel Vaeza: "El derecho al cuidado, entendido como el derecho a recibir cuidados, a cuidar y al autocuidado, es parte de los derechos humanos ya reconocidos en los pactos y tratados internacionales, de los que goza toda persona, independientemente de su situación de vulnerabilidad o dependencia, y que, sobre la base de los principios de igualdad, universalidad, progresividad y no regresividad y, corresponsabilidad social y de género, hacen posible la sostenibilidad de la vida humana y el cuidado del planeta. El derecho al cuidado implica, además, reconocer el valor del trabajo y garantizar los derechos de las personas que proveen cuidados, superando la asignación estereotipada del cuidado como una responsabilidad exclusiva de las mujeres, y avanzar en la corresponsabilidad social entre quienes lo proveen: Estado, mercado, sector privado y las familias (CEPAL, 2022)" (In: GARCÍA, Ana Güezmes y VAEZA, María-Noel (Coord.). *Avances en matéria normativa del cuidado en América Latina y el Caribe*. Hacia una sociedad del cuidado con igualdad de género. Santiago: Nações Unidas, 2023. p. 7).

Portanto, o direito humano ao cuidado está baseado na corresponsabilidade social entre homens e mulheres para superar a *feminilização* dos cuidados e para a reconstrução de masculinidades baseadas no respeito às diferenças, na equidade de gênero e na participação solidária, com o objetivo de reduzir as desigualdades sociais e diminuir a pobreza.

2.5 DIVISÃO SEXUAL DO TRABALHO

A divisão sexual do trabalho se organiza seja a partir da construção histórica, social e cultural do gênero – com a divisão de trabalhos considerados "naturalmente" masculinos ou femininos – seja por meio da hierarquia social de valorizar mais o trabalho masculino em detrimento do feminino.[29]

A divisão sexual do trabalho causa desigualdades (materiais e simbólicas) e reforça estereótipos de gênero, como a divisão entre o trabalho produtivo e remunerado (reservado ao papel social do homem como provedor da família), e o trabalho reprodutivo e não remunerado (destinado prioritariamente às mulheres).[30]

O trabalho de cuidado é, normalmente, realizado pelas mulheres. Quando executado fora do ambiente doméstico, por meio de profissionais de saúde, limpeza, assistência social, educação e alimentação (como empregadas domésticas, babás, cuidadoras e diaristas), é desenvolvido informalmente ou mediante baixos salários. Logo, trata-se de trabalho desvalorizado e invisibilizado.

No Brasil, o modelo patriarcal e a hierarquia social de gênero foram enfatizadas na divisão sexual do trabalho. A definição do papel social da mulher, ligado às atividades domésticas, constou do Código Civil de 1916.

O artigo 233 deste Código, que teve a influência direta do Código Civil de Napoleão de 1804, definia que o marido era o *chefe da sociedade conjugal* e tinha o poder de representar legalmente a família, administrar os bens comuns e os particulares da mulher, o direito de fixar e mudar o domicílio da família, o direito de autorizar a profissão da mulher e sua residência fora do teto conjugal, bem como o dever de prover à manutenção da família. Percebe-se que a regra do artigo 233 do Código Civil brasileiro somente foi alterada quarenta e seis anos depois da sua promulgação, com a Lei n. 4.121/1962 (conhecida como Estatuto da Mulher Casada), que, contudo, ainda afirmara que o "marido é o chefe da so-

---

29. BRASIL. Conselho Nacional de Justiça. *Protocolo para julgamento com perspectiva de gênero*. Brasília: Conselho Nacional de Justiça, 2021. p. 21.
30. BRASIL. Conselho Nacional de Justiça. *Protocolo para julgamento com perspectiva de gênero*. Brasília: Conselho Nacional de Justiça, 2021. p. 21.

ciedade conjugal, função que exerce com a colaboração da mulher, no interesse comum do casal e dos filhos".

O Código Civil de 1916 adotou a divisão sexual do trabalho produtivo *versus* trabalho *reprodutivo*. Cabia, pois, aos homens prover economicamente à família e às mulheres, em essência, a função de gerar filhos e, depois, cuidar da sua educação.

Porém, a divisão sexual do trabalho é acentuada pelas desigualdades sociais. Isto porque o feminismo hegemônico, como depois denunciou a perespectiva decolonial, ressaltou a posição das mulheres brancas. Concebeu a mulher como um ser corpóreo, mas sem qualificação racial.[31] Ignourou, assim, a necessidade de uma perspectiva interssecional a partir de diversos marcadores sociais (como origem, raça, etnia, gênero, classe, idade, escolaridade, etnia e deficiência).

Nesse sentido, Sojorurner Truth (1797-1883) é uma importante precursora da perspectiva interessecional do femininismo contemporâneo. Esta mulher negra já havia denunciado, em 1851, durante a *Women´s Rights Convention*, realizada em Akron, Ohio, a ausência da compreensão dos direitos das mulheres negras pelos homens e pelas feministas brancas. Após ouvir pastores defendendo que as mulheres não deveriam ter os mesmos direitos que os homens, porque elas seriam intelectualmente débeis e porque Jesus foi um homem branco, não uma mulher, e, ainda, porque a primeira mulher (Eva) fora uma pecadora, argumentou: "Aqueles homens ali dizem que as mulheres precisam de ajuda para subir em carruagens, e devem ser carregadas para atravessar valas, e que merecem o melhor lugar onde quer que estejam. Ninguém jamais me ajudou a subir em carruagens, ou a saltar sobre poças de lama, e nunca me ofereceram melhor lugar algum! E não sou uma mulher? Olhem para mim? Olhem para meus braços! Eu arei e plantei, e juntei a colheita nos celeiros, e homem algum poderia estar à minha frente. E não sou uma mulher? Eu poderia trabalhar tanto e comer tanto quanto qualquer homem – desde que eu tivesse oportunidade para isso – e suportar o açoite também! E não sou uma mulher? Eu pari treze filhos e vi a maioria deles ser vendida para a escravidão, e quando eu clamei com a minha dor de mãe, ninguém a não ser Jesus me ouviu! E não sou uma mulher? (...). Daí aquele homenzinho de preto ali disse que a mulher não pode ter os mesmos direitos que o homem porque Cristo não era mulher! De onde o seu Cristo veio? De onde o seu Cristo veio? De Deus e de uma mulher! O homem não teve nada a ver com isso. Se a primeira mulher que Deus fez foi forte o bastante para virar o mundo de cabeça para baixo por sua própria conta, todas estas mulheres juntas

---

31. LUGONES, María. Colonialidade e gênero. In: HOLLANDA, Heloisa Buarque de. *Pensamento feminista hoje. Perspectivas decoloniais*. São Paulo: Bazar do Tempo, 2019. p. 28.

aqui devem ser capazes de conserta-lo, colocando-o do jeito certo novamente. E agora que elas estão exigindo fazer isso, é melhor que os homens as deixem fazer o que elas querem (...)". Durante a escravidão, as mulheres negras foram vítimas da exploração laboral, sexual e doméstica. Eram forçadas a gerir novos indivíduos, os quais lhes eram arrancados do convívio familiar, para alimentar o mercado escravocrata, além de serem compelidas a cuidar e nutrir, inclusive como amas de leite, os filhos dos colonizadores. Com a abolição da escravatura, as mulheres negras continuaram a ser exploradas e as "mães pretas" permaneceram na pobreza ou na marginalidade.

As mulheres brancas, de classes sociais mais altas, têm a possibilidade de transferir o trabalho doméstico para outras mulheres (na maioria das vezes, pretas ou pardas, com baixa escolaridade), que atuam ou na informalidade ou com baixos salários. O reconhecimento do trabalho doméstico remunerado integra a luta antirracista e anticolonialista.

Na perspectiva colonial, o trabalho assalariado sempre foi reservado, quase exclusivamente, para os homens europeus brancos. As mulheres (brancas) não tinham direito ao trabalho remunerado, e quando trabalhavam precisavam da autorização dos maridos.

Na Europa, as mulheres começaram a ingressar no mercado de trabalho em grande escala a partir do XIX com a Revolução Industrial, principalmente nas fábricas e indústrias têxteis. Porém, recebiam baixos salários, enfrentavam condições laborais desumanas e não tinham nenhuma proteção legal. As jornadas de trabalho eram de 14 (quatorze) a 18 (dezoito) horas diárias e as diferenças salariais entre homens e mulheres, para o desempenho das mesmas funções, eram enormes. Por exemplo, em Paris, os salários femininos, em média, eram de 2,14 francos contra 4,75 francos dos homens; na Alemanha, na indústria do papel, os homens ganhavam de 18 a 20 marcos, enquanto as mulheres, de 9 a 12 marcos; já em Massachusetts, na indústria de calçados, os salários variavam de 37 dólares para as mulheres a 75 dólares para os homens.[32]

A superexploração do trabalho feminino estava justificada na ideia de que as mulheres necessitavam menos de trabalho e de salários que os homens, porque, supostamente, tinham ou deveriam ter alguém que as sustentassem.[33]

No final do século XIX e início do século XX, os primeiros movimentos feministas reivindicaram direitos iguais para as mulheres. Aliás, o Dia Internacional

---

32. ALVES, Branca M.; PITANGUY, Jacqueline. *O que é feminismo*. São Paulo: Abril Cultural Brasiliense, 1985. p. 38.
33. ALVES, Branca M.; PITANGUY, Jacqueline. *O que é feminismo*. São Paulo: Abril Cultural Brasiliense, 1985. p. 35.

da Mulher é celebrado em 8 de março, porque, no ano de 1857, as operárias da indústria têxtil de Nova Iorque fizeram uma passeada pela cidade para protestar contra seus baixos salários e reivindicar jornada de trabalho de 12 (doze) horas.[34]

Com a conquista do direito ao voto feminino, surgiram as primeiras leis trabalhistas, para limitar a jornada de trabalho, proibir o trabalho infantil e possibilitar o exercício dos direitos sindicais.

Com a ascensão do nazifascismo, valorizou-se a participação das mulheres no mercado de trabalho, porque a mão de obra masculina foi direcionada para as frentes de batalha.[35]

Porém, com o final da Segunda Guerra Mundial, a diferenciação sexual do trabalho foi fortemente reativada e o trabalho externo da mulher, novamente, desvalorizado, por ser considerado *suplementar* ao do homem. As mensagens veiculadas nos meios de comunicação social da época salientavam a imagem da mulher como "rainha do lar", cujo papel era ser dona de casa, esposa e mãe.

A partir das décadas de 1960 e 1970, especialmente nos Estados Unidos e na Inglaterra emergiram leis que proibiam a discriminação de gênero no emprego e passaram a exigir salários iguais para trabalhos iguais.

Foram nas últimas décadas do século XX que outras medidas legislativas adicionais foram obtidas, com as conquistas da licença maternidade remunerada, políticas de conciliação entre trabalho e família, proteção contra o assédio sexual e ações afirmativas para assegurar igualdade de oportunidades no mercado de trabalho.

Porém, a luta por igualdade de gênero no mercado de trabalho persiste no século XXI, com reivindicações pela redução da disparidade salarial entre homens e mulheres, aumento da representação feminina em cargos de liderança, combate às discriminações de gênero, melhor divisão das obrigações domésticas/familiares e promoção de políticas de trabalho mais flexíveis e inclusivas.

No Brasil, mesmo com a promulgação da Consolidação das Leis Trabalhistas, pelo Decreto-Lei 5.452/1943, o trabalho doméstico, usualmente realizado por mulheres negras e pobres, não tiveram nenhuma proteção jurídica. Com isso, prosperou a cultura de se atribuir direitos trabalhistas inferiores para os trabalhadores domésticos, como a ausência de registro, a extrapolação da jornada de trabalho e a tolerância com condições laborais insalubres. Esses fatores

---

34. ALVES, Branca M.; PITANGUY, Jacqueline. *O que é feminismo*. São Paulo: Abril Cultural Brasiliense, 1985. p. 41.
35. ALVES, Branca M.; PITANGUY, Jacqueline. *O que é feminismo*. São Paulo: Abril Cultural Brasiliense, 1985. p. 50.

contribuíram para um alto índice de informalidade e asseveraram o fenômeno da *feminização da pobreza*.[36]

Tal situação foi amenizada apenas com a Promulgação da Proposta de Emenda Constitucional n. 72, em 2 de abril de 2013, conhecida como a PEC das domésticas. Foram reconhecidas significativas mudanças nos direitos trabalhistas dos empregados doméstico, ao se estabelecer, entre outras conquistas, jornada de trabalho de 44 (quarenta e quatro) horas semanais, horas extras remuneradas, seguro-desemprego, adicional noturno e Fundo de Garantia por Tempo de Serviço (FGTS).

2.6 VIOLÊNCIAS CONTRA AS MULHERES

A sociedade brasileira, ao longo da história, é violenta com as mulheres.

O modelo de exploração, adotados pelos colonizadores espanhóis e portugueses na América Latina, foi baseado no genocídio dos povos tradicionais. A América pré-colombiana tinha de 35 a 40 milhões de índios, sendo que, no final do século XX, não chegam a constituir 6% da população.

No Brasil, estima-se que a população indígena em 1500 era de 3 (três) milhões de habitantes, os quais compunham mais de mil povos diferentes, com rica diversidade étnica e cultural. O Censo demográfico do IBGE de 2010 apontou a existência de apenas 896,9 mil indígenas, distribuídos em 305 etnias (falando 274 línguas distintas), isto é, menos de 30% do número total de indígenas que existiam à época da chegada dos colonizadores portugueses.

As Ordenações Filipinas – promulgadas em 11 de janeiro de 1603 – adotadas por Portugal no Brasil por 228 (duzentos e vinte e oito) anos (ou seja, até o advento do Código Penal do Império de 1810) permitiam o uso da tortura, de penas cruéis e de morte aos escravizados, que incluíam o açoitamento público para quem havia sido julgado e condenado, e o chicoteamento no calabouço, no âmbito privado.

No contexto da colonização portuguesa, há vários fatores que facilitavam e justificavam a violência sexual contra mulheres indígenas, africanas escravizadas e outras populações marginalizadas, porque tais mulheres eram tratadas como propriedade e exploradas pelos colonizadores portugueses. Elas não tinham autonomia sobre seus corpos, eram vistas como disponíveis para os desejos masculinos, e a prática da violência sexual era naturalizada. O estupro era con-

---

36. BRASIL. Conselho Nacional de Justiça. *Protocolo para julgamento com perspectiva de gênero*. Brasília: Conselho Nacional de Justiça, 2021. p. 26.

siderado um direito do conquistador sobre os corpos das mulheres colonizadas. A violência era usada como meio de dominação, para afirmar a superioridade europeia e reforçar a opressão das mulheres indígenas e africanas.

Infelizmente, a herança cultural da violência contra a mulher persite até os dias de hoje. Mulheres indígenas e negras enfrentam níveis de violência e exploração sexual maiores que as mulheres brancas.

O modelo da família nuclear brasileiro veio com o atraso do escravagismo e sob o manto da miscigenação racial. Foi produto da invasão das terras indígenas, saqueamento das suas riquezas, genocício da população local e do estupro das mulheres indígenas e negras, sequestradas e escravizadas da África, como "povos selvagens", para serem civilizadas na forma da violência, doença e religião dos homens brancos eurpeus.[37] É expressão da assimetria de poderes e da desigualdade estrutural. A cultura do estupro naturaliza a violência contra as mulheres e atribui à vítima a culpa pela prática do ato sexual.[38]

A perspectiva decolonial denunciou a colonização do poder e do saber. Isso porque o poder está estruturado nas relações de dominação, exploração e conflito entre os atores sociais, o que resulta em uma *cegueira epistêmica*, pela ausência da percepção crítica da interseccionalidade entre raça, gênero, sexo e classe social.

A perpectiva decolonial e interssecional enfatiza a situação das mulheres colonizadas, não brancas, em especial as mulheres escravizadas, que sofreram uma vasta gama de perversão e agressão sexuais. Elas foram consideradas suficientemente fortes para aguentar qualquer tipo de trabalho e forçadas a trabalhar até a morte. Portanto, ao contrário das mulheres europeias brancas, não podem ser vistas com *frágeis ou fracas*.[39]

---

37. MOREIRA, Maíra Marcondes. *Freud e o casamento. O sexual no trabalho de cuidado*. Belo Horizonte: Autentica, 2023. p. 77.
38. BRASIL. Conselho Nacional de Justiça. *Protocolo para julgamento com perspectiva de gênero*. Brasília: Conselho Nacional de Justiça, 2021. p. 31.
39. "Quando falamos do mito da fragilidade feminina, que justicou historicamente a proteção paternalista dos homens sobre as mulheres, de que mulheres estamos falando? Nós, mulheres negras, fazemos parte de um contingente de mulheres, provavelmente majoritário, que nunca reconheceram em si mesmas esse mito, porque nunca fomos tratadas como frágeis. Fazemos parte de um contingente de mulheres que trabalharam durante séculos como escravas nas lavouras ou nas ruas, como vendedoras, quituteiras, prostitutas... Mulheres que não entenderam nada quando as feministas disseram que as mulheres deveriam ganhar as ruas e trabalhar! Fazemos parte de um contingente de mulheres com identidade de objeto. Ontem, a serviço de frágeis sinhazinhas e de senhores de engenho tarados" (CARNEIRO, Sueli. Enegrecer o feminismo: a situação da mulher negra na América Latina a partir de uma perspectiva de gênero. Disponível em: https://www.patriciamagno.com.br/wp-content/uploads/2021/04/CARNEIRO-2013-Enegrecer-o-feminismo.pdf. Acesso em 24/10/2023). Verificar, ainda: LUGONES, María. Colonialidade e gênero. In: *Pensamento feminista hoje. Perspectivas decoloniais*. Org. Heloisa Buarque de Hollanda. São Paulo: Bazar do Tempo, 2019. p. 28.

Foi o Código Penal do Império, que vigorou no Brasil entre 1831 e 1891, a primeira lei a criminalizar o estupro. Mesmo assim, o crime era julgado, por uma magistratura composta eminentemente por homens, a partir da "honestidade da mulher violada". Logo, havia uma relativização do crime quando a mulher era prostituta, e se dava o perdão ao violador caso ele se casasse com a vítima.

Não é sem razão que a cultura do estupro ainda é um dos grandes desafios para a afirmação dos direitos humanos das mulheres no Brasil na contemporaneidade. Aliás, investigação do Instituto de Pesquisas Econômicas Aplicadas (IPEA) apontou que há cerca de 822 (oitocentos e vinte e dois) mil casos de estupro a cada ano no Brasil, o que representa dois estupros por minuto.

Por isso, é importante enfatizar a regra contida no artigo 217-A do Código Penal que considera estupro de vulnerável a conjunção carnal ou outro ato libidinoso com menor de 14 (quatorze) anos. É irrelevante eventual consentimento da vítima, sua experiência sexual anterior ou a existência de relacionamento amoroso com o agente, nos termos consagrados da Súmula n. 593 do Superior Tribunal de Justiça.[40] Além disso, no Tema Repetitivo n. 1.121 o Superior Tribunal de Justiça firmou a seguinte Tese: "Presente o dolo específico de satisfazer à lascívia, própria ou de terceiro, a prática de ato libidinoso com menor de 14 anos configura o crime de estupro de vulnerável (art. 217-A do CP), independentemente da ligeireza ou da superficialidade da conduta, não sendo possível a desclassificação para o delito de importunação sexual (art. 215-A do CP)".

Por isso, decisões – como a proferida pela maioria da 5ª Turma do Superior Tribunal de Justiça no AREsp. n. 2.389.611, em março de 2024 – que afastam a ocorrência do crime, pelo casamento ou união estável, ou em razão de surgimento de filho do casal, precisam ser vistas como cautela. No AREsp. n. 2.389.611, a presunção de violência não foi aplicada, porque o acusado (na época do crime, com 20 anos) e a vítima (com 12 anos) viveram em união estável e, embora depois tenham se separado, mantinham proximidade por terem um filho em comum. Trata-se de um precedente perigoso, porque uma criança aos 12 (doze) anos não tem real compreensão e discernimento para consentir com o ato sexual nem responsabilidade para formar uma família. Entendimento diverso prejudica as crianças, que precisam de proteção especial do Estado, da sociedade e da família, por serem pessoas vulneráveis e em desenvolvimento, além de enfatizar a cultura da violência/exploração sexual contra meninas, normalmente pobres, jovens e sem acesso a serviços públicos (educação, saúde, assistência social etc.)

---

40. "O crime de estupro de vulnerável se configura com a conjunção carnal ou prática de ato libidinoso com menor de 14 anos, sendo irrelevante eventual consentimento da vítima para a prática do ato, sua experiência sexual anterior ou existência de relacionamento amoroso com o agente".

de qualidade. Além disso, precedentes como o fixado no AREsp. n. 2.389.611 reproduz a *objetificação sexual*, isto é, a apropriação dos corpos femininos pelo machismo estrutural (as mulheres são reduzidas a objetos sexuais, valorizadas principalmente por sua aparência física e sexualidade, controladas e subjugadas por estruturas sociais dominadas pelo patriarcado). Consequentemente, minimizar a conduta hedionda do estuprador, sob a alegação de proteger a família, é uma espécie de *consentimento forçado* para permitir que a cultura do estupro continue acontecendo, o que coloca o corpo feminino como objeto de satisfação do prazer masculino e amplia a irresponsabilidade daqueles que, no limite de construções jurídicas machistas, procuram justificar condutas criminosas.[41]

Outro índice alarmante é o número de feminicídios no Brasil. No primeiro semestre de 2023, 722 (setecentos e vinte e duas) mulheres foram vítimas de feminicídio, o que dá uma média de quatro assassinatos por dia.

As Ordenações Filipinas permitiam que o marido matasse a mulher adúltera, prática medieval que subjugava mulheres as colocando na *condição de propriedade masculina*.

A legítima defesa da honra foi, historicamente, utilizada para justificar atos de violência no contexto familiar, para proteger à reputação e a dignidade dos homens traídos.

Somente em agosto de 2023 o Supremo Tribunal Federal, ao julgar a Ação de Descumprimento de Preceito Fundamental 779, declarou inconstitucional o uso da tese da legítima defesa da honra em crimes de feminicídio ou de agressão contra mulheres.[42] Trata-se de um precedente importante para reprimir o ódio

---

41. "Por que os homens fazem agora o que as mulheres os ensinaram a fazer durante séculos: dar outro nome à coisa, enfeitar o ato, fazer rodeios mas, sobretudo nunca usar a palavra pra descrever o que fizeram. Eles ´forçaram um pouco´, ela ´estava muito bêbada´ (...) na maioria dos casos o estuprador se arranja com sua consciência, afinal não houve estupro, era só uma puta que não se assume e que precisa ser convencida" (DESPENTES, Virginie. *Teoria King Kong*. Trad. Márcia Bechara. São Paulo: N-1 Edições, 2016. p. 29-30).

42. "(...) Arguição de descumprimento de preceito fundamental julgada parcialmente procedente para (i) firmar o entendimento de que a tese da legítima defesa da honra é inconstitucional, por contrariar os princípios constitucionais da dignidade da pessoa humana (art. 1º, inciso III, da CF), da proteção da vida e da igualdade de gênero (art. 5º, *caput*, da CF); (ii) conferir interpretação conforme à Constituição ao art. 23, inciso II, ao art. 25, *caput* e parágrafo único, do Código Penal e ao art. 65 do Código de Processo Penal, de modo a excluir a legítima defesa da honra do âmbito do instituto da legítima defesa; (iii) obstar à defesa, à acusação, à autoridade policial e ao juízo que utilizem, direta ou indiretamente, a tese de legítima defesa da honra (ou qualquer argumento que induza à tese) nas fases pré-processual ou processual penais, bem como durante o julgamento perante o tribunal do júri, sob pena de nulidade do ato e do julgamento; e (iv) diante da impossibilidade de o acusado beneficiar-se da própria torpeza, fica vedado o reconhecimento da nulidade referida no item anterior na hipótese de a defesa ter-se utilizado da tese da legítima defesa da honra com essa finalidade. 7. Procedência do pedido sucessivo apresentado pelo requerente, conferindo-se interpretação conforme à Constituição

contra as mulheres (misoginia), porque o Brasil é o quinto país com maior número de feminicídios do mundo.

Conforme o voto proferido pela Min. Rosa Weber, em uma sociedade democrática, livre, justa e solidária, fundada no primado da dignidade humana, "não há espaço para a restauração dos costumes medievais e desumanos do passado pelos quais tantas mulheres foram vítimas da violência e do abuso em defesa da ideologia patriarcal fundada no pressuposto da superioridade masculina pela qual se legitima a eliminação da vida de mulheres".

É preciso, pois, rejeitar interpretações (como as que procuram reconhecer a legítima defesa da honra) que, fundadas na garantia da ampla defesa, promovem o julgamento da vítima ao invés de julgar o acusado.[43]

Foi somente em 2015, pela Lei n. 13.104, que o feminicídio – termo pensado, em 1976, pela socióloga sul-africana Diana Russell, para diferenciar o homicídio de mulheres em razão do gênero – foi introduzido no Código Penal brasileiro.[44] O feminicídio é uma espécie de homicídio qualificado, porque praticado "contra a mulher por razões da condição de sexo feminino" (art. 121, § 2º, inc. VI, do Código Penal). Entende-se que há razões de "condição de sexo feminino", por força do art. 121, § 2º-A, do Código Penal, quando o crime envolve violência doméstica e familiar, ou menosprezo ou discriminação à condição de mulher. A escalada da violência doméstica e familiar, até a prática de feminicídios, todavia, tem múltiplas dimensões, que incluem prevenção e educação, proteção e assistência à vítima e a sua família, bem como responsabilização dos atos de agressão. Por isso, a violência contra as mulheres não deve ser tratada apenas na Justiça Criminal e não é meramente um problema

---

ao art. 483, inciso III, § 2º, do Código de Processo Penal, para entender que não fere a soberania dos veredictos do tribunal do júri o provimento de apelação que anule a absolvição fundada em quesito genérico, quando, de algum modo, possa implicar a repristinação da odiosa tese da legítima defesa da honra" (STF, ADPF 779, Relator(a): Dias Toffoli, Tribunal Pleno, julgado em 01.08.2023, Processo Eletrônico DJe-s/n Divulg 05.10.2023 public 06.10.2023).

43. "Cumpre ao Judiciário, como guardião direto ou difuso da Constitucional Federal, repelir as interpretações que, sob a roupagem de resguardar a ampla defesa, promovem o julgamento da vítima, ao invés de julgar o acusado. Essa modalidade de discriminação contra as mulheres costuma se camuflar de um rigoroso standard probatório, não existente para outras modalidades de crimes, e até se sofistica para burlar a leitura constitucional, tais como: legítima defesa da honra, débito conjugal, desqualificação moral da vítima, desvalor do depoimento da ofendida, exigência de resistência física enérgica, de reforço probatório pericial, dentre outros" (STJ, REsp n. 2.005.618/RJ, relatora Ministra Laurita Vaz, relator para acórdão Ministro Rogerio Schietti Cruz, Sexta Turma, julgado em 21.11.2023, DJe de 1º.12.2023).

44. CAMBI, Eduardo; NOSAKI, Letícia de Andrade Porto; FACHIN, Melina Girardi. Tutela judicial das vulnerabilidades femininas: o papel do Poder judiciário brasileiro na efetivação do constitucionalismo feminista. *Revista CNJ*, v. 7, n. 1, jan./jun. 2023. p. 61.

feminino. Está baseada em padrões culturais androcêntricos (e sexistas) de discriminação[45] e sujeição do sexo feminino.

Preocupado com a adequada apuração desse fenômeno social, foi criado o Formulário Nacional de Avaliação de Risco, pelo Conselho Nacional de Justiça (CNJ) e pelo Conselho Nacional do Ministério Público (CNMP), por meio da Resolução Conjunta CNJ/CNMP n. 05/2020 e da n. Lei 14.149/ 2021. É uma ferramenta voltada para prevenir e enfrentar os crimes e demais atos praticados no contexto de violência doméstica e familiar contra a mulher.

Como instrumento da Política Judiciária Nacional de Enfrentamento à Violência contra as Mulheres, trata-se de um questionário composto de duas partes: a primeira é objetiva e refere-se às informações sobre a vítima, o/a autor/a de violência doméstica e o histórico de violência; a segunda é subjetiva, devendo ser preenchida exclusivamente por profissional capacitado, e diz respeito à avaliação quanto aos riscos identificados e sugestões de encaminhamentos.

O objetivo é que esse formulário seja aplicado, preferencialmente, pela Polícia Civil, no momento do registro da ocorrência policial, ou em qualquer outra situação que seja configurada como o primeiro atendimento da vítima de violência doméstica, para que possa ser anexado aos inquéritos policiais e aos procedimentos do Ministério Público e do Judiciário. Porém, o Formulário pode ser utilizado por outras instituições atuantes no enfrentamento à violência doméstica e familiar contra a mulher, como as que compõem o sistema de justiça, para que os dados obtidos sejam disponibilizados para fins estatísticos, bem como para orientar o aperfeiçoamento de políticas públicas ao enfrentamento de crimes e atos realizados no contexto da violência doméstica e familiar contra a mulher, sempre com a preservação do sigilo da identidade das vítimas.

Desse modo, como se depreende dos Enunciados n. 52 e 53 do Fórum Nacional de Juízas e Juízes de Violência Doméstica e Familiar contra a Mulher (Fonavid),[46] bem como da Resolução n. 284/2019 do Conselho Nacional de

---

45. O termo "discriminação contra mulher" é descrito no artigo 1º da Convenção sobre a Eliminação de Todas as Formas de Discriminação contra a Mulher (CEDAW) da Organização das Nações Unidas (ONU) da seguinte forma: "toda a distinção, exclusão ou restrição baseada no sexo e que tenha por objeto ou resultado prejudicar ou anular o reconhecimento, gozo ou exercício pela mulher, independentemente de seu estado civil, com base na igualdade do homem e da mulher, dos direitos humanos e liberdades fundamentais nos campos político, econômico, social, cultural e civil ou em qualquer outro campo".
46. Enunciado n. 52: "Compete à juíza e/ou ao juiz de cada comarca, podendo contar com o apoio da respectiva Coordenadoria da Violência Doméstica, articular a rede de proteção e de atendimento à mulher em situação de violência doméstica e familiar, independentemente da existência de processo judicial, visando à implementação do Formulário Nacional de Avaliação de Risco, nos termos da Resolução 284/19 do CNJ" (Aprovado no XI FONAVID – São Paulo (SP); Enunciado 53: "Compete à juíza e/ou ao juiz de cada Comarca, com o apoio da respectiva Coordenadoria da Violência Doméstica,

Justiça (CNJ), compete à juíza e/ou ao juiz de cada Comarca, podendo contar com o apoio da respectiva Coordenadoria da Violência Doméstica, articular a rede de proteção e de atendimento à mulher em situação de violência doméstica e familiar, independentemente da existência de processo judicial, visando à implementação do Formulário Nacional de Avaliação de Risco e à capacitação em direitos humanos, com perspectiva de gênero, para a sua devida aplicação.

Há várias outras formas do sistema de justiça combater a violência baseada no gênero. Uma delas é dar credibilidade e peso às vozes, argumentos e depoimentos das mulheres, como partes e testemunhas, por meio do combate as representações estereotipadas e aos preconceitos de gênero no sistema judicial.

Nesse sentido, o item 26 da Recomendação 33/2014 do Comitê para Eliminação da Discriminação Contra as Mulheres do Comitê para Eliminação da Discriminação contra a Mulher, que monitora o cumprimento dos Estados partes da Convenção para Eliminação de Todas as Formas de Discriminação contra a Mulher (CEDAW) da Organização das Nações Unidas (ONU) prevê: "As representações estereotipadas e os preconceitos de gênero no sistema judicial têm repercussões profundas na capacidade de gozo das mulheres em matéria de direitos fundamentais. Impedem o acesso das mulheres à justiça em todas as áreas do direito, e podem ter um impacto particularmente negativo sobre as mulheres vítimas de atos de violência. As representações estereotipadas distorcem percepções e influenciam decisões baseadas mais em ideias preconcebidas e mitos do que em factos relevantes. Com frequência, os juízes adotam padrões rígidos sobre os comportamentos que consideram apropriados para as mulheres, penalizando aquelas que não agem conforme esses estereótipos. As representações estereotipadas também afetam a credibilidade dada às opiniões, aos argumentos e aos depoimentos das mulheres, enquanto partes ou testemunhas Tais representações podem levar os juízes a interpretarem mal as leis ou a aplicá-las incorretamente. O que tem consequências profundas, por exemplo, no direito penal, quando autores de violações dos direitos das mulheres não são considerados legalmente responsáveis, mantendo-se assim uma cultura de impunidade. Em todas as áreas do direito, as representações estereotipadas comprometem a imparcialidade e integridade do sistema de justiça, o que pode, por sua vez, conduzir a erros judiciários, incluindo a revitimização das queixosas".

Outra manifestação de violência de gênero é a imposição cultural da *maternidade compulsória*. Como reconheceu a Min. Rosa Weber, na ADPF 442, "(...)

---

articular a rede de proteção e de atendimento à mulher em situação de violência doméstica visando à capacitação em direitos humanos, com perspectiva de gênero, para a aplicação do Formulário Nacional de Avaliação de Risco do CNJ" (Aprovado no XI FONAVID – São Paulo (SP).

a partir da lente da mulher, a maternidade não há de derivar da coerção social fruto de falsa preferência da mulher, mas sim do exercício livre da sua autodeterminação na elaboração do projeto de vida". Dessa forma, a criminalização do aborto "é irracional sob a ótica da política criminal, ineficaz do ponto de vista da prática social e inconstitucional da perspectiva jurídica". Igualmente, o Min. Roberto Barroso, no HC 124.306, já havia aplicado a Teoria do Impacto Desproporcional, para concluir pela desproporcionalidade da criminalização do aborto em relação às mulheres pobres, por não terem acesso a médicos e a clínicas privadas, tendo como consequência a multiplicação dos casos de automutilação, lesões graves e óbitos.

O movimento feminista reinvidica a autodeterminação das mulheres em relação ao exercício da sexualidade, da procriação e da contracepção. Luta pelo direito à informação e ao acesso a métodos contraceptivos seguros (masculinos e femininos). Defende que o exercício da sexualidade está desvinculado da função biológica da reprodução, para permitir o direito ao prazer sexual e à livre opção pela maternidade. O aborto, como método contraceptivo, deve ser assegurado às mulheres como *último recurso*, e nos limites impostos pelo ordenamento jurídico, para que a maternidade seja uma opção consciente, não uma *fatalidade biológica.*[47]

Portanto, um dos aspectos mais relevantes da contemporaneidade é discutir o direito das mulheres de tomarem decisões sobre seu próprio corpo, por considerar a relação entre o *self* e o corpo; afinal, somos todos *individualidades corporais.*[48] Nós somos nossos corpos. Nossos corpos são centrais para o sentido de individualidade, para nossa identidade e nossa dignidade pessoal. Nossas individualidades e identidades estão intrinsicamente implicadas nossos corpos e no que fazemos deles, pois nossos corpos são o nosso modo de ver o mundo.

Além disso, são os corpos os componentes constitutivos da trama biopolítica do ser.[49] Isso porque não existe um lugar central e transcendente do poder, mas *micropoderes* exercidos por meio das superfícies dos corpos, em suas práticas e regimes disciplinares. Sob o aspecto político, os poderes são feitos e desfeitos, e os corpos precisam resistir para existir. É pela resistência que se produz a *subjetividade*, pode se subverter as formas existentes de poder e constituir alternativas de emancipação.

---

47. ALVES, Branca M.; PITANGUY, Jacqueline. *O que é feminismo*. São Paulo: Abril Cultural Brasiliense, 1985. p. 61.
48. SCOTT, Jean. *Gênero*: uma categoria útil para análise histórica. Disponível em: https://edisciplinas.usp.br/pluginfile.php/185058/mod_resource/content/2/G%C3%AAnero-Joan%20Scott.pdf. Acesso em: 30 set. 2023.
49. HARDT, Michael; NEGRI, Antonio. *Bem-estar comum*. Trad. Clóvis Marques. Rio de Janeiro: Record, 2016. p. 49-50.

3
CONCEPÇÃO HISTÓRICA DA FAMÍLIA NA TRADIÇÃO ROMANO-CANÔNICA

A família reproduz as relações de poder historicamente estruturadas. O conceito de família, no Brasil, foi influenciado pela Igreja Católica e pelo Direito Romano. Nessa perspectiva, a família é concebida como uma instituição jurídica sagrada, indisponível e perene, porque formadora da sociedade.

Na tradição romano-canônica, o matrimônio é considerado um *sacramento*, indispensável para a estabilidade social e para a procriação da espécie.

No Capítulo 7 da Carta de São Paulo aos Coríntios, consta do texto bíblico: "1. Ora, quanto às *coisas* que me escrevestes, bom *seria* que o homem não tocasse mulher; 2. Mas, por causa da fornicação, cada um tenha a sua própria mulher, e cada um tenha o seu próprio marido. 3. O marido conceda à mulher o que lhe é devido, e da mesma sorte a mulher, ao marido. 4. A mulher não pode ter sobre o seu próprio corpo, mas tem-no o marido; e também da mesma maneira o marido não tem poder sobre o seu próprio corpo, mas tem-no a mulher".

Embora o Código Civil de Napoleão de 1804 tenha separado o Estado da Igreja, com influência em diversos ordenamentos jurídicos, permaneceu na legislação civil brasileira a noção de que a finalidade do casamento estava ligada à reprodução humana. Tanto é que a impotência não deixou de ser causa de nulidade do casamento, o adultério foi criminalizado e o sexo, a exemplo do que constava do Direito Canônico, visto como um *debitum conjugale*.

A preocupação trazida por São Paulo na Carta aos Coríntios está, eufemisticamente, contida no artigo 1.566, inc. II, do Código Civil que confere a ambos os cônjuges o *dever de vida em comum, no domicílio conjugal*. Nesse sentido, o matrimônio é uma forma de legalizar as relações sexuais do casal, proibir a sua prática com outrem e impor o débito conjugal, cuja recusa caracteriza injúria grave, salvo se houver justa causa.[1]

---

1. GONÇALVES, Carlos Roberto. *Direito Civil brasileiro. Direito de Família*. 9. ed. São Paulo: Saraiva, 2012. v. 6. p. 164-172.

O casamento, na concepção romano-canônica, é um compromisso indissolúvel entre um homem e uma mulher. Trata-se de um vínculo permanente que não poderia ser dissolvido durante a vida dos cônjuges, por ser uma união sagrada. Em Mateus 19, lê-se: "5. E disse: Portanto, deixará o homem pai e mãe, e se unirá a sua mulher, e serão os dois uma só carne? 6. Assim não são mais dois, mas uma só carne. Portanto, o que Deus ajuntou não o separe o homem".

Pelo princípio da indissolubilidade, o casamento somente poderia se extinguir pela morte de um dos cônjuges ou pela sua anulação. O que garantia a duração do casamento eram as convenções sociais e econômicas que estruturavam (abstrata e formalmente) o instituto jurídico, não o investimento emocional, recíproco e contínuo entre os cônjuges. Com isso, o afeto não estava no núcleo do conceito de casamento, como meio de constituição da entidade familiar, o que era uma forma de negação do reconhecimento do *direito do amor*, entendido como expressão da autodeterminação e da necessidade de respeito recíproco que se constrói nas relações íntimas e privadas.[2]

No Código Civil de 1916 (artigos 267, inc. III, e 315, parágrafo único), o *desquite* era permitido como forma de dissolução do casamento em *casos extremos*, como adultério, tentativa de morte, sevícias ou injúrias graves, abandono do lar conjugal pelo prazo de dois anos, e mútuo consentimento perante o juiz desde que casado há mais de três anos. O desquite dava ensejo à separação de fato dos cônjuges, dispensava o dever de fidelidade recíproca e colocava fim ao regime patrimonial de bens. Entretanto, mantinha inalterado o vínculo matrimonial. Como o casamento não se dissolvia, o homem permanecia com o dever de sustentar a mulher, desde que, na ação de desquite, fosse reconhecida sua inocência (ausência de culpa pela separação) e a necessidade da pensão alimentícia.[3]

O *divórcio* foi legalizado no Brasil apenas pela Emenda Constitucional n. 9, de 1977, e regulamentado pela Lei n. 6.515/77, que passou a prever tanto o *divórcio conversão* (depois da separação judicial dos cônjuges por mais de três anos) e o *divórcio direto* para casais separados há mais de cinco anos. A Lei do Divórcio, não obstante tenha rompido com o princípio da indissolubilidade do casamento, manteve a *noção de culpa*, já que, por exemplo, somente tinha direito aos alimentos o cônjuge inocente. Nas ações de divórcio, cumuladas com alimentos, cabia ao demandante demonstrar, além da necessidade, a culpa do outro cônjuge pelo fim do casamento para responsabilizá-lo ao pagamento de pensão alimentícia.[4]

---

2. RODOTÀ, Stefano. *Diritto d'amore*. Bari: Laterza, 2015. p.93-94.
3. DIAS, Maria Berenice. *Alimentos sem culpa*. Disponível em: https://berenicedias.com.br/alimentos-sem-culpa-2/?print=print. Acesso em 98/03/2024.
4. DIAS, Maria Berenice. *Alimentos sem culpa*. Disponível em: https://berenicedias.com.br/alimentos-sem-culpa-2/?print=print. Acesso em: 08 mar. 2024.

A Emenda Constitucional n. 66/2010 deixou de prever prazo mínimo da separação de fato ou judicial para a concessão do divórcio. Permitiu, em outras palavras, a possibilidade da decretação imediata do divórcio direto.

Até a Constituição Federal de 1988, a família somente poderia ser constituída pelo casamento, entendido como negócio jurídico solene, chancelado pelo Estado, a quem incumbia conferir proteção legal aos cônjuges e aos filhos concebidos dentro do matrimônio. As uniões estáveis entre um homem e uma mulher, ou entre pessoas do mesmo sexo, não tinham nenhuma validade para fins de aplicação do Direito de Família.

A homoafetividade era considerada uma perversão. O Tribunal da Santa Inquisição, por exemplo, visitou o Brasil nos anos de 1.591 e 1620, período no qual foram registrados 654 (seiscentos e cinquenta e quatro) casos de *sodomia* (normalmente, entre homens brancos). Essas situações eram tratadas como "pecados", cujas punições variavam com jejuns obrigatórios, orações especiais, retiros, uso de cilício, multas em dinheiro e açoites para os casos considerados mais brandos. Nas hipóteses consideradas mais graves, a punição materializava-se em confisco de bens, degredo (pena de desterro ou exílio, imposta judicialmente em caráter excepcional, como punição de um crime grave, constituindo como forma de banimento) e até mesmo a prisão.

A família romano-canônica era organizada em uma estrutura hierárquica e patriarcal, com distinção entre papéis e responsabilidades dos diferentes membros da família. O marido era o chefe da sociedade conjugal, com poder sobre a esposa, mas também o *pater família*, com autoridade sobre os filhos, servos e escravos. Na Roma Antiga, a figura patriarcal exercia autoridade absoluta sobre sua família (incluindo esposa, filhos, escravos e outros dependentes). Ele tinha autoridade para tomar as decisões legais, financeiras e religiosas de todos os membros da família (por exemplo, podia decidir sobre o casamento dos filhos, a administração dos bens, a disciplina dos escravos e a participação em rituais religiosos, além de ter o direito de vida e morte para decidir se um filho nascido com deficiência sobreviveria ou para abandonar e até executar um filho que desonrasse o nome da família). Cabia ao homem (marido e pai) o dever de prover o sustento e a proteção da família. Por outro lado, a tradição romano-canônica reservava à mulher o papel de apoiar o marido e os filhos, e de realizar as tarefas domésticas de cuidado.

Os romanos reproduziram o modelo dos gregos.[5] Em Atenas, a mulher ocupava posição equivalente aos escravos. Ser livre era ser homem, ateniense

---

5. ALVES, Branca M.; PITANGUY, Jacqueline. *O que é feminismo*. São Paulo: Abril Cultural Brasiliense, 1985. p. 11-12.

e não escravo. As mulheres tinham a função de reprodução, destinadas a gerar, amamentar e criar os filhos, bem como produzir tudo aquilo que estava diretamente ligado à subsistência do homem (alimentação, fiação e tecelagem). A filosofia, política e artes, por serem consideradas atividades mais nobres, eram exclusivas dos homens.

No Código Civil de 1916, por influência direta do Código Civil Francês, outorgado por Napoleão Bonaparte em 1804, as mulheres, dos 16 (dezesseis) aos 21 (vinte e um) anos, eram *relativamente incapazes*. Ficavam sujeitas à autoridade paterna e, depois de casadas (enquanto subsistisse a sociedade conjugal), voltavam a ser relativamente incapazes, sujeitas a autoridade do marido.

Com isso, o Código Civil de 1916 consagrou o modelo do *privatismo doméstico* e efetivou o *círculo da família despoticamente patriarcal* ao conferir ao marido a posição de "cabeça do casal", o pátrio poder e, consequentemente, a gestão econômica dos recursos familiares.[6]

As esposas, por não terem capacidade civil plena, precisavam do consentimento de seus maridos para praticar negócios jurídicos. Quando elas exerciam atividade produtiva, além de precisarem do consentimento do cônjuge varão (artigo 242, inc. VII, do Código Civil de 1916),[7] não raro, eram os homens que ficavam com o seu salário.[8]

Nesse contexto histórico, cultural e econômico, as mulheres ficavam *restritas* ao espaço doméstico ou com tempo reduzido para trabalharem fora de casa, estudarem, participarem de movimentos políticos e se destacarem na esfera pública. Tal situação somente foi, formalmente, alterada pelo Estatuto da Mulher Casada (Lei n. 4.121, de 27 de agosto de 1962), quando a mulher deixou de ser relativamente incapaz e pôde dispor livremente do produto do seu trabalho profissional, salvo se houvesse estipulação contrária em pacto antenupcial. O produto do seu trabalho passou a ser um *bem reservado* (ou seja, não poderia ser atingido para o pagamento das dívidas do marido, exceto as contraídas em benefício da família).[9]

---

6. GOMES, Orlando. *Raízes Históricas e Sociológicas do Código Civil Brasileiro*. São Paulo: Martins Fontes, 2003. p. 14.
7. "Art. 242. A mulher não pode, sem autorização do marido: (...) VIII – Exercer profissão".
8. Silvia Federici, a propósito, denomina este fenômeno de *patriarcado do salário*: "Tal política, que impossibilitava que as mulheres tivessem seu próprio dinheiro, criou as condições materiais para sua sujeição aos homens e para a apropriação de seu trabalho por parte dos trabalhadores homens. É nesse sentido que eu falo do patriarcado do salário" (*Calibã e a Bruxa. Mulheres, corpo e acumulação privatista*. Tradução Coletivo Sycorax. São Paulo: Editora Elefante, 2019. p. 195).
9. Com o Estatuto da Mulher Casada, o artigo 246 do Código Civil de 1916 ficou assim redigido: "Art. 246. A mulher que exercer profissão lucrativa, distinta do marido, terá direito de praticar todos os atos inerentes ao seu exercício e a sua defesa. O produto do seu trabalho assim auferido, e os bens com ele adquiridos, constituem, salvo estipulação diversa em pacto antenupcial, bens reservados, dos quais poderá dispor livremente com observância, porém, do preceituado na parte final do art. 240 e nos ns.

A família era hierarquizada de forma que os papéis sociais eram definidos pelo homem. O trabalho produtivo cabia ao varão, ficando a mulher com o trabalho reprodutivo, restrita ao ambiente doméstico. Cumpria à mulher ser esposa, mãe e cuidadora da família. Percebe-se que, na dimensão do machismo estrutural e do moralismo sexista, os papéis de gênero estão associados às hierarquias sociais. Nessa perspectiva, as características atribuídas ao feminino são ligadas à esfera privada, à passividade, ao trabalho de cuidado não remunerado, bem como ao uso da emoção em detrimento da razão; por outro lado, a masculinidade é conectada à esfera pública, à agressividade, e ao trabalho remunerado e racional.[10]

Além disso, a mulher deveria casar virgem, ser honesta, recatada e do lar. O Cristianismo apela às virtudes da castidade e da continência, baseado na *concepção negativa* da sexualidade humana.[11] O imperativo ético-cristão está baseado na renúncia de si mesmo.[12] O devoto ou discípulo deve renunciar, inclusive no plano afetivo-familiar, a sua individualidade, os prazeres terrenos, as ambições materiais e as pulsões eróticas.

Tal concepção se fortaleceu na Idade Média com a chamada "Maldição bíblica de Eva".[13] A posição da mulher, para a Igreja Medieval, oscilava entre as figuras de Maria, exaltada, e Eva, a quem se atribuía a responsabilidade pela queda do homem (instigadora do mal), o que justificaria a perseguição ao corpo da mulher, considerada fonte do pecado.

O inquisidor e teórico da demologia do final do século XV, Jacques Sprenger, autor do livro *Malleus Maleficarum*, refere-se a texto bíblico para comprovar a inferioridade feminina:[14] "A mulher é mais carnal que o homem; vemos isto por suas múltiplas torpezas... Existe um defeito na formação da primeira mulher, pois ela foi feita de uma costela curva, torta, colocada em oposição ao homem. Ele é, assim, um ser vivo imperfeito, sempre enganador".

A moralidade cristã está assentada no *sentimento de culpa*. Pune-se não apenas as ações, mas também os motivos que possam levar alguém a fazê-lo ("Pois é de dentro do coração das pessoas que saem os maus pensamentos, prostituições, roubos, assassínios, ambições, iniquidades, engano, devassidão, inveja, maledicência, orgulho, insensatez" [Marcos, 7:21-23]). É necessário extirpar da

---

II e III, do artigo 242. Parágrafo único. Não responde, o produto do trabalho da mulher, nem os bens a que se refere este artigo pelas dívidas do marido, exceto as contraídas em benefício da família".
10. BRASIL. Conselho Nacional de Justiça. *Protocolo para julgamento com perspectiva de gênero*. Brasília: Conselho Nacional de Justiça, 2021. p. 21.
11. GARCIA, Letícia Giovanini. *Mulheres, política e direitos políticos*. São Paulo: Almedina, 2023. p. 53.
12. GIANETTI, Eduardo. *O anel de Giges*. São Paulo: Companhia das Letras, 2020. p. 146-146.
13. ALVES, Branca M.; PITANGUY, Jacqueline. São Paulo: Abril Cultural Brasiliense, 1985. p. 20.
14. ALVES, Branca M.; PITANGUY, Jacqueline. São Paulo: Abril Cultural Brasiliense, 1985. p. 24.

mente humana tudo que possa representar ameaça à pureza da vida psíquica. Incluem-se, entre os adversários do bom cristão, os apetites do corpo (como o desejo sexual, os prazeres sensíveis e os gostos por bebidas, roupas, perfumes...) e as paixões desautorizadas da imaginação (isto é, as pulsões do ego e as fantasias que saiam do controle da vontade e afastam os devotos da pura espiritualidade manifesta no amor ao próximo e ao ser divino).[15]

O ótimo cristão *esvazia* a pessoa de si mesma, para afirmar uma ética impessoal e universal, que o torna um ser invertebrado e dessexuado, dotado de uma vontade transparente e que não tem nada a esconder de ninguém, seja em atos seja em pensamentos.[16] O preço do ótimo cristão é a *desnaturação da alma* para a obtenção da vida eterna.

A compreensão da moralidade sexual, em relação à mulher, é mais rígida em razão do machismo estrutural; isto é, a sexualidade feminina é definida a partir dos padrões masculinos que, na defesa da "honra" das mulheres,[17] limita a sexualidade feminina com tabus e preconceitos, tendo a dominação androcêntrica o objetivo de controlar o corpo da mulher.[18]

Nesse sentido, veja-se, por exemplo, a regra contida no artigo 219, inc. IV, do Código Civil de 1916 que considerava *erro essencial* sobre a pessoa do outro cônjuge, para fins de anulação do casamento, o *defloramento* da mulher ignorado pelo marido. O artigo 178, § 1º, do Código Civil acrescentava que prescrevia, em 10 (dez) dias, contados do casamento, a ação do marido para anular o matrimônio contraído com a mulher já deflorada. Perceba-se que o ordenamento jurídico protegia a honra do homem, não a dignidade sexual da mulher ou a sua autono-

---

15. GIANETTI, Eduardo. *O anel de Giges*. São Paulo: Companhia das Letras, 2020. p. 163.
16. GIANETTI, Eduardo. *O anel de Giges*. São Paulo: Companhia das Letras, 2020. p. 166.
17. "Em nome da 'honra' da mulher estabelece-se um duplo modelo de moral, pelo qual se define sua sexualidade através da limitação, enquanto que a do homem é definida pelo desempenho. A virgindade, a castidade, a passividade sexual, a carga de tabus e preconceitos, constituem os principais elementos socializadores da sexualidade feminina" (ALVES, Branca M.; PITANGUY, Jacqueline. *O que é feminismo*. São Paulo: Abril Cultural Brasiliense, 1985. p. 60).
18. "Na Europa medieval, uma fusão poderosa colocou a mulher entre a cruz e a espada. De um lado, a misoginia do mundo clássico. De outro, a bíblica. A junção dessas duas tradições criou um duplo papel subalterno para as mulheres no discurso masculino: ou deveriam seguir um padrão inatingível, mas louvado, de virtude, virgindade/castidade e devoção familiar preconizado pela Virgem Maria ou seriam taxadas pelo seu antônimo, o estigma de Eva, a pecadora, tentadora, adúltera/prostituta, a inclinada ao demônio. Se repararmos bem, a questão toda, o pêndulo entre virtude e vício, era o controle da sexualidade, do corpo feminino. Por um lado, a mulher poderia ser sublime; por outro, a causa da perdição masculina. Tertuliano dizia que elas eram 'a porta do Diabo'; Ambrósio incitava-as à virgindade, pois não havia muitas outras formas de serem virtuosas; Jerônimo, ecoando Paulo (para quem as mulheres deveriam permanecer caladas nos templos), escreveu que 'o casamento é um dom do pecado'. Portanto, a sexualidade tornava-se, escancaradamente, a fonte, por excelência, do grande pecado feminino" (KARNAL, Leandro; ESTEVAM, Luiz. *Preconceito: Uma história*. São Paulo: Companhia das Letras, 2023. p. 49).

mia em relação ao seu próprio corpo. Essa concepção foi alterada apenas com a promulgação do Código de Civil de 2002, tendo havido diversas ações de anulação de casamento julgadas procedentes, mesmo após o advento da Constituição Federal de 1988, cujo artigo 226, § 5º, afirma que os direitos e deveres referentes à sociedade conjugal são exercidos igualmente pelo homem e pela mulher.[19] O movimento feminista denuncia a manipulação do corpo da mulher, a sua coisificação como objeto sexual ou de consumo, bem como a submissão a todas as formas de violências (física, moral, sexual, psicológica, política, processual etc.).

A violência de gênero resulta da reprodução do estereótipo de que a mulher é o *sexo frágil*, para buscar justificar o exercício do controle sobre os corpos femininos, tirando delas a faculdade de decidir para impor o desejo masculino ou a normatização heterossexual, ao invés de respeitar a vontade das mulheres. Por exemplo, o artigo 1.548 do Código Civil de 1916 afirmava que a mulher agravada em sua honra tinha o direito de exigir do ofensor – caso ele não pudesse ou não quisesse reparar o mal pelo casamento – um *dote* correspondente à condição e ao estado da ofendida, quando fosse deflorada virgem e menor, quando fosse seduzida com promessas de casamento ou fosse raptada.

Na tradição romano-canônica, a maternidade era *compulsória*, sendo a procriação um dos principais propósitos do casamento. O casamento era uma instituição destinada a gerar descendência legítima para perpetuar a família e a linhagem. Ter filhos legítimos também era uma forma de transmitir a propriedade e a riqueza para as gerações futuras, além de assegurar cuidado e apoio na velhice. Procriar era visto como uma responsabilidade moral e religiosa dos cônjuges.

Na tradição romano-canônica, protegia-se a família biológica. Filhos havidos fora do matrimônio ou adotados não tinham o mesmo reconhecimento jurídico. Os filhos eram classificados como *legítimos*, quando gerados dentro do casamento, e *legitimados* – eram os filhos naturais que, apenas em situações específicas, poderiam ser reconhecidos pelo próprio pai ou mãe (o filho jamais poderia reivindicar em juízo seu estado de filiação).[20] Os filhos *ilegítimos* ou *naturais* eram aqueles que nascidos de pessoas não ligadas pelo matrimônio. Os filhos *ilegítimos* ainda se dividiam em *naturais* e *espúrios*. Os naturais eram os nascidos fora do matrimônio, resultantes da união de duas pessoas que não se casaram, mas poderiam fazê-lo, porque não havia nenhum impedimento

---

19. COSSO, Roberto; SUWWAN, Leila. Virgindade deixa de anular união. *Folha de São Paulo*, 15 de agosto de 2001. Disponível em: https://www1.folha.uol.com.br/fsp/cotidian/ff1508200123.htm. Acesso em: 06 abr. 2024.
20. LUCCHESE, Mafalda. Filhos – Evolução até a plena igualdade. Disponível em: https://www.emerj.tjrj.jus.br/serieaperfeicoamentodemagistrados/paginas/series/13/volumeI/10anosdocodigocivil_231.pdf. p. 232-233.

legal. Os espúrios, por sua vez, eram os que decorriam da união de duas pessoas impedidas para o matrimônio. Além disso, os filhos espúrios se subdividiam em *incestuosos* (fruto do relacionamento entre duas pessoas, para as quais há impedimento legal para o casamento, decorrente de vínculo de parentesco) e os *adulterinos* (resultantes da união entre duas pessoas, sendo uma ou ambas legalmente casadas com terceira pessoa). Os filhos incestuosos ou adulterinos não poderiam ser reconhecidos, uma vez que o artigo 358 do Código Civil de 1916 expressamente vedava o reconhecimento (*"Art. 358. Os filhos incestuosos e os adulterinos não podem ser reconhecidos"*).

Por outro lado, a falta de filhos legítimos resultava na perda do *status* social do casamento, no isolamento do casal e até na rejeição pela comunidade. A *infertilidade* era vista como uma desgraça, pois representava a incapacidade de cumprir essa responsabilidade fundamental do casamento, e os casais que enfrentavam problemas de infertilidade sofriam estigma e discriminação. O livro do Gênesis, no Antigo Testamento, menciona o mandamento de "crescer e multiplicar" como uma das primeiras instruções dadas por Deus aos seres humanos. Dessa forma, a infertilidade era considerada uma maldição ou um castigo divino.

Também por influência direta da Igreja Católica o casamento é *monogâmico*, sendo concebido como uma união exclusiva entre um homem e uma mulher. A poligamia, isto é, contrair casamentos simultâneos é proibido.

Pelo Código Penal brasileiro de 1940, a pessoa casada que contrai novo casamento pratica o crime de *bigamia* (artigo 235) e está sujeito à pena de reclusão de dois a seis anos. O Código Civil de 2002 afirma que as relações não eventuais entre o homem e a mulher, impedidos de casar, constituem *concubinato* (artigo 1.727). Além disso, o artigo 1.723, § 1º, do Código Civil estabelece que não se configura união estável a relação entre um homem e uma mulher, quando um deles é casado, salvo se já estiver separado de fato ou judicialmente.

Conforme Friedrich Engels, foi o controle da propriedade privada que permitiu a substituição do matriarcado pelo patriarcado nas sociedades primitivas.[21] O matrimônio monogâmico é uma forma de opressão das mulheres pelos homens, baseado na manutenção da propriedade privada. Na época vitoriana, por exemplo, em muitas culturas tradicionais, o amor não era principalmente uma experiência espontânea que pudesse levar ao casamento.[22] O casamento era uma convenção – um contrato elaborado pelas respectivas famílias – que se

---

21. *A origem da família, da propriedade privada e do Estado*. Trad. de Leonardo Konder. 9. ed. Rio de Janeiro: Civilização Brasileira, 1984. p. 70.
22. FROMM, Erich. *A arte de amar* [Livro Eletrônico]. Trad. Milton Amado. São Paulo: Martins Fontes, 2000.

consumava na base de considerações sociais e julgava-se que o amor se desenvolveria após efetuado o casamento.

A Declaração Universal dos Direitos Humanos, fundada na dignidade da pessoa, na igualdade de direitos entre homens e mulheres e na promoção de uma vida com ampla liberdade, no artigo 16, afirma: "1. Os homens e mulheres de maior idade, sem qualquer restrição de raça, nacionalidade ou religião, têm o direito de contrair matrimônio e fundar uma família. Gozam de iguais direitos em relação ao casamento, sua duração e sua dissolução. 2. O casamento não será válido senão com o livre e pleno consentimento dos nubentes. 3. A família é o núcleo natural e fundamental da sociedade e tem direito à proteção da sociedade e do Estado".

De modo semelhante, o artigo 9º da Carta dos Direitos Fundamentais da União Europeia prevê o direito de contrair casamento e de constituir família: "O direito de contrair casamento e o direito de constituir família são garantidos pelas legislações nacionais que regem o respectivo exercício".

A afirmação dos direitos humanos nas relações familiares é importante para assegurar a afetividade e a liberdade das pessoas de viverem seus afetos.

Nesse sentido, é emblemática a decisão da Suprema Corte dos Estados Unidos no caso *Loving v. Virginia*. A demanda foi trazida por Mildred Loving, uma mulher negra, que se casou com Richard Loving, homem branco, e, por terem violado a *Racial Integrity Act* de 1924 do Estado da Virgínia, foram sentenciados a um ano de prisão, em julho de 1958. Em 1967, a Suprema Corte declarou inconstitucional a lei da Virgínia.

No Brasil, a Constituição Federal de 1988 quebrou diversos paradigmas, ao afirmar a cidadania igual para homens e mulheres, com repercussões seguras para a construção do Direito Civil Constitucional, o que provocou grandes transformações no Direito das Famílias.

4
CARACTERÍSTICAS DO MODELO DE FAMÍLIA NA CONSTITUIÇÃO FEDERAL DE 1988

4.1 CONSTITUIÇÃO FEDERAL DE 1988 E O ESTADO DEMOCRÁTICO DE DIREITO

A Constituição Federal de 1988, mais que um mero conjunto de princípios e regras jurídicas, possui uma *dimensão simbólica* que transcende o texto normativo, porque expressa valores fundamentais da sociedade brasileira, como a dignidade da pessoa humana, o bem-estar, o desenvolvimento, a segurança, a igualdade, a liberdade, a solidariedade e a justiça social.

Institui um Estado Democrático de Direito destinado a assegurar direitos e garantias fundamentais, para assegurar dignidade e autonomia às pessoas, inclusive contra o arbítrio estatal.

No constitucionalismo democrático, o cidadão *não é súdito do Estado*, mas titular de direitos e garantias fundamentais, o que torna ilegítima a imposição não razoável e desproporcional da supremacia do interesse público (e/ou estatal) sobre o privado.[1] A pessoa antecede o Estado, a sociedade é o meio para o desenvolvimento da personalidade e o ordenamento jurídico deve ser estruturado para atender as necessidades dos seres humanos e sua convivência social pacífica.[2]

No Estado Democrático de Direito, como está expresso no artigo 1º, parágrafo único, da Constituição Federal de 1988, todo o poder emana do povo, que o exerce por meio de representantes eleitos ou diretamente. Os cidadãos têm direito a participar ativamente da vida política e social do país, podendo influir – por meio do exercício do direito ao voto, da liberdade de associação, da

---

1. FARIAS, Cristiano Chaves de; ROSENVALD, Nelson. *Curso de Direito Civil*. 15. ed. Salvador: JusPodivm, 2017. v. 1, p. 78.
2. TJPR – 12ª Câmara Cível – 0001065-81.2019.8.16.0086 – Guaíra – Rel.: Eduardo Augusto Salomão Cambi – J. 31.01.2024.

manifestação pacífica e do acesso à informação, entre outras possibilidades – na tomada de decisões e na fiscalização do Poder Público.

A Constituição Federal prevê a separação dos poderes entre o Executivo, o Legislativo e o Judiciário, além de estabelecer um sistema de *freios e contrapesos* para impedir a concentração de poderes em uma única autoridade, a fim de garantir a legalidade e a justiça na atuação estatal.

O exercício do poder, pelas autoridades públicas, se submete à legalidade e ao respeito aos direitos e garantias fundamentais dos cidadãos, para que não vigore o autoritarismo e não impere as arbitrariedades.

A Constituição Federal de 1988 possui supremacia sobre todo o ordenamento jurídico e orienta a atuação do Estado e dos cidadãos. As leis e os atos normativos se sujeitam ao controle de constitucionalidade para que estejam em conformidade com os valores, princípios e regras constitucionais. A Constituição serve como fonte jurídica primária de legitimação do Poder Estatal e, independentemente das diferenças políticas e ideológicas, busca a coesão social e, tanto na ordem interna quanto internacional, a solução pacífica das controvérsias.

A Constituição Federal de 1988 marcou o fim do período da ditadura militar no Brasil (1964-1985) e o retorno à democracia. Representa a vontade soberana do povo brasileiro, tendo sido elaborada com a participação de representantes eleitos e da sociedade civil. É um instrumento de transformação social e de promoção da justiça, ao estabelecer, dentre os objetivos fundamentais da República Federativa do Brasil (artigo 3º), a construção de uma sociedade livre, justa e solidária, a garantia do desenvolvimento nacional, a erradicação da pobreza, da marginalização e da redução das desigualdades sociais e regionais, além da promoção do bem de todos, sem preconceitos de origem, raça, sexo, cor, idade e quaisquer outras formas de discriminação.

4.2 CONSTITUIÇÃO FEDERAL DE 1988 E OS DIREITOS DAS FAMÍLIAS

Várias mudanças significativas foram introduzidas, pela Constituição de 1988, que impactaram diretamente nas relações familiares.

A Constituição Federal de 1988 reconheceu a *pluralidade* de formas de constituição familiar. Conferiu direitos e deveres para as pessoas que optam em viverem juntas sem a formalização do casamento. Assegurou ao casal, e aos seus filhos, direitos pessoais, patrimoniais, previdenciários e sucessórios. Além disso, afirmou que a união entre homem e mulher, para fins de proteção do Estado, se equipara ao casamento (art. 226, § 3º).

4.2.1 Uniões estáveis e homoafetivas

Quanto ao reconhecimento da união estável, não obstante o avanço trazido pelo constituinte, logo após a promulgação da Constituição Federal de 1988, surgiu na jurisprudência uma discussão sobre a autoaplicabilidade ou da eficácia imediata da regra constitucional nas relações privadas. Diversos julgados afirmaram que a referida norma seria programática e careceria de legislação específica. Finalmente, o Congresso Nacional editou a Lei n. 8.971, publicada em 29 de dezembro de 1994. Antes da elaboração da Lei n. 8.971/1994, as companheiras eram chamadas, pejorativamente, de "amasiadas" ou de "concubinas", e ficavam desamparadas nas hipóteses de dissolução da união estável ou da morte do companheiro. Tal legislação, contudo, recebeu diversas críticas, sendo denominada, pelos setores mais conservadores da sociedade, de "Lei Piranha", com argumentos até homofóbicos.[3]

O Código Civil de 2002, por sua vez, definiu união estável "como entidade familiar entre o homem e a mulher", "configurada na convivência pública, contínua e duradora e estabelecida com o objetivo de constituição de família". Com efeito, não avançou para o reconhecimento das uniões homoafetivas.

Foi somente o Supremo Tribunal Federal, ao conferir interpretação do artigo 1.723 do Código Civil em conformidade com a regra do artigo 226, § 3º, da Constituição Federal, na ADI 4277 e na ADPF 132, equiparou às uniões hereteroafetivas às homoafetivas.[4] Perceba-se que tanto a regra prevista na Constituição Federal quanto a contida no Código Civil se referem à união entre um "homem" e uma

---
3. Dentre os críticos, estavam o então Ministro da Justiça Saulo Ramos, que ao escrever artigo publicado na Folha de São Paulo, asseverou: "A *Constituição*, que reconhece a união estável entre o homem e a mulher como entidade familiar (art. 226, parágrafo 3º), declara solenemente"..."devendo a lei facilitar sua conversão em casamento". E o que fez o Legislativo? Uma ova para a *Constituição* e bananas para as instituições jurídicas protetoras da família, fato gravíssimo que elimina séculos de conquistas e de civilização. Podem esperar, essa leizinha imoral logo logo será invocada até pelos companheiros(as) do mesmo sexo, pois será repulsiva a discriminação, já que se esculhambou geral, além da interpretação gramatical permitir tal entendimento, graças ao a, grafado depois dos o, consagrando a possibilidade de união entre companheiro e companheiro, ou entre companheira e companheira, posto que ninguém é obrigado a separar o que está ou não entre parênteses, já que se acabou com os parentes e a redação do monstrengo permite essa leitura, que nós, complicadamente, chamamos de hermenêutica".
4. "Interpretação do art. 1.723 do Código Civil em conformidade com a constituição federal (técnica da "interpretação conforme"). Reconhecimento da união homoafetiva como família. Procedência das ações. Ante a possibilidade de interpretação em sentido preconceituoso ou discriminatório do art. 1.723 do Código Civil, não resolúvel à luz dele próprio, faz-se necessária a utilização da técnica de "interpretação conforme à Constituição". Isso para excluir do dispositivo em causa qualquer significado que impeça o reconhecimento da união contínua, pública e duradoura entre pessoas do mesmo sexo como família. Reconhecimento que é de ser feito segundo as mesmas regras e com as mesmas consequências da união estável heteroafetiva" (ADI 4277, Relator(a): Ayres Britto, Tribunal Pleno, julgado em 05.05.2011, DJe-198 Divulg 13.10.2011 Public 14.10.2011 Ement vol-02607-03 PP-00341 RTJ vol-00219-01 pp-00212).

"mulher". A intepretação literal desses dispositivos implicaria na impossibilidade do reconhecimento jurídico das uniões homoafetivas.

Porém, o artigo 4º da Lei de Introdução às normas do Direito Brasileiro (Decreto-lei 4.657/1942) afirma que, quando a lei for omissa, o juiz decidirá de acordo com a analogia, os costumes e os princípios gerais de direito. A *analogia* é o principal método de colmatação de lacunas. Seu emprego permite que se aplique a mesma consequência jurídica de fatos juridicamente relevantes para outros igualmente importantes, mas não regulamentados por nenhuma regra jurídica.[5] O Supremo Tribunal Federal, ao equiparar as relações entre pessoas do mesmo sexo às uniões estáveis entre homens e mulheres (art. 226, § 3º, da Constituição Federal), na ADI 4.277 e na ADPF 132, aplicou o *raciocínio analógico*.

O artigo 226, *caput*, da Constituição Federal afirma que a família é a base da sociedade e tem especial proteção do Estado. O Supremo Tribunal Federal, na ADI 4277, ressaltou que a Constituição não empresta ao substantivo "família" nenhum *significado ortodoxo* ou da *própria técnica jurídica*, sendo a família uma *categoria sociocultural e princípio espiritual*.[6] Assim, deve-se conferir uma *interpretação não reducionista* do conceito de família como instituição, que pode se formar por vias distintas do casamento civil e não se limita a casais heteroafetivos.

A Resolução n. 175/2013 do Conselho Nacional de Justiça conferiu efetividade à decisão do Supremo Tribunal Federal (STF) que reconheceu a união estável entre pessoas do mesmo sexo/gênero. Os cartórios de todo o país foram

---

5. RECHIA, Fernando Mariath. Prova e raciocínio indutivo. *Revista de processo*, v. 350, abr. 2024.
6. "(...) Tratamento constitucional da instituição da família. Reconhecimento de que a constituição federal não empresta ao substantivo "família" nenhum significado ortodoxo ou da própria técnica jurídica. A família como categoria sociocultural e princípio espiritual. Direito subjetivo de constituir família. Interpretação não reducionista. O caput do art. 226 confere à família, base da sociedade, especial proteção do Estado. Ênfase constitucional à instituição da família. Família em seu coloquial ou proverbial significado de núcleo doméstico, pouco importando se formal ou informalmente constituída, ou se integrada por casais heteroafetivos ou por pares homoafetivos. A Constituição de 1988, ao utilizar-se da expressão "família", não limita sua formação a casais heteroafetivos nem a formalidade cartorária, celebração civil ou liturgia religiosa. Família como instituição privada que, voluntariamente constituída entre pessoas adultas, mantém com o Estado e a sociedade civil uma necessária relação tricotômica. Núcleo familiar que é o principal lócus institucional de concreção dos direitos fundamentais que a própria Constituição designa por "intimidade e vida privada" (inciso X do art. 5º). Isonomia entre casais heteroafetivos e pares homoafetivos que somente ganha plenitude de sentido se desembocar no igual direito subjetivo à formação de uma autonomizada família. Família como figura central ou continente, de que tudo o mais é conteúdo. Imperiosidade da interpretação não reducionista do conceito de família como instituição que também se forma por vias distintas do casamento civil. Avanço da Constituição Federal de 1988 no plano dos costumes. Caminhada na direção do pluralismo como categoria sócio-político-cultural. Competência do Supremo Tribunal Federal para manter, interpretativamente, o Texto Magno na posse do seu fundamental atributo da coerência, o que passa pela eliminação de preconceito quanto à orientação sexual das pessoas. (...)" (ADI 4277, Relator(a): Ayres Britto, Tribunal Pleno, julgado em 05.05.2011, DJe-198 Divulg 13.10.2011 Public 14.10.2011 Ement vol-02607-03 pp-00341 RTJ vol-00219-01 PP-00212).

impedidos de recusarem a converter uniões estáveis entre pessoas do mesmo sexo em casamentos ou a celebrá-los.

Apesar dos avanços ocorridos no STF e no CNJ, o Congresso Nacional, além de não regulamentar a matéria, indica que pode haver retrocessos. Tanto é que a Comissão de Previdência, Assistência Social, Infância e Família da Câmara dos Deputados, aprovou, ano de 2023, o projeto de Lei n. 5167/09, com objetivo de proibir que relações entre pessoas do mesmo sexo, equipare-se ao casamento. Há, portanto, um risco de *backlash*, porque parcela do Congresso Nacional defende o modelo da família tradicional, o que impede o reconhecimento dos direitos da população LGBTIQIA+.[7]

Em sentido contrário, em março de 2024, o Supremo Tribunal de Justiça, no Tema n. 1.072, conferiu repercussão geral à tese de que a mãe, servidora ou trabalhadora, não gestante (cuja gestação de sua companheira decorreu de procedimento de inseminação artificial heteróloga), em união homoafetiva, tem direito ao gozo da licença-maternidade. Caso a companheira tenha utilizado o benefício, ela fará jus à licença pelo período equivalente ao da licença-paternidade. Dessa forma, ao mesmo tempo, protege-se o direito da criança, que não escolhe a família onde vai nascer, bem como o direito da mãe-não gestante, em união homoafetiva, diante de uma legislação omissa e preconceituosa. Com isso, também se reconhece o direito de ser mãe a alguém que não engravidou. Isso porque a verdadeira paternidade ou maternidade é a socioafetiva, pois o que realmente importa é o papel do pai e da mãe como função e serviço. O vínculo biológico/genético é secundário, uma vez que *paternagem* e a *maternagem* decorrem do desejo de amar e do exercício zeloso, permanente e cotidiano do afeto e da ética do cuidado, especialmente quando se trata de criança e adolescente.[8]

O Relatório Beijín+20 se preocupou com a regulamentação trabalhista em relação ao cuidado, em especial com as leis contra a discriminação de mulheres grávidas e as de proteção da maternidade, inclusive com o estabelecimento da licença parental compartilhada.

No Brasil, o artigo 7º, inc. XVIII, da Constituição Federal assegura a licença à gestante, sem prejuízo do emprego, com duração de cento e vinte dias, e, o inc. XIX, a licença paternidade, nos termos fixados na lei. O artigo 10, inc. II, § 2º, do Ato das Disposições Constitucionais Transitórias fixou este prazo em cinco dias, até que fosse editado lei para regulamentar à Constituição, o que ocorreu

---

7. ZAGURSKI, Adriana Timoteo dos Santos. Backlash: uma reflexão sobre deliberação judicial em casos polêmicos. *Revista da AGU*, v. 16, n. 03, jul./set. 2017, p. 98.
8. ZAGURSKI, Adriana Timoteo dos Santos. Backlash: uma reflexão sobre deliberação judicial em casos polêmicos. *Revista da AGU*, v. 16, n. 03, jul./set. 2017, p. 98.

por força do artigo 37 da Lei n. 14.457/2022, que alterou o artigo 473, inc. III, da Consolidação das Leis Trabalhistas – CLT. Foi concedido o prazo de cinco dias consecutivos de licença-paternidade, cuja aplicação se estende para os casos de adoção e de guarda compartilhada.

O Supremo Tribunal Federal, no RE 778.889, julgado em 2016, já havia fixado o Tema n. 782 para equiparar à licença-maternidade à mãe biológica à mãe adotante: "Os prazos da licença adotante não podem ser inferiores aos prazos da licença gestante, o mesmo valendo para as respectivas prorrogações. Em relação à licença adotante, não é possível fixar prazos diversos em função da idade da criança adotada".[9]

Com base neste entendimento, foi editada a Lei n. 13.509/2017, que introduziu o artigo 392-A na Consolidação das Leis Trabalhista – CLT para estender o benefício da licença-maternidade à empregada que adotar ou obtiver guarda judicial para fins de adoção de criança ou adolescente. A Lei n. 11.770/2008, por

---

9. "Direito constitucional. Recurso extraordinário. Repercussão geral. Equiparação do prazo da licença-adotante ao prazo de licença-gestante. 1. A licença maternidade prevista no artigo 7º, XVIII, da Constituição abrange tanto a licença gestante quanto a licença adotante, ambas asseguradas pelo prazo mínimo de 120 dias. Interpretação sistemática da Constituição à luz da dignidade da pessoa humana, da igualdade entre filhos biológicos e adotados, da doutrina da proteção integral, do princípio da prioridade e do interesse superior do menor. 2. As crianças adotadas constituem grupo vulnerável e fragilizado. Demandam esforço adicional da família para sua adaptação, para a criação de laços de afeto e para a superação de traumas. Impossibilidade de se lhes conferir proteção inferior àquela dispensada aos filhos biológicos, que se encontram em condição menos gravosa. Violação do princípio da proporcionalidade como vedação à proteção deficiente. 3. Quanto mais velha a criança e quanto maior o tempo de internação compulsória em instituições, maior tende a ser a dificuldade de adaptação à família adotiva. Maior é, ainda, a dificuldade de viabilizar sua adoção, já que predomina no imaginário das famílias adotantes o desejo de reproduzir a paternidade biológica e adotar bebês. Impossibilidade de conferir proteção inferior às crianças mais velhas. Violação do princípio da proporcionalidade como vedação à proteção deficiente. 4. *Tutela da dignidade e da autonomia da mulher para eleger seus projetos de vida. Dever reforçado do Estado de assegurar-lhe condições para compatibilizar maternidade e profissão, em especial quando a realização da maternidade ocorre pela via da adoção, possibilitando o resgate da convivência familiar em favor de menor carente. Dívida moral do Estado para com menores vítimas da inepta política estatal de institucionalização precoce. Ônus assumido pelas famílias adotantes, que devem ser encorajadas.* 5. Mutação constitucional. Alteração da realidade social e nova compreensão do alcance dos direitos do menor adotado. Avanço do significado atribuído à licença parental e à igualdade entre filhos, previstas na Constituição. Superação de antigo entendimento do STF. 6. Declaração da inconstitucionalidade do art. 210 da Lei 8.112/1990 e dos parágrafos 1º e 2º do artigo 3º da Resolução CJF 30/2008. 7. Provimento do recurso extraordinário, de forma a deferir à recorrente prazo remanescente de licença parental, a fim de que o tempo total de fruição do benefício, computado o período já gozado, corresponda a 180 dias de afastamento remunerado, correspondentes aos 120 dias de licença previstos no art. 7º, XVIII, CF, acrescidos de 60 dias de prorrogação, tal como estabelecido pela legislação em favor da mãe gestante. 8. Tese da repercussão geral: "Os prazos da licença adotante não podem ser inferiores aos prazos da licença gestante, o mesmo valendo para as respectivas prorrogações. Em relação à licença adotante, não é possível fixar prazos diversos em função da idade da criança adotada"" (RE 778889, Relator(a): Roberto Barroso, Tribunal Pleno, julgado em 10.03.2016, Acórdão Eletrônico Repercussão Geral – mérito DJe-159 Divulg 29.07.2016 Public 1º.08.2016) – Grifei.

sua vez, instituiu o Programa Empresa Cidadã que permite a extensão da licença-maternidade por 60 (sessenta) dias e da licença-paternidade por 15 (quinze) dias.

Porém, é importante que as políticas de cuidado sejam concebidas a partir da equidade de gênero, levando em consideração as necessidades das mulheres e a corresponsabilidade das obrigações familiares. Nesse sentido, o artigo 27 da Lei Modelo Interamericana de Cuidados sugere que os Estados integrantes da Organização dos Estados Americanos (OEA) confiram às trabalhadoras o "direito a um descanso de maternidade de seis semanas antes e 18 semanas depois do parto, com o gozo de 100% de sua remuneração. A licença-maternidade se estenderá ao pai quando este se encarregue do cuidado da menor ou do menor, ou em caso de falecimento, abandono ou doença da mãe.[10] O empregador do pai lhe concederá uma licença de duração equivalente ao tempo que falte para expirar o período da licença posterior ao parto concedida à mãe ou, pelo menos, a metade do tempo de licença da mãe".

Ao tratar da licença-paternidade, o artigo 28 da Lei Modelo Interamericana de Cuidados, propõe que os "trabalhadores terão direito a uma licença por paternidade por um período de, pelo menos, 15 e até 45 dias de trabalho, a partir do parto do cônjuge ou convivente, com o gozo de 100% de sua remuneração. Para ser beneficiado com a licença-paternidade, o trabalhador apresentará à empregadora ou empregador o certificado que comprove o parto, emitido pela entidade gestora de saúde respectiva, e de que reside no domicílio comum da filha ou filho".

Ademais, não escapa da Lei Modelo Interamericana de Cuidados a *licença parental compartilhada*, tendo o artigo 29 estabelecido: "À escolha da mãe, a licença-maternidade poderá ser compartilhada com o pai, pelo número de semanas por ela indicado, atendendo a suas necessidades de recuperação. Em todo caso, as semanas utilizadas pelo pai deverão ocorrer no período final da licença".[11]

---

10. Nesse sentido, o Supremo Tribunal Federal, ao julgar o RE 1.348.854, fixou o Tema n. 1.182 para afirmar ser inconstitucional a não extensão do benefício da licença-maternidade de 180 (cento e oitenta) dias para servidores públicos federais que sejam pais solo: "À luz do art. 227 da CF, que confere proteção integral da criança com absoluta prioridade e do princípio da paternidade responsável, a licença maternidade, prevista no art. 7º, XVIII, da CF/88 e regulamentada pelo art. 207 da Lei 8.112/1990, estende-se ao pai genitor monoparental". Cf. STF, RE 1.348.854, Tribunal Pleno, rel. Min. Alexandre de Moraes, j. 12.05.2022. pub. *Informativo STF*, v. 1.054.

11. A Lei Interamericana de Cuidados vai além para prever também a licença para as mães e pais adotantes (art. 30) e para buscar a regulamentação de licenças de cuidados de forma mais ampla, no artigo 31: "É dever do Estado estabelecer e regulamentar licenças de cuidados, remuneradas ou subsidiadas, que garantam disponibilidade de tempo e recursos para cuidar de toda pessoa trabalhadora com responsabilidades familiares que tenha a seu cargo uma pessoa em situação de dependência, quando esta necessite de cuidado pessoal e se encontre em situação de doença grave ou acidente grave, agudo ou com risco de morte; e nos casos de tratamento crônico ou enfermidade, independentemente de sua gravidade, quando a pessoa trabalhadora não conte com pessoa cuidadora substituta. O Estado também estabelecerá e regulamentará concessões de cuidados que permitam às pessoas trabalhado-

No Brasil, tramita na Câmara dos Deputados, desde 2021, o Projeto de Lei n. 1.974, que versa sobre o instituto da parentalidade no Brasil e propõe uma "licença-parental", de 180 (cento e oitenta) dias contados a partir do nascimento, da adoção ou do fato gerador do direito à licença parental compartilhada, para cada pessoa de referência da criança ou do adolescente, válida tanto para as mulheres quanto para os homens.

A *licença parental compartilhada* está em sintonia com o princípio constitucional da parentalidade responsável (artigo 226, § 7º, da Constituição Federal), pois se atribui a ambos os pais o dever de cuidado do infante. Afinal, a *paternagem* e a *maternagem* são funções complementares e indispensáveis ao pleno desenvolvimento infantojuvenil. A participação de ambos os pais na criação do bebê, desde o nascimento, fortalece o relacionamento familiar e a conjugalidade, transformada pela chegada do bebê, uma vez que favorece a divisão equilibrada do trabalho doméstico, a solidariedade entre os membros da família e a cooperação no cuidado da criança. Aliás, a falta de envolvimento paterno ou materno cria disparidades nas obrigações familiares (o que pode se denominar de *famílias disfuncionais*), faz naturalizar as tarefas domésticas não remuneradas para a mulher e gera ressentimentos e insatisfações que podem levar à dissolução da conjugalidade.[12]

4.2.2 Proteção jurídica do afeto

O *afeto* é um *vetor hermenêutico* que serve para estruturar a intepretação e a aplicação das regras e dos princípios do Direito das Famílias,[13] para que o Poder Judiciário busque estar em permanente consonância com a pluralidade/diversidade, bem como com a dinâmica e complexidade sociais, dando primazia à realidade fática da vida real no enquadramento das molduras das fórmulas jurídicas abstratas.[14]

---

ras com responsabilidades familiares ausentar-se transitoriamente do trabalho para atender a suas necessidades de cuidado".

12. Decisão do STF sobre licença-maternidade coloca em debate direitos e deveres parentais. Disponível em: https://ibdfam.org.br/noticias/11676/Decis%C3%A3o+do+STF+sobre+licen%C3%A7a-maternidade+coloca+em+debate+direitos+e+deveres+parentais. Acesso em: 22 mar. 2024.
13. TJPR – 12ª Câmara Cível – 0001153-36.2021.8.16.0188 – Curitiba – Rel.: Substituta Renata Estorilho Baganha – Rel. desig. p/ o acórdão: Eduardo Augusto Salomão Cambi – J. 1º.09.2023.
14. PEREIRA, Rodrigo da Cunha. *Direito das famílias*. 4. ed. Rio de Janeiro: Forense, 2023. p. 397; OLIVEIRA, Ligia Ziggiotti de. *Cuidado como valor jurídico*: crítica aos direitos da infância a partir do feminismo. Tese (Doutorado) – Programa de Pós-Graduação em Direito. Universidade Federal do Paraná, 2019. p. 88; MADALENO, Rolf. *Repensando o direito de família*. Porto Alegre: Livraria do Advogado Ed., 2007. p. 161; DIAS, Maria Berenice. *Manual de Direito das Famílias*. 8. ed. São Paulo: Ed. RT, 2011. p. 483; TJPR – 12ª Câmara Cível – 0023891-29.2023.8.16.0000 – Londrina – Rel.: Eduardo Augusto Salomão Cambi – J. 03.07.2023.

A vida social deve ser compreendida não apenas como um sistema de normas ou para a melhor distribuição de riquezas, mas também incluir como os *afetos* circulam e são capazes de produzir transformações individuais e coletivas. Nesse contexto contemporâneo, as pessoas se *conjugam* para a satisfação do desejo de ficarem juntas, de estabelecerem uma comunhão de vidas e de formarem uma família. A proteção jurídica da família, considerada como uma concepção sociocultural, deve privilegiar a *dimensão eudemonista* para recair sobre cada um dos componentes da comunidade de afeto, considerados na relação solidária de *coexistencialidade* familiar.[15]

A Constituição Federal de 1988 fez questão de afirmar que os "direitos e deveres referentes à sociedade conjugal são exercidos igualmente pelo homem e pela mulher" (artigo 226, § 5º). Com isso, não mais persiste a noção patriarcal do "chefe da família" nem do "pátrio poder". Ambos os cônjuges ou companheiros possuem poderes decisórios iguais para a administração dos bens comuns, à educação dos filhos ou outros assuntos relevantes para a família. Também têm, como regra, direitos patrimoniais iguais sobre os bens adquiridos na constância do casamento, salvo se optarem expressamente por um regime patrimonial diferente. Ainda, os cônjuges/companheiros possuem direitos sucessórios, tendo o Código Civil os inserindo como herdeiros legítimos (art. 1.829, inc. I).

O Supremo Tribunal Federal, por sua vez, no RE n. 646.721, equiparou o regime sucessório entre cônjuges e companheiros, em união homoafetiva. Deixou claro que a Constituição brasileira contemplou diferentes formas de família legítima, além da que resulta do casamento, incluindo as famílias formadas mediante união estável, hetero ou homoafetivas. Também assentou que não é legítimo desequiparar, para fins sucessórios, os cônjuges e os companheiros, isto é, a família formada pelo casamento e a formada por união estável. Dessa forma, concluiu que o artigo 1790 do Código Civil, ao revogar as Leis n. 8.971/1994 e 9.278/1996 e discriminar a companheira (ou o companheiro), conferindo-lhe direitos sucessórios bem inferiores aos conferidos à esposa (ou ao marido), contraria os princípios da igualdade, da dignidade humana, da proporcionalidade como vedação à proteção deficiente e da vedação do retrocesso. Logo, o STF fixou a seguinte tese: "É inconstitucional a distinção de regimes sucessórios entre cônjuges e companheiros prevista no art. 1.790 do CC/2002, devendo ser aplicado, tanto nas hipóteses de casamento quanto nas de união estável, o regime do art. 1.829 do CC/2002".

---

15. RUZYK, Carlos Eduardo Pianovski. Famílias simultâneas: da unidade codificada à pluralidade constitucional. *Dissertação de Mestrado*. Curitiba: Universidade Federal do Paraná, 2003. p. 6-7.

A Constituição Federal de 1988, no artigo 227, § 7º, também afirmou que os filhos, havidos ou não da relação do casamento, ou por adoção, têm os mesmos direitos e qualificações, proibidas quaisquer designações relativas à filiação. Dessa forma, prevalece a relação pública de afetividade, não se podendo fazer distinção hierárquica entre a parentalidade genética ou a adotiva, nem aos filhos havidos dentro ou fora do casamento ou da união estável.

Em outras palavras, a existência de registro da paternidade biológica não é argumento suficiente para impedir o reconhecimento da paternidade socioafetiva, uma vez que o Direito Civil Constitucional brasileiro reconhece a prevalência da tese da multiparentalidade, mas também porque o afeto é o vetor hermenêutico que deve conduzir à intepretação e aplicação do Direitos das Famílias, inclusive como meio para assegurar a ética da responsabilidade e da alteridade nas relações privadas.[16]

Daí a importância do Tema n. 622 do Supremo Tribunal Federal: "A paternidade socioafetiva, declarada ou não em registro público, não impede o reconhecimento do vínculo de filiação concomitante baseado na origem biológica, com os efeitos jurídicos próprios". Tal orientação é seguida pela reiterada jurisprudência do Superior Tribunal de Justiça, que tem assentada a *coexistência* da paternidade socioafetiva com a biológica na forma da multiparentalidade, devendo ser reconhecida a equivalência de tratamento e de efeitos jurídicos entre essas formas de paternidades.[17]

4.2.3 Dissolução do vínculo conjugal

A dissolubilidade do vínculo conjugal foi conquistada pela Lei n. 6.515/1977, que passou a admitir a separação consensual e a litigiosa. A primeira espécie seria por mútuo consentimento dos cônjuges, desde que casados há mais de 2 (dois) anos, e a manifestação ocorresse perante o juiz e fosse devidamente homologada (art. 4º). Por outro lado, a separação litigiosa poderia ser pedida por um dos cônjuges (art. 5º): a) quando imputasse ao outro conduta desonrosa ou qualquer ato grave que importasse em grave violação dos deveres do casamento e tornasse insuportável a vida em comum; b) por ruptura da vida em comum há mais de cinco anos consecutivos e a impossibilidade de sua reconstituição; c) quando o outro cônjuge estivesse acometido de doença mental, manifestada após o casa-

---

16. TJPR – 12ª Câmara Cível – 0001153-36.2021.8.16.0188 – Curitiba – Rel.: Substituta Renata Estorilho Baganha – Rel. Desig. p/ o Acórdão: Eduardo Augusto Salomão Cambi – J. 1º.09.2023.
17. AgInt no REsp 1.526.268/RJ, relator Ministro Raul Araújo, Quarta Turma, julgado em 28.02.2023, DJe de 06.03.2023; REsp 1.487.596-MG, Rel. Min. Antonio Carlos Ferreira, Quarta Turma, por unanimidade, julgado em 28.09.2021, DJe 1º.10.2021.

mento, que tornasse insuportável a vida comum, desde que, após uma duração de cinco anos, a enfermidade tenha sido reconhecida de cura improvável. Além disso, o artigo 25 da Lei n. 6.515/1977 permitia a conversão da separação judicial em divórcio por sentença judicial após três anos, contada da data da decisão ou da que concedeu a medida cautelar de separação de corpos.

A redação originária do artigo 226, § 6º, da Constituição Federal de 1988 admitia a possibilidade de dissolução do casamento pelo divórcio, após prévia separação judicial por mais de um ano, nos casos expressos em lei, ou comprovada separação de fato por mais de dois anos.

A Emenda Constitucional n. 66/2010 trouxe o divórcio direto, limitando-se a dizer: "O casamento civil pode ser dissolvido pelo divórcio". Excluiu a prévia necessidade da separação judicial e não impôs um tempo para que as partes pudessem pedir o divórcio.

Em outras palavras, com a Constituição Federal de 1988, surgiu a possibilidade de *divórcio imotivado*, mantendo-se, contudo, a obrigatoriedade de demonstração de tempo de separação de fato ou de separação judicial. Nesse contexto, o cônjuge demandado tinha, como meio de defesa, apenas a possibilidade de demonstrar a ausência do requisito temporal objetivo.

Com a vigência da Emenda à Constituição n. 66/2010, que alterou a redação do artigo 226, § 6º, da Constituição Federal, foram suprimidos os requisitos temporais; portanto, a pretensão de divórcio passou a ser um *direito potestativo e incondicional*, decorrente do exercício legítimo da sua autonomia privada, não sendo mais admitido nenhum meio de defesa por parte do outro cônjuge, bastando a ruptura do afeto (*affectio maritalis*). Portanto, para a decretação do divórcio, basta a vontade das partes, ou de apenas uma das partes.[18]

Com o intuito de diminuir a judicialização das demandas judiciais, no contexto da Justiça Multiportas, há também a possibilidade do *divórcio extrajudicial*. A Lei n. 11.441/2007, regulamentada pela Resolução 35/2007 do Conselho Nacional de Justiça (CNJ), acresceu o artigo 1.125-A no Código de Processo Civil de 1973 (regra, posteriormente, reproduzida no artigo 733 do Código de Processo Civil de 2015). Logo, admite-se a possibilidade de divórcio quando o casal estiver assistido por advogado comum ou advogados de cada um deles, e não tiver filhos menores ou incapazes do casal, por escritura pública, inclusive com a possibilidade de partilha de bens e pensão alimentícia, bem como a retomada do nome de solteiro ou de manutenção do nome de casado, sem necessidade de

---

18. TJPR – 12ª Câmara Cível – 0002779-84.2022.8.16.0017 – Maringá – Rel.: Substituta Renata Estorilho Baganha – Rel. Desig. p/ o Acórdão: Eduardo Augusto Salomão Cambi – J. 23.10.2023.

homologação judicial. A escritura pública título hábil para o registro civil e o registro de imóveis. Por outro lado, legislações locais ampliaram a possibilidade do divórcio extrajudicial. Por exemplo, o novo Código de Normas do Foro Extrajudicial do Tribunal de Justiça do Paraná, no artigo 701, § 8º, e o Provimento da Corregedoria-Geral de Justiça 318/2023, autorizam os cartórios de notas a realizar divórcios, mesmo quando estão envolvidos filhos menores, desde que as questões relativas à guarda, ao regime de convivência e aos alimentos dos filhos menores tenham sido resolvidas judicialmente previamente e com auxílio de advogado.

A Emenda Constitucional n. 66/2010 extirpou do ordenamento jurídico brasileiro a noção de culpa pelo fim do casamento. Com isso, as regras do Código Civil de 2002, que preveem o instituto da culpa, precisam ser interpretados de acordo com a Emenda Constitucional n. 66/2010. Por exemplo, o artigo 1.694, § 1º, do Código Civil – ao fazer a distinção entre *alimentos naturais* (isto é, os indispensáveis para garantir a subsistência) e *civis* (ou seja, os necessários para assegurar qualidade de vida ao alimentando, com a preservação do mesmo padrão e *status* social do alimentante) – reproduz a noção de culpa, para reduzir o valor da pensão alimentícia para o cônjuge culpado. Dispositivos como este – e outros como os artigos 1.702 e 1.704 do Código Civil – violam à Constituição, por trazerem a discussão da culpa para o processo judicial.

4.2.4 Família como manifestação sociológica e cultural

O conceito de família está em constante modificação. A compreensão das famílias evolui com a complexidade dos fatos sociais, que também possuem força criadora (normativa) de direitos, como emerge da máxima *ex factis jus oriutur*.

Caso contrário, o Direito não se comunicaria com a realidade social, porque as injustiças somente podem ser percebidas no domínio da experiência ordinária da vida, que, além de impregnada de consensos, condiciona o agir social e jurídico. O mundo da vida e a experiência social devem ser percebidos e acolhidos pelo Direito, notadamente pela jurisprudência, que, por ser também fonte de produção jurídica, permite que os fatos relevantes retroalimentem a constante evolução na intepretação e na aplicação do Direito.[19]

Com isso, pode-se construir uma hermenêutica jurídica crítica, que consagre o princípio da primazia da realidade, a promoção dos valores éticos e a máxima proteção dos direitos humanos fundamentais.

---

19. BITTAR, Eduardo Carlos Bianca. *Democracia, justiça e emancipação*: reflexões jusfilosóficas a partir do pensamento de Jürgen Habermas. São Paulo: Quartier Latin, 2013. p. 98.

No contexto do Direito Civil Constitucional, os princípios e as regras do Código Civil de 2002 devem ser interpretados e aplicados em conformidade com os valores e as normas fundamentais estabelecidas na Constituição da República Federativa do Brasil. A família, como realidade sociológica, precisa ser compreendida pelo Direito a partir da *abertura semântica* do artigo 226 da Constituição Federal, para que seja superado o modelo patriarcal, hierarquizado, matrimonializado, tradicional e transpessoal.

A interpretação dos Direitos das Famílias em conformidade com a Constituição possibilita a aplicação dos novos valores que inspiram a sociedade contemporânea, fundada no afeto, na ética, na equidade, na democracia, no pluralismo, na confiança e na solidariedade recíproca entre os seus membros, na busca permanente da felicidade, na autorrealização individual e na proteção da dignidade de todos e de cada um dos integrantes das famílias.[20]

Dessa forma, a hermenêutica jurídica, baseada na teoria crítica do direito, por meio da jurisdição constitucional, possibilita que as regras contidas nos artigos 1.521, inc. VI, e 1.723, § 1º, do Código Civil, sejam interpretadas em sintonia com os valores e normas da Constituição da República Federativa do Brasil. Isso porque a família é, antes que uma formulação jurídica, uma *manifestação sociológica e cultural*.

Nesse contexto, é importante discutir a realidade das *famílias simultâneas*, que dizem respeito à circunstância de uma pessoa que, ao mesmo tempo, se coloca como membro de duas ou mais entidades familiares entre si. Trata-se de um núcleo de *coexistencialidade* fundada na estabilidade, ostensibilidade, continuidade e publicidade. Isso significa que não é toda e qualquer situação fática que se enquadra no conceito de famílias simultâneas. Assim, relacionamentos clandestinos não devem ser considerados como família simultânea. Também não caracteriza a simultaneidade familiar as relações casuais, livres, descomprometidas, sem comunhão de vida, atentatórias à dignidade, caracterizantes da bigamia e desonestas, desprovidas de boa-fé.[21] Portanto, na dimensão da interpretação evolutiva e não reducionista do conceito jurídico de família, aliada a máxima proteção dos direitos humanos, a *monogamia* deve ser concebida pelo Direito como um valor ético/social, não um princípio estruturante do Direito das Famílias.

Afinal, é possível questionar se o artigo 226 da Constituição Federal – ao prever os institutos do casamento civil, da união estável e da família monoparental

---

20. FARIAS, Cristiano Chaves de; BRAGA NETO, Felipe; ROSENVALD, Nelson. *Manual de Direito Civil*. São Paulo: JusPodivm, 2023. Volume Único. p. 1181-1182.
21. CAMBI, Eduardo Augusto Salomão; GARCEL, Adriane. Reconhecimento de efeitos jurídicos às famílias simultâneas – a monogamia como valor ético-social relevante. *Revista IBDFAM: Famílias e Sucessões*, v. 57, maio/jun. 2023. p. 45.

– consiste em um rol taxativo ou exemplificativo? Pode-se responder tal questionamento a partir de duas perspectivas: i) a regulatória; ii) a libertário-protetiva.[22]

As famílias são um fenômeno social plural, devendo ser regulamentada pelo Direito sem molduras jurídicas rígidas. Por exemplo, a leitura do artigo 226, § 3º, da Constituição Federal jamais poderia contemplar a união homoafetiva como entidade familiar se ficasse presa à literalidade do texto constitucional que reconhece a união estável, tão somente, de um homem e de uma mulher. A heteronormatividade compulsória, como a imposição do princípio da monogamia no Direito das Famílias, é arbitrária e antidemocrática, pois ignora que a sociedade é complexa e plural, e que os conceitos de justo, certo e verdadeiro devem considerar o respeito às diferenças e os direitos humanos das minorias, para que a moralidade hegemônica e o Direito ditado pela maioria não sirvam como meios de opressão daqueles que pensam e vivem de forma diferente. O direito deve assegurar a coexistência digna de todas as pessoas, para que possam ter a liberdade de buscar a sua própria felicidade, sem a aniquilação, subalternização ou inferiozação do outro.[23]

A família, embora não seja o local exclusivo, é, para muitas pessoas, o lugar principal da experiência coletiva, do cuidado e da intimidade. Não obstante esteja voltada ao bem comum, a família pode impor uma série de hierarquias, restrições, exclusões e distorções, especialmente quando mantém a estrutura patriarcal da autoridade familiar, reproduz a divisão sexual do trabalho e impõe o modelo heteronormativo, o qual impede as práticas de gênero e pune as expressões de desejos sexuais alternativas.[24]

A evolução do conceito de família atinge também os animais domésticos. Trate-se da noção de *família multiespécie*, isto é, aquela formada pelo núcleo familiar humano em convivência compartilhada com seus animais de estimação (*pets*) – considerados *seres sencientes* (porque sentem dor, sofrimento etc.). Tal entendimento decorre da vedação de tratamento cruel aos animais, conforme a interpretação reiterada do Supremo Tribunal Federal do artigo. 225, inc. VII, da Constituição Federal, em casos como o da Farra do Boi (RE 153.531), Briga de Galo – que derrubou normas estaduais de Santa Catarina (ADI 2514), do Rio

---

22. RUZYK, Carlos Eduardo Pianovski. Direito de Família contemporâneo, codificação civil e constitucionalização. No prelo.
23. Nesse sentido, é importante ressaltar a dimensão simbólica da decisão do Supremo Tribunal Federal, na Ação Direta de Inconstitucionalidade por Omissão (ADO) 26, de relatoria do ministro Celso de Mello, e do Mandado de Injunção (MI) 4733, relatado pelo ministro Edson Fachin, em que, mesmo sem um tipo penal específico, considerou-se crime a conduta de homotransfobia, com a aplicação da Lei do Racismo (7.716/1989), até que o Congresso Nacional legisle sobre a matéria.
24. HARDT, Michael; NEGRI, Antonio. *Bem-estar comum*. Trad. Clóvis Marques. Rio de Janeiro: Record, 2016. p. 201-202.

Grande do Norte (ADI 3776) e do Rio de Janeiro (ADI 1856) – além do caso da Vaquejada (ADI 4.983). A família multiespécie é assim denominada, porque formada por membros de mais de uma espécie: os *membros animais humanos* (espécie 1) e *membros animais não humanos* (espécie 2), os quais convivem e interagem em um núcleo de afeto, comunicabilidade, cuidado e com *animus* de constituir uma família – ainda que o *animus objetivo* seja apenas do animal humano.[25] A partir do conceito de família multiespécie, vem surgindo diversas causas, no âmbito do Direito das Famílias, tendo o Instituto Brasileiro de Direito das Famílias (IBDFAM), por exemplo, editado o Enunciado n. 11, nos seguintes termos: "Na ação destinada a dissolver o casamento ou a união estável, pode o juiz disciplinar a custódia compartilhada do animal de estimação do casal". A interpretação sistemática do artigo 226 da Constituição Federal, tendo como vetor hermenêutico a dignidade da pessoa humana, conduz para a adoção da perspectiva libertário-protetiva, pela qual a pluralidade familiar não se restringe a um rol taxativo de modelos eleitos previamente pelo constituinte ou pelo legislador.

Isso porque a dignidade humana é um *conceito interpretativo*[26] e não pode ser compreendido como uma simples proclamação discursiva, já que isto faria com que os direitos fundamentais se tornassem meramente formais, despidos de conteúdos, funcionando como instrumentos retóricos da *racionalidade sistêmica excludente*.[27] A emancipação da pessoa humana e as transformações sociais devem partir da consideração do sofrimento humano como um ponto de ruptura sistêmico. Pela *negatividade dos direitos das vítimas* e, para além dos modelos positivados, baseados no código binário lícito-ilícito, que o Direito pode resgatar a dimensão ética que – ao enfatizar a necessidade de servir à dinamicidade da vida e à dignidade humana – vê na eficácia dos direitos fundamentais nas relações privadas a potencialidade da construção emancipatória de uma interpretação tópico-sistemática capaz de promover a justiça nas situações concretas.

O conceito de dignidade humana é *universal*, porque toda pessoa, por ser um fim em si mesma, nasce livre e igual em dignidade e direitos. Porém, como membro individual da sociedade, ter dignidade humana significa possuir capacidade de afirmar pretensões legítimas. Viver sem direitos individuais, em uma sociedade plural, é negar ao ser humano a chance de constituir autorrespeito.

---

25. NUNES, Paula Freire Andrade. A defesa da dignidade animal e da alteração da natureza jurídica do animal no direito brasileiro: por uma análise interdisciplinar com vistas ao reconhecimento jurídico e social às famílias multiespécies. *Revista IBDFAM: Famílias e Sucessões*, v. 43, jan./fev. 2021. p. 142.
26. DWORKIN, Ronald. *Justiça para Ouriços*. Trad. Pedro Elói Duarte. Coimbra: Almedina, 2012. p. 212.
27. FACHIN, Luiz Edson; RUZYK, Carlos Eduardo Pianoski. Direitos fundamentais, dignidade da pessoa humana e o novo Código Civil: uma análise crítica. In: SARLET, Ingo Wolfgang (Org.). *Constituição, Direitos fundamentais e Direito privado*. Porto Alegre: Livraria do Advogado, 2003. p. 100-103.

Ser portador de direitos humanos é assegurar um mínimo de autorrespeito para ser digno da estima dos outros integrantes da sociedade.[28]

4.2.5 Interpretação dos direitos de famílias pelo Poder Judiciário

O Poder Judiciário deve interpretar e aplicar os princípios e as regras jurídicas a partir dos costumes, da tradição, das condutas e das dinâmicas sociais para afirmar os direitos humanos e fundamentais na resolução dos conflitos e no julgamento dos casos concretos.

As transformações do constitucionalismo contemporâneo permitem a *desconstrução crítica de discursos tradicionais*, para promover a superação da ideia de *neutralidade epistêmica* do Direito, bem como servir para *questionar e buscar a superação das desigualdades estruturais e históricas*, entre elas, a de gênero.

Nesse contexto atual de expansão da jurisdição constitucional e valorização dos Tratados de Direitos Humanos, o constitucionalismo multinível feminista surge como uma *virada epistemológica* no Direito Constitucional, isto é, como um movimento crítico, plural e complexo, que tem como *fio condutor* a interpretação e aplicação do princípio da igualdade em sentido substancial.

Para tornar efetiva a tutela dos direitos e garantias humanas fundamentais de meninas e mulheres, grupo histórico e socialmente vulnerabilizado (minorias não hegemônicas), é importante analisar a categoria da violência doméstica e familiar como um fenômeno social abrangente, a partir da dimensão do constitucionalismo feminista, que, ao possibilitar a recontextualização da realidade pela ótica das injustiças sociais, empodera juízas e juízes, comprometidos com a *equidade de gênero*, na tentativa de encontrar soluções jurídicas que diminuam as relações assimétricas de poder entre mulheres e homens, inclusive para reduzir a cultura da violência estrutural causada pela misoginia, pelo machismo e pelo patriarcado.

Ter dignidade significa possuir capacidade reconhecível de afirmar pretensões, porque, como já asseverado, viver sem direitos individuais seria o mesmo que não ter autorrespeito social.[29] Com efeito, ser titular de direitos individuais é

---

28. Conforme Axel Honneth, "(...) possuir direitos não significa (...) nada mais que poder levantar pretensões cuja satisfação social se considera justificada (...). Viver sem direitos individuais significa para o membro individual da sociedade não possuir chance alguma de constituir auto-respeito" (*Luta por reconhecimento. A gramática moral dos conflitos sociais*. Trad. de Luiz Repa. São Paulo: Editora 34, 2003. p. 196).
29. HONNETH, Axel. *Luta por reconhecimento. A gramática moral dos conflitos sociais*. Trad. Luiz Repa. São Paulo: Editora 34, 2003. p. 29.

assegurar um padrão jurídico mínimo de autorrespeito para ser digno de estima dos outros.

A proteção da democracia não se restringe à salvaguarda do direito ao voto. É assegurado ao Poder Judiciário o papel contramajoritário de proteção das minorias contra a opressão das maiorias, lembrando que as mulheres são mais da metade da população, embora sejam tratadas como minorias porque possuem menos representatividade e, portanto, poderes, na tomada de decisões coletivas, que os homens.[30]

Cabe ao Poder Judiciário, quando instado a se manifestar, promover a máxima efetividade dos direitos humanos. O constitucionalismo feminista e o Protocolo de Julgamento com Perspectiva de Gênero (Recomendação 128/2022 e Resolução 492/2023 do Conselho Nacional de Justiça) permitem a construção de uma metodologia de atuação judicial para superar a pseudoneutralidade jurídica, obter julgamentos imparciais (cujo pressuposto é uma postura de desconstrução de vieses cognitivos estereotipados ou preconceituosos, como os decorrentes do machismo estrutural, para considerar as diferenças e desigualdades históricas que ensejam a perpetuação das injustas discriminações) e, com isso, melhor proteger as vítimas e os grupos sociais mais vulneráveis (minorias não hegemônicas), sempre pautado na dimensão múltipla (interseccional), eficiente e digna da pessoa humana, extraída da Constituição da República e dos Tratados Internacionais de Direitos Humanos que o Brasil seja parte.

Nas palavras do Min. Celso de Mello, "nada mais nocivo, perigoso e ilegítimo do que elaborar uma Constituição sem a vontade de fazê-la cumprir integralmente ou, então, do que a promulgar com o intuito de apenas executá-la com o propósito subalterno de torná-la aplicável somente nos pontos que se mostrarem convenientes aos desígnios dos governantes ou de grupos majoritários, em detrimento dos interesses maiores dos cidadãos ou, muitas vezes, em frontal desrespeito aos direitos das minorias, notadamente daquelas expostas a situações de vulnerabilidade".[31]

Nas relações assimétricas de poder, a pessoa vulnerabilizada (por fatores como idade, gênero, orientação sexual, raça, cor, pobreza e estado de saúde) merece especial proteção do Estado-Juiz para a promoção da dignidade individual e da equidade, decorrente do necessário reconhecimento das diferenças (sociais, econômicas e culturais) que rebaixam a condição humana, bem como para a efetivação dos direitos e garantias fundamentais indispensáveis à inclusão

---

30. SCOTT, Jean. O enigma da igualdade. *Estudos* feministas, v. 13, jan./abr. 2005, p. 18.
31. STF, ADO 26, Relator(a): Celso De Mello, Tribunal Pleno, julgado em 13.06.2019, Processo Eletrônico DJe-243 Divulg 05.10.2020 Public 06.10.2020.

pela cidadania, à superação da cultura da violência e à realização da justiça no caso concreto.[32]

Nesse sentido, por exemplo, a Recomendação Geral n. 29 de 2013 do Comitê Sobre a Eliminação da Discriminação Contra as Mulheres (CEDAW) da Organização das Nações Unidas (ONU), sobre as consequências econômicas do casamento, relações familiares e sua dissolução, afirma: "§ 2: A desigualdade na família é um fator subjacente a todos os outros aspectos da discriminação contra as mulheres e é muitas vezes justificada em nome da ideologia, tradição ou cultura".

Em uma sociedade livre e solidária, não se pode impor uma concepção moral majoritária, quando há múltiplos modos legítimos de se viver e de exercer a liberdade de amar sem discriminações (isto é, sem depender dos afetos e das simpatias dos outros para ser feliz), que também devem ser respeitados, desde que não causem prejuízos a outrem.[33]

Porém, a tutela jurídica da busca da felicidade possível por meio da família é *coexistencial*, não meramente individual. A concepção eudemonista de família do Direito Civil Constitucional não protege a perspectiva hedonista do prazer egoísta, centrado no conceito narcisista de que o "outro" é instrumento da satisfação do "eu". A função social da família implica respeito e proteção mútua da *dignidade coexistencial* de seus componentes.[34]

---

32. CAMBI, Eduardo; TEODORO, Matheus. Entre o direito e a moral: a hiperconstitucionalização do direito por meio da aplicação de princípios e os riscos à força normativa/transformadora da Constituição. *Revista dos Tribunais*, v. 1057, nov. 2023, p. 19-34.
33. Na poesia de Geni Nuñez, *Os encontros de bem-aventurança*, fala-se da liberdade de amar: "Não quero que meu amor em sua vida seja um oficial de uma justiça abstrata. Nem quero ser um burocrata que coloca limites irrevogáveis, irreversíveis, inquestionáveis e se alegra em barrar. Não quero ser um policial que te coloca medo quando diz agir por sua segurança. Não quero ser vigilante dos seus passos, exigindo saber quando vai, vem, com quem, fazendo o quê. Nem um pastor que te faça sentir que seus desejos são sujos, que você deve se envergonhar de suas paixões. Menos ainda, quero ser um padre que te exige confissões, que tem sede pela humilhação de seus pecados assumidos (mesmo aqueles que você só pensou em praticar), que está pronto a te dar uma série de castigos, punições, penas e penitências para ser redimido uma outra vez. Até o próximo pecado. Não, não quero ser nada disso. Não quero que você precise justificar para mim o que faz ou deixa de fazer sentido para você. Tampouco desejo ser juíza de suas incoerências, como se você fosse uma máquina a funcionar de modo sempre controlado e previsível. Nem uma agiota que cobra os juros do seu passado, que te endivida de promessas de um amanhã que nem você mesmo ainda viveu. Não, não quero ser nada disso para você, nem para mim. Pois sei que no prender e cercear sua vida, eu também me torno alvo da mesma prisão. Isso não quer dizer que não terei meus cuidados e limites, mas dentre todos os possíveis, saiba que estou fazendo meu possível para que o moralismo não seja mais a minha bússola. E o que quero? Que nosso encontro seja uma companhia para as aventuras, mesmo e, sobretudo, àquelas que não acontecem como imaginamos. A bem-aventurança também pode ser aqui".
34. RUZYK, Carlos Eduardo Pianovski. Famílias simultâneas: da unidade codificada à pluralidade constitucional. *Dissertação de Mestrado*. Curitiba: Universidade Federal do Paraná, 2003. p. 21.

As relações familiares, porque marcadas pelo princípio da afetividade e sua manifestação pública (socioafetividade), devem estar estruturadas no *dever jurídico do cuidado* (que decorre, por exemplo, da liberalidade de gerar ou de adotar filhos) e nas *éticas da responsabilidade* (que, diferentemente da ética da convicção, valida comportamentos pelos resultados, não pela mera intenção) *e da alteridade* (que se estabelece no vínculo entre o "eu" e o "outro", em que aquele é responsável pelo cuidado deste, enquanto forma de superação de egoísmos e narcisismos, causadores de todas as formas de desentendimentos, intolerância, discriminações, riscos e violências, que trazem consequências nocivas principalmente para os seres humanos mais vulneráveis, como crianças, adolescentes, pessoas com deficiência, meninas/mulheres vítimas de violência e idosos).

Portanto, a Constituição Federal de 1988, adotou a concepção finalística (e não institucional) de família, que – compreendida como *refúgio afetivo* – é um meio de proteção dos direitos humanos fundamentais, um instrumento à serviço da promoção da dignidade e do desenvolvimento humano, baseado no respeito mútuo, na igualdade e na autodeterminação individual, devendo assegurar a realização pessoal e a busca da felicidade possível aos seus integrantes, além de reconhecer proteção aos direitos dos animais.[35]

---

35. TJPR – 12ª Câmara Cível – 0013506-22.2023.8.16.0000 – Rio Branco do Sul – Rel.: Eduardo Augusto Salomão Cambi – J. 02.10.2023.

5
EQUIDADE, FILOSOFIA DA DIFERENÇA, EXISTENCIALISMO E TEORIA DA JUSTIÇA SOCIAL

5.1 IGUALDADE E EQUIDADE NA FILOSOFIA DA DIFERENÇA

Somos iguais, mas também diferentes. Na visão religiosa, todos são filhos de Deus (e, portanto, iguais). Porém, cada pessoa é única, devendo as diferenças entre os indivíduos serem respeitadas.[1]

A Revolução Francesa foi um período de grande agitação política e social, ocorrida entre 1789 e 1799, responsável pelo fim dos privilégios da aristocracia e pelo término do Antigo Regime.

A igualdade, junto com a liberdade e a fraternidade, foi um dos lemas da Revolução Francesa. No final do século XVIII, a sociedade francesa estava profundamente dividida em classes sociais, com o clero e a nobreza concentrando a maior parte do poder político, econômico e social, enquanto o restante da população, composta por camponeses e trabalhadores urbanos, sofria com a pobreza, a injustiça e a opressão.

Os revolucionários franceses buscavam a *igualdade política*, pela abolição do sistema de privilégios de nascimento e o estabelecimento de um sistema em que todos os cidadãos tivessem os mesmos direitos. Pretendiam acesso igualitário à participação política e à tomada de decisões governamentais. Também buscavam a *igualdade perante a lei*, isto é, ninguém estaria acima da lei: todos os indivíduos seriam sujeitos dos mesmos deveres e direitos iguais. Além disso, almejavam a *igualdade econômica*, independentemente da origem social dos cidadãos, porque, no sistema feudal, havia enorme desigualdade na distribuição de terras, riquezas

---

1. "A igualdade tem significado, num contexto religioso, sermos todos filhos de Deus, participarmos todos da mesma substância humano-divina, sermos todos um. Significa também as próprias diferenças entre indivíduos devem ser respeitadas, pois, se é verdade que somos todos um, não menos verdade é que cada um de nós é uma entidade única, um cosmos por si mesmo" (FROMM, Erich. *A arte de amar* [Livro Eletrônico]. Trad. de Milton Amado. São Paulo: Martins Fontes, 2000).

e oportunidades de prosperar, porque a nobreza e o clero possuíam a maior parte dos recursos, enquanto a maioria da população vivia na pobreza.

No entanto, o ideal de igualdade da Revolução Francesa não beneficiou todos os grupos sociais da mesma forma. Mulheres, pessoas negras e camponeses pobres continuaram a enfrentar discriminação e exclusão.

Na prática, a Revolução Francesa – ainda que sob o conceito de igualdade – reforçou a ideia de que os homens são diferentes das mulheres, dos negros, dos indígenas e dos povos colonizados, o que permitiu a construção de narrativas para a exploração do trabalho e dos corpos femininos, negros, indígenas e colonizados.[2]

A igualdade, anunciada como princípio geral pela Revolução Francesa, não passou de uma promessa não cumprida de que todos os indivíduos seriam considerados os mesmos para fins de participação política. A cidadania foi conferida, inicialmente, para quem tinha uma certa quantidade de propriedade (e negada para os pobres). Também não foi reconhecida (até 1794) para os escravos, porque eles eram considerados *coisas* passíveis de serem objeto do direito de propriedade, bem como para as mulheres, cujos deveres domésticos e de cuidados com as crianças eram vistos como impedimentos para a participação política.[3]

Em 1791, Marie Gouze (1748-1793), nome verdadeiro da revolucionária Olympe de Gouges, propôs, durante a Revolução Francesa (1789-1799), que a Assembleia Nacional aprovasse a Declaração de Direitos da Mulher e da Cidadã para igualar-se à Declaração dos Direitos do Homem e do Cidadão, aprovada pela Assembleia Nacional e publicada em 26 de agosto de 1789. O artigo 1º da referida Declaração, sugerida por Olympe de Gouges, afirmava: "A mulher nasce livre e tem os mesmos direitos do homem. As distinções sociais só podem ser baseadas no interesse comum". Porém, Olympe de Gouges foi acusada de ter querido ser um homem de Estado e ter esquecido as virtudes do sexo feminino. Acabou guilhotinada em 3 de novembro de 1793, após ser condenada como contrarrevolucionária e denunciada como uma mulher "desnaturada".

Como resposta às reinvindicações femininas por maior participação na vida pública, a Assembleia Nacional francesa editou um decreto em 1795 para impedir que as mulheres protestassem: "Decreta-se que todas as mulheres se retirarão, até ordem contrária, a seus respectivos domicílios. Aquelas que, uma hora após a publicação do presente decreto estiverem nas ruas, agrupadas em

---

2. MOREIRA, Maíra Marcondes. *Freud e o casamento. O sexual no trabalho de cuidado.* Belo Horizonte: Autentica, 2023. p. 100.
3. SCOTT, Jean. O enigma da igualdade. *Estudos* feministas, v. 13, jan./abr. 2005, p. 15.

número maior que cinco, serão dispersadas por força das armas e presas até que a tranquilidade pública retorne a Paris".[4]

Nessa época, a formação da opinião pública era influenciada pelo filósofo e teórico político Jean-Jacques Rousseau (1712-1778), cujas ideias foram incorporadas pela Revolução Francesa. Ele defendia que caberia ao homem, por natureza, o mundo externo, e à mulher, o espaço doméstico, devendo sua educação estar voltada para servir os homens: "Toda educação das mulheres deve ser relacionada ao homem. Agradá-los, ser-lhes útil, fazer-se amada e honrada por eles, educá-los quando jovens, cuidá-los, tornar-lhes a vida útil e agradável – são esses os deveres das mulheres em todos os tempos e o que lhes deve ser ensinado desde a infância".[5]

O panorama cultural francês não era diferente nos Estados Unidos. Na Declaração de Independência norte-americana, de 4 de julho de 1776, constou a afirmação: "Todos os homens são iguais". Abigail Adams, esposa de John Quincy Adams, líder da Guerra da Independência, escreveu uma carta ao seu marido para reivindicar direitos para as mulheres: "(...) Espero que no novo Código de Leis (...) vocês se lembrem das mulheres e sejam mais generosos que seus antepassados (...). Se não for dada especial atenção às mulheres, estamos resolvidas a nos rebelar e não nos consideraremos obrigadas a cumprir leis, diante das quais não temos nem voz, nem representação". No entanto, John Quincy Adams, ao responder a sua esposa, reforçou que a noção de igualdade contida na Declaração de Independência não incluía as mulheres nem outras minorias: "Quanto ao seu extraordinário Código de Leis, eu só posso rir. Nossa luta, na verdade, afrouxou os laços de autoridade em todo o país. Crianças e aprendizes desobedecem, escolas e universidades se rebelam, índios afrontam seus guardiões e negros se tornam insolentes com seus senhores. Mas a sua carta é a primeira intimação de uma outra tribo, mais numerosa e poderosa do que todos estes descontentes (...). Esteja certa, nós somos suficientemente lúcidos para não abrir mão do nosso sistema masculino".[6]

A igualdade pode ser classificada em sentido formal ou material.[7] Formalmente, a igualdade decorre da construção do Estado Liberal que se propunha

---

4. ALVES, Branca M.; PITANGUY, Jacqueline. *O que é feminismo*. São Paulo: Abril Cultural Brasiliense, 1985. p. 35.
5. ALVES, Branca M.; PITANGUY, Jacqueline. *O que é feminismo*. São Paulo: Abril Cultural Brasiliense, 1985. p. 35.
6. ALVES, Branca M.; PITANGUY, Jacqueline. *O que é feminismo*. São Paulo: Abril Cultural Brasiliense, 1985. p. 30-31.
7. BARROSO, Luís Roberto. *Diferentes, mas iguais: o reconhecimento jurídico das relações homoafetivas no Brasil*. Revista Diálogo Jurídico, n. 16, maio-ago. 2007, p. 12 e 13; SANTOS, Boaventura de Souza. Por uma concepção multicultural de direitos humanos. *Reconhecer para libertar. Os caminhos do cosmopolitismo multicultural*. São Paulo: Difel, 2003; ROTHENBURG, Walter Claudius. Igualdade. *Direitos fundamentais e Estado Constitucional. Estudos em homenagem a J. J. Gomes Canotilho*. São Paulo: Ed. RT, 2009. p. 349-371.

a tratar de modo impessoal todos os indivíduos, sem beneficiar ou prejudicar ninguém; isto é, dar tratamento igual às pessoas, independentemente de origem, raça, gênero, classe, idade, escolaridade, origem, etnia, deficiência etc. Com isto, impedia-se a *hierarquização* social entre as pessoas, proibindo vantagens ou privilégios que não fossem republicanamente justificáveis.

Já a igualdade, em sentido material, está associada à ideia de justiça distributiva e social, não bastando igualar as pessoas *na* ou *perante a lei*. É indispensável, ainda que minimamente, equipará-las em situações reais e concretas da vida.

Sob este último aspecto, afirmou Boaventura de Souza Santos, referindo-se às tensões da modernidade, em texto apresentado no Fórum Social Mundial, realizado em Porto Alegre, em 2001: "As pessoas e os grupos sociais têm o direito de ser iguais quando a diferença os inferioriza, e o direito a ser diferentes quando a igualdade as descaracteriza".

No entanto, não existem soluções simples para as questões da igualdade e da diferença.[8] Não se trata de conceitos opostos. É preciso reconhecer uma *tensão necessária* entre igualdade e diferença, para se chegar a resultados melhores e mais democráticos. Igualdade e diferença não são categorias antagônicas, mas *noções interdependentes*, cujas tensões se resolvem nos casos concretos, a partir da sua compreensão histórica, não como escolhas morais e éticas intemporais.

Com efeito, o conceito social de igualdade é menos preciso que o de igualdade na matemática, que significa quantidades idênticas de coisas ou de correspondências exatas.[9] Logo, a igualdade *não é a eliminação da diferença; é o reconhecimento da diferença e a decisão de ignorá-la ou levá-la em consideração*.

Afinal, o problema não está nas diferenças, mas como elas são assimiladas ao conceito de desigualdade; ou seja, como são hierarquizadas para atribuir maior valor às características, atributos e papéis de uns em detrimento de outros.[10]

Violência de gênero, racismo recreativo e subempregos são exemplos de desigualdades estruturais, não apenas de tratamentos diferentes e irracionais. Revelam questões de poder e de subordinação. Por isso, não basta tratar todos igualmente no plano abstrato. É preciso desconstruir as hierarquias sociais, por meio da igualdade substantiva ou antissubordinatória. Para se buscar atingir a igualdade material, é necessário conferir condições diferentes para que as pessoas, diante das suas peculiaridades concretas, possam se equiparar.

---

8. SCOTT, Jean. O enigma da igualdade. *Estudos feministas*, v. 13, jan./abr. 2005, p. 12 e 14.
9. SCOTT, Jean. O enigma da igualdade. *Estudos feministas*, v. 13, jan./abr. 2005, p. 16.
10. BRASIL. Conselho Nacional de Justiça. *Protocolo para julgamento com perspectiva de gênero*. Brasília: Conselho Nacional de Justiça, 2021. p. 39-40.

Em outras palavras, a proteção jurídica da igualdade pressupõe tanto a *proibição de injusta discriminação*, no sentido de se evitar privilégios, quanto a *promoção de tratamentos diferenciados* para a proteção e inclusão de pessoas e grupos minoritários e vulnerabilizados.

Nesse sentido, é preciso reconhecer a *diversidade* (isto é, a existência do outro). Medidas de *discriminação positiva* (como as ações afirmativas), de caráter provisório, são indispensáveis para a superação das desigualdades históricas e, assim, da promoção da equidade de gênero, da democracia participativa e da justiça social.

Por exemplo, é importante valorizar as especificidades das características femininas, o que significa ressaltar as suas diferenças e experiências próprias, por meio da construção de critérios hermenêuticos adequados, necessários e proporcionais que levem em consideração os seus desejos, vontades e interesses, para se promover a concretização do princípio da igualdade em sentido substancial.

A propósito, o Supremo Tribunal Federal aplicou a *teoria da eficácia horizontal dos direitos fundamentais*,[11] aos partidos políticos – pessoas jurídicas de direito privado, com garantia plena de autonomia (artigo 17, § 1º, da Constituição Federal) – para afirmar que o princípio da igualdade material não abarca apenas o tratamento igual, mas também a *proteção contra a discriminação*. Considerou contrária aos artigos 1º, inc. II e V, 3º, inc. I, 5º, inc. I, 17, § 1º, e 37 da Constituição Federal a fixação de piso de 5% e de teto de 15% do montante do Fundo Partidário (artigo 9º da Lei 13.165/2015), destinado a aplicação nas campanhas de candidatas mulheres. Concluiu ser necessário equiparar o patamar legal mínimo de candidaturas femininas (isto é, 30%) ao mínimo de recursos do fundo partidário. Além disso, o STF asseverou que, se o percentual de candidatas mulheres for maior que 30%, os recursos destinados a elas pelo Fundo Partidário devem ser proporcionais ao percentual de candidaturas femininas.[12]

Diante das vulnerabilidades específicas de cada grupo social (*v.g.*, crianças e adolescentes, idosos, mulheres, pessoas com deficiência, migrantes etc.), não se pode aplicar o conceito de *meritocracia* de forma linear, porque nem todas as pessoas saem do mesmo ponto de partida ou têm as mesmas oportunidades. Tal

---

11. "As violações a direitos fundamentais não ocorrem somente no âmbito das relações entre o cidadão e o Estado, mas igualmente nas relações travadas entre pessoas físicas e jurídicas de direito privado. Assim, os direitos fundamentais assegurados pela Constituição vinculam diretamente não apenas os poderes públicos, estando direcionados também à proteção dos particulares em face dos poderes privados" (STF, RE 201819, Relator(a): Min. Ellen Gracie, Relator(a) p/ Acórdão: Min. Gilmar Mendes, Segunda Turma, julgado em 11.10.2005, DJ 27-10-2006 pp-00064 Ement Vol02253-04 pp-00577 RTJ vol-00209-02 pp-00821). STF, ADI 5.617-DF, Tribunal Pleno, rel. Min. Edson Fachin, j. 15.03.2018.
12. STF, ADI 5.617-DF, Tribunal Pleno, rel. Min. Edson Fachin, j. 15.03.2018.

noção de meritocracia não leva em consideração as desigualdades estruturais. Para suprir essas diferenças, é importante adotar ações afirmativas e políticas públicas diferenciadas para a superação de desigualdades históricas.

Nesse sentido, vale ressaltar, a título de exemplo, a regra contida no artigo 4º do Estatuto da Igualdade Racial (Lei º 12.288/2010), onde se estabelece que a "participação da população negra, em condição de igualdade de oportunidade, na vida econômica, social, política e cultural do País será promovida, prioritariamente, por meio de: I – inclusão nas políticas públicas de desenvolvimento econômico e social; II – adoção de medidas, programas e políticas de ação afirmativa; III – modificação das estruturas institucionais do Estado para o adequado enfrentamento e a superação das desigualdades étnicas decorrentes do preconceito e da discriminação étnica; IV – promoção de ajustes normativos para aperfeiçoar o combate à discriminação étnica e às desigualdades étnicas em todas as suas manifestações individuais, institucionais e estruturais; V – eliminação dos obstáculos históricos, socioculturais e institucionais que impedem a representação da diversidade étnica nas esferas pública e privada; VI – estímulo, apoio e fortalecimento de iniciativas oriundas da sociedade civil direcionadas à promoção da igualdade de oportunidades e ao combate às desigualdades étnicas, inclusive mediante a implementação de incentivos e critérios de condicionamento e prioridade no acesso aos recursos públicos; VII – implementação de programas de ação afirmativa destinados ao enfrentamento das desigualdades étnicas no tocante à educação, cultura, esporte e lazer, saúde, segurança, trabalho, moradia, meios de comunicação de massa, financiamentos públicos, acesso à terra, à Justiça, e outros". Verifica-se, ainda, que o artigo 4º, parágrafo único, do Estatuto da Igualdade Racial explica que os "programas de ação afirmativa constituir-se-ão em políticas públicas destinadas a reparar as distorções e desigualdades sociais e demais práticas discriminatórias adotadas, nas esferas pública e privada, durante o processo de formação social do País".

Nesse sentido, é preciso distinguir *physis* (termo grego que corresponde ao latim *natura*) e *nomos* (que, em grego, equivale a lei, convenção e costume).[13] As leis, normas e convenções da vida em sociedade – diferente das leis da natureza, que são imutáveis – são criações humanas, passíveis de crítica e transformações. Práticas, usos e costumes considerados aceitáveis e até legais (como a escravidão, a segregação racial, a prisão de homossexuais e a proibição do voto feminino), com o passar do tempo, tornaram-se aberrações éticas e jurídicas. Do mesmo modo, convenções sociais e regras jurídicas usadas no presente, em áreas como as relações do trabalho, desigualdade de gênero e racial, tratamento de pessoas

---

13. GIANETTI, Eduardo. *O anel de Giges*. São Paulo: Companhia das Letras, 2020. p. 107-109.

idosas, meio ambiente e direito dos animais, se tornarão inaceitáveis e até condutas criminosas pelas futuras gerações.

O princípio da igualdade não assegura apenas um tratamento igual entre homens e mulheres, mas também o direito à proteção contra injustas discriminações. Aliás, o Comentário Geral 25 do Comitê para a Eliminação da Discriminação contra a Mulher, nos itens 7 a 10, enfatiza que os Estados devem assegurar que *não haja discriminação direta ou indireta* contra as mulheres nas leis e que as mulheres sejam protegidas contra a discriminação – praticadas por autoridades públicas, o Poder Judiciário, organizações, empresas e entidades privadas – tanto na *esfera pública* quanto *privada*. O Estado também tem o dever positivo de melhorar a posição de fato das mulheres por meio de *políticas concretas e eficazes*. Além disso, competem aos Estados enfrentar as relações prevalentes de gênero e a persistência de *estereótipos*, que atingem as mulheres não apenas por meio de atos individuais, mas também por força das leis e das estruturas jurídicas, sociais e institucionais.

Portanto, uma atuação meramente formal ou programática não é suficiente para atingir a igualdade em sentido material. É indispensável que as mulheres tenham iguais oportunidades e que sejam empoderadas por um ambiente que as permita alcançar *igualdade de resultados*. Assim, *não basta garantir às mulheres tratamento idêntico aos homens*, porque não apenas as diferenças biológicas, mas principalmente as de natureza social e culturalmente construídas é que devem ser consideradas. Por isso, o tratamento não idêntico – entre homens e mulheres – pode ser o exigido para resolver tais diferenças.

A igualdade de resultados pode ser atingida de forma *quantitativa* ou *qualitativa*; ou seja, mulheres exercendo seus direitos em número e forma igualmente justa em relação aos homens, com os mesmos padrões remuneratórios, igualdade na tomada de decisões e na influência política, bem como tendo liberdade contra toda forma de violência.

O item 10 do Comentário Geral 25 do Comitê para a Eliminação da Discriminação contra a Mulher salienta que a posição das mulheres não será melhorada enquanto as causas que sustentam a discriminação e sua desigualdade não forem enfrentadas: "As vidas das mulheres e dos homens devem ser consideradas em seu contexto, e as medidas adotadas para a real transformação de oportunidades, instituições e sistemas a fim de que eles não mais tenham por base os paradigmas masculinos historicamente determinados de poder e de padrões de vida".

O Protocolo de Julgamento com Perspectiva de Gênero (Recomendação 128/2022 e Resolução 492/2023) do Conselho Nacional de Justiça (CNJ) reconhece que o gênero é uma *construção sociocultural* e que as desigualdades decorrem da reprodução de um padrão normativo hegemônico, que toma o homem branco, heterossexual, cisgênero e proprietário como o *sujeito universal de direitos*. As lentes de gênero possibilitam que o Poder Judiciário brasileiro promova a *reconceituação do direito*, para buscar concretizar a igualdade substancial, prevista no artigo 5º, inc. I, da Constituição Federal, pela compreensão crítica de visões heteronormativas (que tornam compulsória a heterossexualidade), racistas, misóginas, sexistas e patriarcais dominantes.[14]

5.2 FILOSOFIA EXISTENCIALISTA

A filosofia existencialista emergiu, especialmente na Europa, no século XX, a partir de estudos desenvolvidos, dentre outros pensadores, por Søren Kierkegaard, Friedrich Nietzsche, Jean-Paul Sartre, Martin Heidegger e Simone de Beauvoir.

A filosofia existencialista enfatiza a individualidade, a liberdade e a responsabilidade pessoal na criação do significado e do propósito da vida, em reação às filosofias que dão ênfase na razão, na lógica e na objetividade. A experiência subjetiva do indivíduo e as questões fundamentais da existência humana (como a angústia e o desespero, a liberdade e a responsabilidade, e a autenticidade) são objeto de estudo da filosofia existencialista.

Os existencialistas defendem que somos livres para escolher nossos próprios caminhos. Porém, a liberdade de tomar decisões está acompanhada de responsabilidade pessoal, porque cada escolha tem consequências para a própria existência e do mundo ao nosso redor. A ausência de um significado da vida pode gerar angústias e levar a uma sensação de desamparo e isolamento.

Os existencialistas também colocam a busca pela *autenticidade* como uma questão central da existência humana. Viver com os próprios valores e crenças, ao invés de seguir simplesmente expectativas sociais ou buscar a aprovação dos outros, significa assumir responsabilidade pelas escolhas e aceitar as consequências.

A filosofia existencialista explora o problema da *existência* humana e centra-se na *experiência, vivida, do* indivíduo *que pensa, sente e age*.

A existência, para Jean Paul Sartre, precede a essência. A essência do homem vem de suas escolhas, porque o ser humano é livre. Depois de tomar consciência de sua existência e do desejo dele ser, pode se realizar naquilo que projetar. Logo, não nascemos apenas para existir, mas para agir.

---

14. BRASIL. Conselho Nacional de Justiça. *Protocolo para julgamento com perspectiva de gênero*. Brasília: Conselho Nacional de Justiça, 2021. p. 19.

Sartre se opõe a ideia de que a pessoa é um "ser-em-si", caracterizado como algo fixo, completo, criado por Deus como um ato deliberado de vontade e com ideias e propósito específicos. Ao contrário, os indivíduos seriam "seres-para-si", porque precisam definir qual é a sua "natureza" por meio de um compromisso consigo mesmos, com sua sociedade e com o mundo natural ao seu redor. A liberdade radical de escolha individual corresponde à responsabilidade. O indivíduo é responsável pelas suas próprias escolhas e compromissos.[15] Embora para Sartre não exista uma natureza humana universal, porque não há uma autoridade objetiva (Deus) para dizer como devemos nos comportar, há uma *condição humana comum*, pois as pessoas vivem em sociedade e são confrontadas a tomar decisões que afetam a si e aos outros. Os seres humanos não são pessoas individualistas e solitárias, uma vez que têm alguma responsabilidade pelo que os outros escolhem e fazem.

Nesse sentido, é emblemática a frase de Simone de Beauvoir (1908-1986): "não se nasce mulher, torna-se mulher". Em outras palavras, ser mulher não significa nascer do sexo feminino, mas ter uma série de características que vão além da biologia.[16]

Não há nada natural nos *papéis* dos sexos. Foram os homens que, historicamente, o tomaram para si a definição de "ser humano". O patriarcado destinou a

---

15. "O que significa, aqui, dizer que a existência precede a essência? Significa que, em primeira instância, o homem existe, encontra a si mesmo, surge no mundo e só posteriormente se define. O homem, tal como o existencialista o concebe, só não é passível de uma definição porque, de início, não é nada: só posteriormente será alguma coisa e será aquilo que ele fizer de si mesmo. Assim, não existe natureza humana, já que não existe um Deus para concebê-la. O homem é tão somente, não apenas como ele se concebe, mas também como ele se quer; como ele se concebe após a existência, como ele se quer após esse impulso para a existência. O homem nada mais é do que aquilo que ele faz de si mesmo: é esse o primeiro princípio do existencialismo. É também a isso que chamamos de subjetividade: a subjetividade de que nos acusam. Porém, nada mais queremos dizer senão que a dignidade do homem é maior do que a da pedra ou da mesa. Pois queremos dizer que o homem, antes de mais nada, existe, ou seja, o homem é, antes de mais nada, aquilo que se projeta num futuro, e que tem consciência de estar se projetando no futuro. De início, o homem é um projeto que se vive a si mesmo subjetivamente ao invés de musgo, podridão ou couve-flor; nada existe antes desse projeto; não há nenhuma inteligibilidade no céu, e o homem será apenas o que ele projetou ser. Não o que ele quis ser, pois entendemos vulgarmente o querer como uma decisão consciente que, para quase todos nós, é posterior àquilo que fizemos de nós mesmos. Eu quero aderir a um partido, escrever um livro, casar-me, tudo isso são manifestações de uma escolha mais original, mais espontânea do que aquilo a que chamamos de vontade. Porém, se realmente a existência precede a essência, o homem é responsável pelo que é. Desse modo, o primeiro passo do existencialismo é o de pôr todo homem na posse do que ele é de submetê-lo à responsabilidade total de sua existência" (SARTRE, Jean-Paul. *Existencialismo é um humanismo*. Trad. Rita Correia Guedes. Disponível em: http://www.educadores.diaadia.pr.gov.br/arquivos/File/2010/sugestao_leitura/filosofia/texto_pdf/existencialismo.pdf. Acesso em: 29 mar. 2024).
16. BRASIL. Conselho Nacional de Justiça. *Protocolo para julgamento com perspectiva de gênero*. Brasília: Conselho Nacional de Justiça, 2021. p. 17.

mulher como *o outro* em relação ao homem, conferindo a elas, na arena pública, papéis sociais menores ou secundários.[17]

Com efeito, na perspectiva de Simone de Beavoir, a mulher é uma *construção patriarcal*, na medida que seu papel social é limitado sobretudo às suas capacidades reprodutivas biológicas.[18]

Em outras palavras, quando se afirma que a mulher não nasce mulher, mas se torna mulher, isto significa que as identidades não são naturais, mas construções sociais.[19] As mulheres não nascem femininas; nascem bebês, sem saber falar e sem valores predefinidos. Um bebê precisa apreender a ser menina, o que dela se espera em termos de postura, roupas, cabelos, comportamentos etc. Ganhará bonecas, e será impedida de brincar com carrinhos, vestirá rosa... nada disto é natural, mas cultural.

A religião, a vida intelectual e artística, a política e o sistema jurídico são construções culturais predominantemente masculinos.[20] O movimento feminista critica a ideologia androcêntrica que legitima a diferenciação de papéis sociais e reivindica igualdade tanto na esfera pública quanto na privada. O androcentrismo procura normalizar uma relação assimétrica de poder, com base na diferenciação de papéis entre homens e mulheres, fundado mais em critérios socioculturais que biológicos.

Simone de Beauvoir, ao afirmar que "não se nasce mulher, torna-se mulher", quer dizer que "masculino" e "feminino" são criações humanas.[21] Assim, são comportamentos aprendidos por meio do processo de socialização que condiciona os

---

17. KARNAL, Leandro; ESTEVAM, Luiz. *Preconceito*: Uma história. São Paulo: Companhia das Letras, 2023. p. 71-72.
18. HARDT, Michael; NEGRI, Antonio. *Bem-estar comum*. Trad. Clóvis Marques. Rio de Janeiro: Record, 2016. p. 87.
19. "(...) As tradições abraâmicas buscaram coibir o corpo feminino com véus, roupas longas, burcas e toda sorte de apetrechos que repelissem o objeto de desejo: o corpo feminino. Dona de uma ferramenta capaz de pecar e de incitar o pecado, seu intelecto e alma tiveram que ser diminuídos. A mulher era de natureza frágil, acreditavam, por isso a primeira de todas sucumbira à tentação. O Diabo procurou Eva, e ela desvirtuou Adão. Tomás de Aquino foi claro em afirmar que ´a mulher é um acho deficiente´, ou seja, um pedaço reformulado do homem, sua costela crescida. Os homens tinham a imagem de Deus, as mulheres, não; logo, 'não é então surpreendente que este débil ser, marcado pela *imbecillitas* de sua natureza', estivesse mais exposto 'às seduções do tentador, devendo ficar sob tutela'. A argumentação insistia em que todo ser humano possuía uma alma espiritual assexuada e um corpo sexuado. No indivíduo masculino, o corpo reflete a alma, uma vez que o homem é a imagem de Deus. Mas não a mulher, que, inferior ao home, deve se submeter a ele. Odon, abade de Cluny, no século X, foi ainda mais objetivo em sua descrição: a mulher é 'um saco de excremento'". (KARNAL, Leandro; ESTEVAM, Luiz. *Preconceito*: Uma história. São Paulo: Companhia das Letras, 2023. p. 52).
20. ALVES, Branca M.; PITANGUY, Jacqueline. *O que é feminismo*. São Paulo: Abril Cultural Brasiliense, 1985. p. 55.
21. ALVES, Branca M.; PITANGUY, Jacqueline. *O que é feminismo*. São Paulo: Abril Cultural Brasiliense, 1985. p. 55-56.

sexos para cumprirem funções sociais específicas. A menina aprende a ser doce, obediente, passiva, altruísta e dependente, enquanto o menino é ensinado a ser agressivo, competitivo, ativo e independente. A ideologia androcêntrica procura naturalizar a inferioridade das mulheres em relação aos homens, ao enfatizar que a mulher é, por natureza, emocional, sentimental e incapaz de se realizar na esfera pública, enquanto a natureza do homem seria mais propícia à racionalidade.

Esse reducionismo biológico – também utilizado pelas teorias racistas (que afirmam que os negros e os índios seriam, "por natureza", inferiores) – busca alijar as mulheres da participação política, econômica e social, bem como justificar sua posição subalterna, destinada às tarefas domésticas não remuneradas ou à trabalhos de menor valorização salarial.[22] O movimento feminista, contudo, sustenta que a hierarquia social não é uma *fatalidade biológica*, mas é resultado de um processo histórico e estrutural, e – por ser uma construção cultural, e não natural – pode ser combatida e superada, pois é passível de transformação.

A mulher é um ser humano *digno* de seus próprios desejos, não podendo ser pautada por papéis sociais impostos pela vontade masculina. Os movimentos feministas criticam a noção de *normatividade feminina* imposta pela cultura androcêntrica.

Romper os estereótipos do feminino, disseminados nas representações sociais, é lutar para que as mulheres não se resignem aos desejos masculinos, quando revelem vontade de submissão ou inferiorização, como forma de colocar as mulheres à sobra dos homens, à margem das tomadas de decisões.[23]

Por isso, é preciso se insurgir contra o estereótipo de que a mulher é o *sexo frágil*; aliás, ser mulher, na sociedade contemporânea, é *sinal de resistência*, coragem e luta.[24] O feminismo é, pois, uma *revolução cultural em movimento*.

Nesse sentido, Virginie Despentes defende a teoria *king kong*, baseada na analogia com o filme de Peter Jackon de 2005, em que não se sabe se o Gorila é masculino ou feminino, porque, ao invés de se caracterizar pela animalidade e pela brutalidade, a besta mantém uma relação afetiva e não erótica com a personagem mulher. Na teoria king kong, a autora sustenta que ser mulher *não deve ser uma obrigação terrível*, porque ela não precisa corresponder ao que é esperado pelos homens, mas nortear suas escolhas para a satisfação dos próprios desejos.[25]

---

22. ALVES, Branca M.; PITANGUY, Jacqueline. *O que é feminismo*. São Paulo: Abril Cultural Brasiliense, 1985. p. 56.
23. HERNANDEZ, Aline Reis Calvo. Teoria King Kong: O "Escandaloso" Livro de Virginie Despentes. *Revista Psicologia Política* [Versão on-line], v. 18, n. 43, São Paulo, set./dez. 2018.
24. HERNANDEZ, Aline Reis Calvo. Teoria King Kong: O "Escandaloso" Livro de Virginie Despentes. *Revista Psicologia Política* [Versão on-line], v. 18, n. 43, São Paulo, set./dez. 2018.
25. *Teoria King Kong*. Trad. de Márcia Bechara. São Paulo: N-1 Edições, 2016. p. 108.

Por isso, é importante diferenciar gênero de sexo. *Sexo* é o que foi biologicamente dado a partir de determinadas características anatômicas, como órgãos sexuais e reprodutivos, hormônios e cromossomos; refere-se às diferenças biológicas. Já o gênero, enquanto *categoria de análise*, é um elemento constitutivo das relações sociais, baseado nas diferenças percebidas entre os sexos, mas também é uma *fonte de ressignificação* das relações de poder (homens *versus* mulheres).[26]

A propósito, o § 32 da Opinião Consultiva Corte Interamericana de Direitos Humanos 24/2017 traz um conjunto de definições fundamentais:[27] "*a) Sexo*: em sentido estrito, o termo sexo se refere às diferenças biológicas entre homens e mulheres, suas características fisiológicas, a soma das características biológicas que definem o espectro das pessoas como mulheres e homens ou à construção biológica que se refere às características genéticas, hormonais, anatômicas e fisiológicas em cuja base uma pessoa é classificada como masculina ou feminina no nascimento. Nesse sentido, uma vez que este termo apenas estabelece subdivisões entre homens e mulheres, não reconhece a existência de outras categorias que não se encaixam dentro do binário mulher/homem. *b) Sexo atribuído no nascimento*: essa ideia transcende o conceito de sexo como masculino ou feminino e está associada à determinação do sexo como uma construção social. A atribuição de sexo não é um fato biológico inato; em vez disso, o sexo é atribuído no nascimento com base na percepção que os outros têm dos órgãos genitais. A maioria das pessoas é facilmente classificada, mas algumas pessoas não se encaixam no binário mulher/homem. *c) Sistema binário do gênero/sexo*: modelo social e cultural dominante na cultura ocidental que "considera que gênero e sexo englobam duas, e apenas duas, categorias rígidas, a saber, masculino/homem e feminino/mulher. Esse sistema ou modelo exclui aqueles que não se enquadram nas duas categorias (como as pessoas trans ou intersexuais). *d) Intersexualidade*: todas as situações nas quais a anatomia sexual da pessoa não se ajusta fisicamente aos padrões culturalmente definidos para o corpo feminino ou masculino. Uma pessoa intersexual nasce com uma anatomia sexual, órgãos reprodutivos ou padrões cromossômicos que não se encaixam na definição típica de homem ou mulher. Isso pode ser aparente no nascimento ou se tornar assim ao longo dos anos. Uma pessoa intersexual pode ser identificada como homem ou como mulher ou como nenhuma das duas. A condição intersexual não é a orientação sexual ou identidade de gênero: pessoas intersexuais experimentam a mesma gama

---

26. SCOTT, Jean. *Gênero*: uma categoria útil para análise histórica. Disponível em: https://edisciplinas.usp.br/pluginfile.php/185058/mod_resource/content/2/G%C3%AAnero-Joan%20Scott.pdf. Acesso em: 30 set. 2023.
27. CORTE INTERAMERICANA DE DIREITOS HUMANOS. Opinião Consultiva 24/2017. Disponível em: https://www.corteidh.or.cr/docs/opiniones/seriea_24_por.pdf. Acesso em: 23 mar. 2024.

de orientações sexuais e identidades de gênero que as pessoas que não são. *e) Gênero*: refere-se às identidades, funções e atributos socialmente construídos de mulheres e homens e do significado social e cultural atribuído a estas diferenças biológicas. *f) Identidade de gênero*: a identidade de gênero é a experiência interna e individual do gênero como cada pessoa a sente, que pode ou não corresponder ao sexo atribuído no momento do nascimento, incluindo a experiência pessoal do corpo (o que poderia envolver – ou não – a modificação da aparência ou da função corporal através de meios médicos, cirúrgicos ou outros, desde que seja escolhido livremente) e outras expressões de gênero, incluindo o vestuário, o modo de falar e maneirismos. A identidade de gênero é um conceito amplo que cria espaço para a autoidentificação, e que se refere à experiência que uma pessoa tem de seu próprio gênero. Assim, a identidade de gênero e sua expressão também assumem várias formas, algumas pessoas não se identificam como homens, nem mulheres, ou se identificam como ambos. *g) Expressão de gênero*: entende-se como a manifestação externa do gênero de uma pessoa, por meio da sua aparência física, que pode incluir o modo de vestir, penteado, uso de artigos cosméticos, ou por meio de maneirismos, modo de falar, padrões de comportamento pessoal, comportamento ou interação social, nomes ou referências pessoais, entre outros. A expressão de gênero de uma pessoa pode ou não corresponder à sua identidade de gênero autopercebida. *h) Transgênero ou pessoa trans*: quando a identidade ou expressão de gênero de uma pessoa é diferente daquela que normalmente está associada ao sexo atribuído no nascimento. As pessoas trans constroem sua identidade independentemente do tratamento médico ou intervenções cirúrgicas. O termo trans é um termo "guarda-chuva" usado para descrever as diferentes variantes da identidade de gênero, cujo denominador comum é a não conformidade entre o sexo atribuído ao nascimento da pessoa e a identidade de gênero tradicionalmente atribuída a ela. Uma pessoa transgênero ou trans pode se identificar com os conceitos de homem, mulher, homem trans, mulher trans e pessoa não binária, ou com outros termos como hijra, terceiro gênero, biespiritual, travesti, fa'afafine, queer, transpinoy, muxé, waria e meti. A identidade de gênero é um conceito diferente da orientação sexual. *i) Pessoa Transexual*: as pessoas transexuais se sentem e concebem a si mesmas como pertencentes ao gênero oposto àquele social e culturalmente atribuído ao seu sexo biológico e optam por uma intervenção médica – hormonal, cirúrgica ou ambas – para adaptar sua aparência físico-biológica à sua realidade psíquica, espiritual e social. *j) Pessoa Travesti*: em termos gerais, pode-se dizer que as pessoas travestis são aquelas que manifestam uma expressão de gênero – de forma permanente ou transitória – mediante o uso de roupas e atitudes do gênero oposto àquele social e culturalmente associado ao sexo atribuído no nascimento. Isso pode incluir a modificação ou não do seu corpo. *k) Pessoa Cisgênero*: quando a identidade de gênero da pessoa corresponde ao sexo atribuído no nascimento. *l) Orientação Sexual*: Refere-se à atração emocional, afetiva e sexual por pessoas de um gênero diferente do seu, ou de seu próprio gênero, ou de mais de um gênero, bem como relações íntimas e/ou sexuais com estas pessoas. A orientação sexual é um conceito amplo que cria espaço para a autoidentificação. Além disso, pode variar ao longo de um *continuum*, incluindo a atração exclusiva e não exclusiva pelo mesmo sexo ou pelo sexo oposto. Todas as pessoas têm uma orientação sexual, a qual é inerente à identidade da pessoa. *m) Homossexualidade*: Refere-se à atração emocional, afetiva e sexual por pessoas o mesmo gênero, bem como as relações íntimas e sexuais com estas pessoas. Os termos homossexuais e lésbicas se encontram relacionados a essa acepção. *n) Pessoa Heterossexual*: mulheres que se sentem emocional, afetiva e sexualmente atraídas por homens; ou homens que se sentem emocional, afetiva e sexualmente atraídos por mulheres. *o) Lésbica*: é uma mulher atraída emocional, afetiva e sexualmente de forma duradoura por outras mulheres. *p) Gay*: muitas vezes é usado para descrever um homem que se sente emocional, afetiva e sexualmente atraído por outros homens, embora o termo possa ser usado para descrever tanto os homens gays quanto as mulheres lésbicas. *q) Homofobia e transfobia*: a homofobia é um medo, um ódio ou uma aversão irracional em relação a pessoas lésbicas, gays ou bissexuais; a transfobia denota medo, ódio ou aversão irracional em relação às pessoas trans. Uma vez que o termo "homofobia" é amplamente conhecido, às vezes é usado globalmente para se referir ao medo, ao ódio e à aversão às pessoas LGBTI em geral. *r) Lesbofobia*: é um medo, um ódio ou uma aversão irracional em relação às pessoas lésbicas. *s) Bissexual*: Pessoa que se sente emocional, afetiva e sexualmente atraída por pessoas do mesmo sexo ou de sexo diferente. O termo bissexual tende a ser interpretado e aplicado de forma inconsistente, muitas vezes com um entendimento muito restrito. A bissexualidade não implica atração pelos dois sexos ao mesmo tempo, nem deve implicar a atração por igual ou o mesmo número de relações com os dois sexos. A bissexualidade é uma identidade única, que precisa ser analisada por direito próprio. *t) Cisnormatividade*: ideia ou expectativa de acordo com a qual, todas as pessoas são cisgênero e que as pessoas que receberam sexo masculino ao nascer sempre crescem para ser homens e aquelas que receberam sexo feminino no nascimento sempre crescem para ser mulheres. *u) Heterormatividade*: tendência cultural em favor das relações heterossexuais, que são consideradas normais, naturais e ideais e são preferidas em relação ao mesmo sexo ou ao mesmo gênero. Este conceito apela a regras legais, religiosas, sociais e culturais que obrigam as pessoas a agir de acordo com os padrões heterossexuais dominantes e predominantes. *v) LGBTI*: Lésbica, Gay, Bissexual, Trans ou Transgênero e Intersexual. O acrônimo LGBTI é usado para descrever os vários grupos de pessoas que não estão em conformidade com as noções convencionais ou tradicionais de papéis de gênero masculino e feminino. Nesta sigla, em particular, a Corte lembra que a terminologia relacionada a estes grupos humanos não é fixa e evolui rapidamente, e que existem outras formulações diversas que incluem pessoas Assexuadas, Queers, Travestis, Transsexuais, entre outros. Além disso, diferentes termos podem ser usados em diferentes culturas para descrever pessoas do mesmo sexo que fazem sexo e que se auto identificam ou exibem identidades de gênero não binárias (como, entre outros, hijra, meti, lala, skesana, motsoalle, mithli, kuchu, kawein, queer, muxé, fa'afafine, fakaleiti, hamjensgara ou dois espíritos)".

Há vários precedentes importantes, firmados pelo Supremo Tribunal Federal, que ressaltam a proteção da dignidade humana, da liberdade sexual e da identidade de gênero. Por exemplo, no RE nº 670.422, o STF reconheceu a alteração do nome e sexo no registro civil de pessoas transexuais, mesmo sem intervenção cirúrgica. Nessa decisão, o Min. Dias Toffoli pontuou, dentre outros aspectos relevantes: "1. A ordem constitucional vigente guia-se pelo propósito de construção de uma sociedade livre, justa e solidária, voltada para a promoção do bem de todos e sem preconceitos de qualquer ordem, de modo a assegurar o bem-estar, a igualdade e a justiça como valores supremos e a resguardar os princípios da igualdade e da privacidade. Dado que a tutela do ser humano e a afirmação da plenitude de seus direitos se apresentam como elementos centrais para o desenvolvimento da sociedade, é imperativo o reconhecimento do direito do indivíduo ao desenvolvimento pleno de sua personalidade, tutelando-se os conteúdos mínimos que compõem a dignidade do ser humano, a saber, a autonomia e a liberdade do indivíduo, sua conformação interior e sua capacidade de interação social e comunitária. 2. É mister que se afaste qualquer óbice jurídico que represente restrição ou limitação ilegítima, ainda que meramente potencial, à liberdade do ser humano para exercer sua identidade de gênero e se orientar sexualmente, pois essas faculdades constituem inarredáveis pressupostos para o desenvolvimento da personalidade humana. (...)".[28]

Para o feminismo crítico, a natureza não é um conceito fixo e imutável, separado da interação cultural e social, mas está em constante construção e transformação. Nessa perspectiva, não apenas o gênero, mas também o sexo, são *formações discursivas*. Isso porque o sexo está ligado à biologia e aos corpos; porém, vai além disso, porque também está relacionado *ao que sabemos e pensamos sobre sexo*, a maneira como o aprendemos e, portanto, tem ligação com os

---

28. STF, RE 670422, Relator(a): Dias Toffoli, Tribunal Pleno, julgado em 15.08.2018, Processo Eletrônico Repercussão Geral – Mérito DJe-051 Divulg 09.03.2020 Public 10.03.2020.

discursos sociais que incorporamos. Logo, a natureza é moldada e constantemente transformada por meio de formulações culturais e práticas sociais.[29]

Nesse sentido, Judith Butler defende que sexo e gênero são conceitos discursivos e culturais.[30] Não é a biologia que se torna um destino, mas a própria cultura. Assim, a identidade é revelada no sexo, no gênero e no desejo. Não há identidade por trás das expressões de gênero, porque ela decorre de uma *performance*. Butler acredita que o fortalecimento das *teorias Queer*, como os movimentos gays, lésbicas e transgêneros, é necessária para combater a dualidade entre o sexo e o gênero.[31]

Aliás, a expressão "queer", em inglês, significa literalmente *estranho(a)* e era usada de modo pejorativo para se referir a homens afeminados, gays, lésbicas, pessoas trans ou qualquer pessoa que não se conformasse às normas hegemônicas do gênero e da sexualidade. Entretanto, o termo "queer" é ressignificado pelos movimentos e estudos gays e lésbicos (mais tarde estudos LGBT), seja para designar uma identidade ("eu sou *queer*, nós somos queer"), seja como práticas que desafiam os esquemas dominantes das identidades, das sexualidades e do gênero (o *queer* como uma espécie de posição anti-identitária; isto é, abrange não apenas lésbicas e gays, mas também qualquer pessoa que se sinta marginalizada em razão de suas práticas sexuais).[32-33] Desse modo, a expressão "queer", na língua inglesa, funciona como um *termo guarda-chuva*, que não se restringe aos *gays*, lésbicas, bissexuais e pessoas trans, para ter como objeto sexualidades e identidades de gênero desviantes; trata-se tanto de uma categoria identitária abrangente e flexível, que inclui todos os que não se amoldam às normas hegemônicas da heterossexualidade, quanto como uma espécie de anti-identidade, uma posição de recusa do que é considerado normal, estável e fixo.[34]

---

29. HARDT, Michael; NEGRI, Antonio. *Bem-estar comum*. Trad. Clóvis Marques. Rio de Janeiro: Record, 2016. p. 213-214.
30. BUTLER, Judith. *Problemas de Gênero* – Feminismo e Subversão da identidade. Rio de Janeiro: Editora Civilização, 2003.
31. PIN, Camila Carlesso. Justiça e Gênero: uma reflexão da teoria de Axel Honneth. *Juris MPES* – Revista Jurídica do Ministério Público do Estado do Espírito Santo, v. 4, n. 5, 2023, p. 23-24.
32. RAMOS, Marcelo Maciel. Teorias Feministas e Teorias Queer do Direito: gênero e sexualidade como categorias úteis para a crítica jurídica. *Revista Direito e Práxis*, v. 12, n. 3, 2021, p. 1692-1693.
33. "Se o termo 'queer' é um lugar de contestação coletiva, o ponto de partida para uma série de reflexões históricas e imaginações de futuro, ele terá que se manter como aquilo que, no presente, nunca é completamente possuído, mas sempre e apenas desdobrado, torcido, estranhado (queered) de um ponto anterior de uso na direção de propósitos políticos urgentes e em expansão, e talvez também produzido em favor de termos que fazem o trabalho político de modo mais efetivo" (BUTLER, Judith. Critically Queer. *GLQ: A Journal of Lesbian and Gay Studies*, v. 1, 1993, p. 19).
34. "O queer é a ameaça que transforma a vergonha em orgulho e o orgulho em vergonha. Que confunde e constrange as explicações e normas moralizantes sobre os corpos e os prazeres. Ele é o invertido, o torto, a bicha, a sapatão, a travesti, a prostituta que, para sobreviver aos discursos e normas hegemônicos que produzem sua abjeção, inverte e torce os sentidos dessas normas e discursos. Ele é a potência ambígua

Em outras palavras, "*Queer*" é um *termo disruptivo* das práticas e teorias críticas do direito, cuja função é denunciar a heteronormatividade compulsória e a invisibilização de corpos e vivências, consideradas abjetas e desajustadas.[35] Tal compreensão do sexo e do gênero é importante para invalidar regras jurídicas e políticas públicas que adotam preconceitos e realizam discriminações. Por exemplo, quando o direito estabelece desvantagens para condutas sexuais não heterossexuais (*v.g.*, impedimento de doação de sangue por homossexuais)[36] ou na medida em que se recusa a reconhecer, tratar e proteger, de forma igualitária, os LGBTQIA+ (*v.g.*, vedar o nome do nome social ou condicionar a alteração do registro civil à realização de cirurgia de mudança de sexo).[37] Igualmente, sensível é a omissão do Estado na construção de políticas públicas diferenciadas para atender as pessoas LGBTQIA+ ou quando deixa de criminalizar a homotransfobia.[38]

Dessa forma, para a teoria Queer, a compreensão crítica do Direito deve abranger: a) a luta contra os estereótipos heteropatriarcais de sexualidade e gênero; b) a produção de um saber jurídico interdisciplinar; c) o emprego de narrativas e contra narrativas capazes de capturar a complexidade dos Queer; d) a construção de sensibilidades atentas aos aspectos ideológicos e culturais das normas e aspectos jurídicos; e) a demonstração de que a sexualidade é construção social; f) a promoção da posicionalidade, aspecto relacional e análise interseccional das múltiplas dimensões da discriminação social.[39]

De qualquer forma, com apoio na filosofia existencialista, a corrente construcionista defende que a mulher é produto do ambiente em que vive: – o gênero

---

de liberdade que o direito não consegue definir e conter e que, em existindo e resistindo, ameaça o direito e todas as suas explicações e regulações sobre o gênero, a sexualidade, a raça, o trabalho, a propriedade, enfim, os poderes individuais e coletivos. Na medida em que não se encaixa na lei, na sentença, na explicação do professor de direito, o queer assombra a norma que o exclui, ele desestabiliza todo o aparato normativo produtor de falsas verdades estáveis e normalidades ontológicas" (RAMOS, Marcelo Maciel. Teorias Feministas e Teorias Queer do Direito: gênero e sexualidade como categorias úteis para a crítica jurídica. Revista Direito e Práxis, v. 12, n. 3, 2021, p. 1700-1701).

35. RAMOS, Marcelo Maciel. Teorias Feministas e Teorias Queer do Direito: gênero e sexualidade como categorias úteis para a crítica jurídica. Revista Direito e Práxis, v. 12, n. 3, 2021, p. 1683.
36. STF, ADI 5543, Tribunal Pleno, rel. Min. Edson Fachin, j. 26.08.2020, pub. DJe 11.05.2020.
37. STF, ADI 4275, Relator(a): Marco Aurélio, Relator(a) p/ Acórdão: Edson Fachin, Tribunal Pleno, julgado em 1º.03.2018, Processo Eletrônico DJe-045 DIVULG 06.03.2019 Public 07.03.2019.
38. Diante da lacuna legislativa, conforme orientação do Supremo Tribunal Federal, a homotransfobia pode ser enquadrada, por equiparação, ao crime de racismo, quando a ofensa afeta o grupo LGBTQIAPN+, mas também caracterizar injúria racial quando a conduta recai sobre pessoas determinadas pertencentes a esse grupo vulnerável. Cfr. https://portal.stf.jus.br/noticias/verNoticiaDetalhe.asp?idConteudo=512663&ori=1. Acesso em: 29 mar. 2023.
39. RAMOS, Marcelo Maciel. Teorias Feministas e Teorias Queer do Direito: gênero e sexualidade como categorias úteis para a crítica jurídica. Revista Direito e Práxis, v. 12, n. 3, 2021, p. 1699.

não se reduz a um conceito biológico, possuindo também sentidos históricos, sociais e culturais.[40]

A concepção construcionista advém do *pós-estruturalismo*, isto é, as relações entre homem e mulher decorrem mais do que for historicamente construído do que propriamente da natureza biológica de cada sexo.

Portanto, a opressão feminina não é um fator natural, mas uma construção cultural e social, que pode e deve ser superada pelas instituições do sistema de justiça. Isso porque os papéis atribuídos para homens e mulheres muitas vezes reproduzem hierarquias sociais, o que confere a eles mais valor que a elas, com impactos desproporcionais na forma como as relações sociais se estruturam.[41] Por exemplo, naturaliza-se a ideia de que as mulheres devem fazer trabalhos domésticos ou relacionados a cuidados em geral (remunerados ou não), enquanto os homens devem atuar na esfera pública, assumir postos laborais mais bem pagos e serem os principais provedores econômicos das famílias, o que muitas vezes gera uma situação de dependência financeira das mulheres em relação aos homens.

5.3 TEORIA DA JUSTIÇA SOCIAL

Nancy Fraser afirma que as reivindicações por justiça social são *bidimensionais*, porque envolvem tanto a política da *redistribuição* (isto é, a estrutura econômica, pela distribuição mais justa dos recursos e da riqueza) quanto a do *reconhecimento* (ou seja, o *status* social, ao considerar as injustiças culturais presentes nos padrões sociais, mas também jurídicos, de representação, interpretação e comunicação).[42]

Nessa concepção, a justiça de gênero exige transformações econômicas e culturais, presentes na divisão sexual do trabalho e na superação do androcentrismo, e podem ser sintetizadas nas preocupações contidas no trinômio: redistribuição, reconhecimento e representação.

O lugar atribuído à mulher pela tradição jurídica foi o "não lugar", pois sua história foi de ausência de poder.[43] Nascia subordinada ao pai. Com o casamento, sujeitava-se ao marido. Era excluída de atividades públicas e políticas, isto é, do poder, do mundo econômico, político, acadêmico e jurídico. Com isso, o potencial

---

40. GARCIA, Letícia Giovanini. *Mulheres, política e direitos políticos*. São Paulo: Almedina, 2023. p. 88-91.
41. BRASIL. Conselho Nacional de Justiça. *Protocolo para julgamento com perspectiva de gênero*. Brasília: Conselho Nacional de Justiça, 2021. p. 17.
42. *Redistribución o reconocimiento?* Un debate político-filosófico. Madri: Ediciones Morata, 2001. p. 28-30.
43. DIAS, Maria Berenice. *A mulher e o Direito*. Disponível em: https://berenicedias.com.br/a-mulher-e-o-direito/. Acesso em: 17 out. 2023.

produtivo (exceto o trabalho doméstico não remunerado) e o desenvolvimento das capacidades femininas foram ignoradas pelo ordenamento jurídico.

Desse modo, não é estranho constatar o fenômeno da *feminização da pobreza*, pelo qual as famílias comandadas por mulheres possuem um índice maior de pobreza em relação àquelas em que há um homem como provedor econômico.[44]

A vulnerabilidade feminina no mercado de trabalho impõe a necessidade de empoderamento econômico das mulheres para garantir-lhes a possibilidade de auferir renda independentemente do marido/companheiro, possuírem bens e terem acesso à educação de qualidade.

É certo que, a partir da segunda metade do século XX, com a invenção da pílula anticoncepcional, aconteceu a chamada *feminização do trabalho*, o que provocou três mudanças significativas.[45] Primeira, o rápido aumento na proporção de mulheres no mercado de trabalho. Segunda, alterações na jornada de trabalho – tanto de homens quanto de mulheres – com a flexibilização de horários, o que incentivou a criação de empregos em tempo parcial e informal, os horários irregulares e os múltiplos empregos. Terceira, as tarefas afetivas, emocionais e de relacionamento – qualidades associadas, tradicionalmente, ao "trabalho das mulheres" – passaram a se tornar cada vez mais centrais em todos os setores do trabalho, compreendido não apenas como uma forma de produção de mercadorias, mas também de relações sociais e formas de vida. Entretanto, ao menos sob este último aspecto, a *feminização do trabalho* não resultou na equidade de gênero nem na destruição da divisão sexual do trabalho.

O Brasil figurou, em 2020, na 130ª posição em relação à igualdade salarial entre homens e mulheres em funções semelhantes, em um *ranking* com 153 países. A maior parte dos empregos formais femininos estão concentrados em setores e cargos de menor valorização.

Além disso, a maternidade impõe diversos desafios às mulheres no mercado de trabalho brasileiro, sobretudo àquelas em situação de maior vulnerabilidade, o que é o caso das mulheres grávidas ou recém mães. Mesmo no âmbito laboral formal, a licença maternidade não é suficiente, por si só, para reter as mulheres no mercado de trabalho, sobretudo a longo prazo, pois há formas encobertas de demissão de trabalhadoras gestantes (discriminações indiretas), incluindo a justificativa de reestruturação.

---

44. GARCIA, Letícia Giovanini. *Mulheres, política e direitos políticos*. São Paulo: Almedina, 2023. p. 76-78.
45. HARDT, Michael; NEGRI, Antonio. *Bem-estar comum*. Trad. Clóvis Marques. Rio de Janeiro: Record, 2016. p. 168-170.

Mesmo após os filhos crescerem e as mães poderem dedicar mais horas ao trabalho remunerado, não alcançam a almejada igualdade de gênero, em comparação aos homens, sobretudo porque a drástica redução em seus rendimentos, após se tornarem mães, permanece por, pelo menos, 10 (dez) anos. Isso significa, inequivocamente, que as mulheres enfrentam um cenário estrutural de desigualdade e discriminação no mercado de trabalho.

Conforme Claudia Goldin, Sari Pekkala Keller e Claudia Olivetti:[46] "*As mulheres ganham menos que os homens, e isso é especialmente verdadeiro no caso das mães em comparação aos pais. Essa diferença se amplia, normalmente, após a formação da família, quando as mães reduzem as suas horas de trabalho. Mas o que acontece quando as crianças crescem? Para responder a esta questão, estimamos três disparidades salariais: a "penalidade da maternidade", o "preço de ser mulher" e o "prêmio da paternidade". Quando somados, estes três produzem a "disparidade de gênero parental", definida como a diferença de rendimento entre mães e pais. Estimamos as disparidades salariais para dois grupos de educação (ensino superior completo e ensino superior incompleto) utilizando dados longitudinais do NLSY79 que acompanha os entrevistados dos vinte aos cinquenta anos. À medida que as crianças crescem e as mulheres trabalham mais horas, a "penalidade da maternidade" é bastante reduzida, especialmente para o grupo com menor escolaridade. Mas os pais conseguem expandir os seus ganhos relativos, especialmente entre os graduados no ensino superior. A "disparidade de gênero parental" quanto aos rendimentos entre os gêneros parentais permanece substancial para ambos os grupos estudados*" (Grifei).

No relatório temático intitulado "*El trabajo, la educación y los recursos de las mujeres: la ruta hacia la igualdad en la garantía de los derechos económicos, sociales y culturales*"[47] (2011), a Comissão Interamericana de Direitos Humanos destacou a obrigação dos Estados, inclusive do Poder Judiciário, de combater a desigualdade de gênero no ambiente laboral e manifestou particular preocupação quanto às demissões de mulheres no período pré e pós parto: "5. Este relatório tem como ponto de partida os mencionados pronunciamentos da CIDH, bem como os estândares mais importantes estabelecidos por suas decisões de mérito em matéria de direitos das mulheres. Entre as principais, destaca-se a obrigação imediata de os Estados atuarem com a devida diligência para prevenir, investigar

---

46. When the Kids Grow Up: Women's Employment and Earnings across the Family Cycle. *NBER*, Cambridge. Aug. 2022. *Working Paper* 30323. Disponível em: https://www.nber.org/system/files/working_papers/w30323/w30323.pdf. Acesso em: 26 jan. 2024.
47. CIDH. El trabajo, la educación y los recursos de las mujeres: la ruta hacia la igualdad en la garantía de los derechos económicos, sociales y culturales. 2011. Disponível em: https://www.oas.org/es/cidh/mujeres/docs/pdf/MujeresDESC2011.pdf. Acesso em: 25 jan. 2024.

e punir prontamente todos os atos de violência contra as mulheres, cometidos tanto por atores estatais como por não estatais; a estreita relação entre os problemas da discriminação e a violência contra as mulheres; a obrigação de garantir a disponibilidade de foros judiciais efetivos e imparciais para as vítimas de violência sexual, que constitui tortura quando cometida por agentes estatais; a obrigação dos Estados de implementarem ações para erradicar a discriminação contra as mulheres e os padrões estereotipados de comportamento que promovem o seu tratamento inferior nas suas sociedades; *o dever dos órgãos legislativos, executivos e judiciais de analisar, através de escrutínio rigoroso, todas as leis, normas, práticas e políticas públicas que estabeleçam diferenças de tratamento com base no sexo ou que possam ter um impacto discriminatório sobre as mulheres em sua aplicação*; e o dever dos Estados de considerarem, nas suas políticas para promover a igualdade de género, o particular risco de violações de direitos humanos que podem enfrentar as mulheres devido à intersecção de fatores combinados com o seu sexo, tais como a sua idade, raça, etnia e posição econômica, entre outros. (...) 152. Neste sentido, a Comissão recorda o dever dos Estados e de seus poderes – *incluindo o executivo, legislativo e judiciário* – de analisar através de um escrutínio rigoroso todas as leis, regulamentos e práticas que possam ter um impacto discriminatório contra as mulheres. *A CIDH também lembra aos Estados a sua obrigação de estender amplamente as proteções à maternidade a todos os grupos de mulheres que estejam desempenhando funções no âmbito laboral – como o trabalho informal e o trabalho doméstico – com especial ênfase nas necessidades dos setores de mulheres em particular risco de violações de seus direitos humanos, como meninas, mulheres afrodescendentes e mulheres indígenas. 153. A Comissão Interamericana também recebeu informações preocupantes indicando que, embora várias leis trabalhistas das Américas estabeleçam proteções para as mulheres contra demissão por motivos de maternidade,* a proibição de demissão não é absoluta durante o período antes, durante e depois do parto. Por exemplo, no caso dos países da América Central e do México, o despedimento pode ser efetuado se for devido a alguma das causas estabelecidas no Código do Trabalho, com excepção do caso de El Salvador, onde a proibição de despedimento é absoluto. Na grande maioria dos países, se ficar comprovado que a demissão foi causada por gravidez, o empregador tem a obrigação de reintegrar a trabalhadora, com algumas exceções. *Noutros países, a demissão é proibida quando relacionada à gravidez, mas permitida quando não está atrelada à mesma. (...). Um estudo da OIT denota formas encobertas de demissão de trabalhadoras grávidas, incluindo a justificativa de reestruturação e extinção de contratos internos, com o objetivo de não assumir os subsídios correspondentes ao pré-nascimento, nascimento e pós-parto. 154. A CIDH destaca que é particularmente importante que a legislação se concentre não apenas nas proibições contra a demissão de mulheres, mas também proíba qualquer tipo de tratamento inferior ou abuso laboral condicionado à sua gravidez, tais como privação de promoções, suspensões ou mudanças de cargo e posições"* – Grifei.

Nesse sentido, a Lei n. 14.611/2023 trouxe importantes avanços para a igualdade salarial e critérios remuneratórios entre mulheres e homens, quanto à realização de trabalho de igual valor ou no exercício da mesma função, valendo destacar: i) a alteração no artigo 461 da Consolidação das Leis Trabalhistas (CLT) para afirmar que, havendo discriminação por motivo de sexo, raça, etnia, origem ou igualdade, o pagamento das diferenças salariais devidas ao empregado discriminado não afasta o seu direito à indenização por danos morais, bem como a aplicação da multa prevista no artigo 510 da CLT, correspondente a 10 (dez) vezes o valor do novo salário devido pelo empregador ao empregado discriminado, elevada ao dobro, em caso de reincidência, sem prejuízo das demais cominações legais; ii) a adoção, dentre outras medidas, como: a) o estabelecimento de mecanismos de transparência salarial e de critérios remuneratórios; b) o incremento da fiscalização contra a discriminação salarial e de critérios remuneratórios entre mulheres e homens; c) a disponibilização de canais específicos para denúncias de discriminação salarial; d) a promoção e implementação de programas de diversidade e inclusão no ambiente de trabalho que abranjam a capacitação de gestores, de lideranças e de empregados a respeito do tema da equidade entre homens e mulheres no mercado de trabalho, com aferição de resultados; e) o fomento à capacitação e à formação de mulheres para o ingresso, a permanência e a ascensão no mercado de trabalho em igualdade de condições com os homens; iii) a publicação semestral de relatórios de transparência salarial e de critérios remuneratórios pelas pessoas jurídicas de direito privado com 100 (cem) ou mais empregados, observada a proteção de dados pessoais (isto é, a Lei n. 13.709/2018, denominada de Lei Geral de Proteção de Dados Pessoais), o que é relevante para a apuração de dados estatísticos sobre outras possíveis desigualdades decorrentes de raça, etnia, nacionalidade e idade, bem como para a elaboração e políticas públicas para o enfrentamento de questões como da violência contra a mulher, das vagas em creches públicas, de acesso à formação técnica e superior e de serviços de saúde, e de acesso ao emprego e à renda pelas mulheres. Constatada a desigualdade salarial ou de critérios remuneratórios, independentemente do descumprimento do disposto no artigo 461 da CLT, a pessoa jurídica de direito privado apresentará e implementará plano de ação para mitigar a desigualdade, com metas e prazos, garantida a participação de representantes das entidades sindicais e de representantes dos empregados nos locais de trabalho. A não publicação semestral desses relatórios enseja à aplicação de multa administrativa, cujo valor corresponderá a até 3% (três por cento) da folha de salários do empregador, limitado a 100 (cem) salários mínimos, sem prejuízo das sanções aplicáveis aos casos de discriminação salarial e de critérios remuneratórios entre mulheres e homens. Além disso, pela Lei 14.611/2023, cabe ao Poder Executivo instituir protocolo de fiscalização contra a discriminação salarial e de critérios remuneratórios entre mulheres e homens.

Com efeito, apesar das mulheres estarem participando cada vez mais no mercado de trabalho remunerado, em todas as partes do mundo, ainda são responsáveis pela maior parte do trabalho doméstico e reprodutivo não remunerado, como o cuidado dos filhos e as tarefas do lar. A dupla ou tripla jornada é um dos maiores obstáculos para as mulheres obterem maior grau de educação e, com isso, terem acesso a trabalhos melhor remunerados.

O trabalho doméstico não remunerado das mulheres, em uma visão marxista, pode ser apresentado como "acumulação primitiva de capital" e, portanto, uma condição necessária à existência do capitalismo.[48] Estima-se que o valor monetário global do trabalho de cuidado não remunerado prestado por mulheres, a partir da faixa etária de 15 anos, é de U$ 10,8 trilhões por ano – três vezes maior que o previsto para o setor de tecnologia.[49]

A divisão sexual do trabalho serve ao Capital, porque não remunerar quem o realiza ajuda o beneficiado pelo serviço a acumular dinheiro, e sem capital acumulado, não se tem capitalismo. Isso porque o capital, além de um regime econômico, é uma relação social que se opera, também, sobre os corpos e no sequestro dos desejos e das subjetividades singulares,[50] que oferecem resistência, porque os sujeitos são pautados em sua produtividade e no lugar na esfera social.[51]

Nesse sentido, Silva Federici afirma que "O que eles chamam de amor, nós chamamos de trabalho doméstico não remunerado".[52] Isso porque o trabalho doméstico é organizado de forma eficiente a disciplinar a mulher, porque sempre que ela pensa em dizer "não", ela acha que vai estar indo contra seu marido e filhos. Há, pois, uma *violência institucional* na forma de organização do trabalho

---

48. KARNAL, Leandro; ESTEVAM, Luiz. *Preconceito*: Uma história. São Paulo: Companhia das Letras, 2023. p. 57.
49. Tempo de cuidar. *Documento informativo da OXFAM*, janeiro de 2020. Disponível em: https://www.oxfam.org.br/wp-content/uploads/2021/04/1579272776200120_Tempo_de_Cuidar_PT-BR_sumario_executivo.pdf. Acesso em: 15 jan. 2024.
50. Segundo Michael Hardt e Antonio Negri, o capital "não é uma forma pura de comando, mas uma relação social e depende, para sobreviver e se desenvolver, de subjetividades produtivas que lhe são internas, mas antagônicas" (*Bem-estar comum*. Trad. Clóvis Marques. Rio de Janeiro: Record, 2016. p. 9-10).
51. MOREIRA, Maíra Marcondes. *Freud e o casamento. O sexual no trabalho de cuidado*. Belo Horizonte: Autentica, 2023. p. 56.
52. FREDERICI, Silvia. *Entrevista de Úrsula Passos*. Disponível em: https://www.geledes.org.br/o-que--eles-chamam-de-amor-nos-chamamos-de-trabalho-nao-pago-diz-silvia-federici/GARCIA, Letícia Giov. Acesso em: 22 mar. 2024.

doméstico não remunerado, na medida em que faz a mulher ser dependente do homem. A partir do momento que se é dependente, há uma relação de poder assimétrica entre homens e mulheres.

Para o capitalismo, baseado na compreensão de que as pessoas têm a liberdade de escolher com o que trabalhar, o trabalho doméstico não é considerado trabalho, mas uma forma que as mulheres "ociosas" do trabalho assalariado se ocupam.[53] No entanto, o trabalho de cuidado, que inclui o tempo dedicado às crianças, idosos e pessoas com doenças e deficiências físicas e mentais, bem como o trabalho doméstico diário (como cozinhar, limpar, lavar, consertar coisas e buscar água e lenha), é indispensável para a sociedade.[54] Se ninguém fizesse tais trabalhos todos os dias, famílias, comunidades e economias inteiras ficariam estagnadas.

O cuidado faz parte da condição humana, pois é o que nos permite crescer, socializar, adquirir uma linguagem, valores e uma identidade e autoestimas básicas. Também revela a interdependência entre as pessoas e com o meio ambiente. O trabalho de cuidado, indispensável à vida diária, é fundamental para a produção e a continuidade do sistema econômico.

A propósito, a Lei Modelo Interamericana de Cuidados, elaborada pela Organização dos Estados Americanos (OEA), afirma no artigo 1º a *função social do cuidado*: "O trabalho de cuidados é a função social que mantém a vida da sociedade como um todo e do ambiente natural em que se desenvolve, com base na interdependência e na vulnerabilidade essenciais da condição humana. O cuidado é uma dimensão indispensável, inevitável e universal da existência humana, que afeta todas as pessoas em algum momento de seu ciclo vital, sem distinção alguma".[55] Tal Lei também define no seu artigo 4º o que são cuidados: "O trabalho de cuidados será entendido como o amplo conjunto de atividades cotidianas de gestão e sustentabilidade da vida, que se realizam dentro ou fora do âmbito do domicílio, e que possibilitam o bem-estar físico, biológico e emocional das pessoas e, em especial, daquelas que carecem de autonomia para realizá-las por si mesmas. O trabalho de cuidados compreende o autocuidado, o cuidado direto de outras pessoas, o provimento das precondições em que se realiza o cuidado e a gestão do cuidado".[56]

---

53. MOREIRA, Maíra Marcondes. *Freud e o casamento. O sexual no trabalho de cuidado.* Belo Horizonte: Autentica, 2023. p. 167-168.
54. Tempo de cuidar. *Documento informativo da OXFAM*, janeiro de 2020. https://www.oxfam.org.br/wp-content/uploads/2021/04/1579272776200120_Tempo_de_Cuidar_PT-BR_sumario_executivo.pdf. Acesso em 15 de janeiro de 2024.
55. Cf. *Ley Modelo Interamericana de Cuidados.* Disponível em: https://www.oas.org/es/cim/docs/Ley-ModeloCuidados-ES.pdf. Acesso em: 15 jan. 2024.
56. Cf. Ley Modelo Interamericana de Cuidados. https://www.oas.org/es/cim/docs/LeyModeloCuidados-ES.pdf. Acesso em: 15 jan. 2024.

O direito humano ao cuidado possui *tripla dimensão* (abrange o direito a cuidar, a ser cuidado e ao autocuidado), está baseado na *corresponsabilidade social* entre homens e mulheres, e está voltado para superar a feminilização dos cuidados, construir masculinidades baseadas no respeito às diferenças, na equidade de gênero e na participação solidária no trabalho doméstico e familiar não remunerados, bem como para reduzir as desigualdades econômicas e combater a pobreza.

A propósito, a Lei Modelo Interamericana de Cuidados conclui pela existência de um *direito humano ao cuidado* no seu artigo 5º: "Toda pessoa, em atenção a sua situação de dependência, tem o direito de receber cuidados de qualidade para garantir seu desenvolvimento integral ao longo de seu ciclo vital e de oferecer cuidados em condições de igualdade, dignidade, corresponsabilidade e autocuidado".

Em todo o mundo, o trabalho de cuidado não remunerado e o mal pago é, desproporcionalmente, assumido por mulheres e meninas em situação de pobreza.[57] As mulheres são responsáveis por mais de três quartos do cuidado não remunerado e compõem dois terços da força de trabalho envolvida em atividades de cuidado remuneradas. Em comunidades rurais e países de baixa renda, as mulheres decidam até 14 (quatorze) horas por dia ao trabalho de cuidado não remunerado, o que equivale a cinco vezes mais tempo que os homens. Por isso, cerca de 42% de mulheres em idade ativa estão fora do mercado de trabalho, frente a 6% dos homens.[58] Além disso, meninas que realizam grande volume de trabalho de cuidado apresentam taxas de frequência escolar mais baixas que as outras meninas.

Por outro lado, as trabalhadoras domésticas constituem uma das categorias profissionais *mais exploradas do mundo*.[59] Apenas 10% delas são protegidas com leis trabalhistas e somente 50% destas mulheres recebem, pelo menos, um salário mínimo. Mais da metade das trabalhadoras domésticas não têm limite para

---

57. Tempo de cuidar. *Documento informativo da OXFAM*, janeiro de 2020. Disponível em: https://www.oxfam.org.br/wp-content/uploads/2021/04/1579272776200120_Tempo_de_Cuidar_PT-BR_sumario_executivo.pdf. Acesso em: 15 jan. 2024.
58. Ao enfrentar tal situação, o artigo 3.1 da Convenção 156 da Organização Internacional do Trabalho (OIT), sobre a igualdade de oportunidades e de Tratamento para Homens e Mulheres Trabalhadoras: Trabalhadores com Encargos de Família, preconiza: "Com vista ao estabelecimento de uma efetiva igualdade de oportunidade e de tratamento para homens e mulheres trabalhadores, todo País-membro incluirá, entre os objetivos de sua política nacional, dar condições a pessoas com encargos de família, que estão empregadas ou queiram empregar-se, de exercer o direito de fazê-lo sem estar sujeitas a discriminação e, na medida do possível, sem conflito entre seu emprego e seus encargos de família".
59. Tempo de cuidar. *Documento informativo da OXFAM*, janeiro de 2020. Disponível em: https://www.oxfam.org.br/wp-content/uploads/2021/04/1579272776200120_Tempo_de_Cuidar_PT-BR_sumario_executivo.pdf. Acesso em: 15 jan. 2024.

a jornada de trabalho e 90% delas não têm acesso à previdência social (como a proteção e benefícios relacionados à maternidade).

Dessa forma, apesar do trabalho de cuidado não remunerado ou mal remunerado ser um direito humano essencial para a sobrevivência da humanidade e estar na base de uma sociedade próspera, ele é praticamente invisível, subestimado e desvalorizado por governos e empresas, não sendo considerado nos indicadores econômicos e nas agendas políticas, o que agrava a desigualdade de gênero.[60]

Para construir um mundo mais justo, é preciso:[61] i) reconhecer o trabalho de cuidado não remunerado e mal pago, realizado principalmente por mulheres e meninas, como um tipo de trabalho ou produção com valor real (o que inclui a ratificação das Convenções ns. 189 e 201 da Organização Internacional do Trabalho, sobre a proteção de trabalhadoras e trabalhadores domésticos, e de políticas que garantam um salário digno, bem como ações em prol da eliminação de diferenças salariais de gênero); ii) reduzir o número de horas dedicadas ao trabalho de cuidado não remuneradas, com a ampliação do acesso a equipamentos públicos[62] e privados (como assegurar investimentos em serviços universais de cuidados a crianças, idosos e pessoas com deficiência, como a previsão de creches e vales-creches, pré-escolas, e salários dignos para os prestadores de cuidado, bem como acesso universal à água potável, saneamento e energia doméstica, bem com a sistemas de saúde e assistência social), de qualidade e que economizem tempo e infraestruturas de apoio à prestação de cuidado; iii) redistribuir o trabalho de cuidado não remunerado de forma mais justa dentro da família e, ao mesmo tempo, transferir a responsabilidade desse tipo de trabalho para o Estado e para o setor privado; iv) representar melhor as cuidadoras mais marginalizadas, assegurando a sua participação ativa na formulação e implementação de políticas, serviços e sistemas que afetam suas vidas.

Salienta-se que os direitos fundamentais sociais à proteção da maternidade e da infância, previstos no artigo 6º, *caput*, da Constituição Federal, incluem a concretização do direito à educação infantil, que compreende o acesso das crianças (de zero a três anos) à creche e à pré-escola (de quatro a cinco anos). É

---

60. Tempo de cuidar. *Documento informativo da OXFAM*, janeiro de 2020. Disponível em: https://www.oxfam.org.br/wp-content/uploads/2021/04/1579272776200120_Tempo_de_Cuidar_PT-BR_sumario_executivo.pdf. Acesso em: 15 jan. 2024.
61. Tempo de cuidar. *Documento informativo da OXFAM*, janeiro de 2020. Disponível em: https://www.oxfam.org.br/wp-content/uploads/2021/04/1579272776200120_Tempo_de_Cuidar_PT-BR_sumario_executivo.pdf. Acesso em: 15 jan. 2024.
62. Dentro da moral burguesa, o cuidado de crianças e adolescentes era uma atribuição privada, relativa à família (e, sobretudo, à mãe e a outras mulheres que, de forma afetiva ou remunerada, se dispusessem ou fossem compelidas, a prestarem tal serviço). Cf. Maíra Marcondes Moreira. *Freud e o casamento. O sexual no trabalho de cuidado*. Belo Horizonte: Autêntica, 2023. p. 29.

dever da família, da sociedade e do Estado assegurar o direito à educação infantil como uma *dupla via* de conciliação entre os projetos de vida (pessoal, familiar e laboral) da mulher, durante o período da maternidade, e a proteção integral das crianças.[63] A efetivação do direito fundamental à educação infantil, a partir do constitucionalismo feminista multinível e da perspectiva da equidade de gênero, assegura a liberdade das mulheres/mães de se inserem ou retornarem ao mercado de trabalho,[64] considerada a histórica divisão assimétrica da tarefa doméstica e familiar (não remunerada) de cuidar de filhos e filhas, e, portanto, possibilita que a mulher possa conciliar suas relevantes funções sociais (produtivas e reprodutivas), tanto no mercado de trabalho quanto na família, seja na esfera pública, seja no ambiente privado.[65]

---

63. "O cuidado despendido para crianças em idade pré-escolar não deve ser considerado algo a ser gerido exclusivamente pelas famílias. A familização do cuidado gera efeitos negativos sobre a vida das mulheres, especialmente no que diz respeito à autonomia e à igualdade de oportunidades na esfera pública. A política de creche, como um instrumento de igualdade de gênero e uma política de cuidado, pode ser entendida como um serviço que se encontra entre a esfera privada e a esfera pública, como apoio devido às mulheres para "conciliarem" o trabalho com a necessidade de cuidado com os filhos, ou seja, "conciliação" entre as responsabilidades produtivas e as reprodutivas. Ainda que esta política acabe por beneficiar a família como um todo e que existam homens que também exercem o cuidado dos filhos, a política de creche deve ser guiada pela perspectiva de gênero" (COSTA, Camile Vieira da. A política de creche como instrumento de igualdade de gênero. *Dissertação de Mestrado*. Curitiba: Faculdade de Direito da Universidade Federal do Paraná, 2020. p. 105).
64. STF, RE 1008166, Relator(a): Luiz Fux, Tribunal Pleno, julgado em 22.09.2022, Processo Eletrônico Repercussão Geral – mérito DJe-s/n DIVULG 19.04.2023 Public 20.04.2023. Destaca-se, no julgamento deste processo, o voto da Ministra Rosa Weber: "*Quanto ao mínimo existencial, saliento o direito à educação infantil pública como basilar e imprescindível para a aplicação da isonomia à formação cultural do ser humano, oportunizando-se igualdade de acesso*. Assinalo, ainda, a estreita relação de complementaridade deste direito social com a liberdade e a igualdade que devem ser conferidas sob a perspectiva de gênero, a fim de proporcionar, sobretudo à mulher – considerando a sociedade brasileira de gênese e desenvolvimento ainda marcadamente patriarcal –, a possibilidade de ter a liberdade de se inserir ou retornar ao mercado de trabalho de forma isonômica. *Em razão da histórica divisão assimétrica da tarefa familiar de cuidar de filhos e filhas, o tema, assim, insere-se também na abordagem do constitucionalismo feminista. Especificamente no âmbito da relação de emprego, ressalto a maior vulnerabilidade da trabalhadora-mãe durante o período da maternidade, devido às contingências próprias de conciliação dos projetos de vida pessoal, familiar e laboral*. Dessa forma, na perspectiva axiológica de valorização da maternidade em sua função social, os direitos fundamentais elencados no art. 7º da Constituição de 1988 – entre eles a licença à gestante sem prejuízo do emprego e do salário (inciso XVIII), a redução dos riscos inerentes ao trabalho (inciso XXII), a estabilidade da gestante garantida no art. 10, II, "b" do ADCT – entrelaçam-se ao imprescindível abraço estatal à proteção da maternidade também na esfera da *imprescindível oferta de creche e pré-escola, de forma a concretizar para a mãe uma merecida segurança no exercício do direito ao equilíbrio entre trabalho e família*. Interpretar a implementação do direito fundamental à educação como discricionariedade estatal subverte a força normativa da Constituição e, *in casu*, por se tratar de creche e pré-escola, desequilibra ainda mais a constitucionalmente prevista igualdade de gênero, cuja real concretização ainda é de árdua batalha a ser conquistada" – Grifei.
65. TJPR – 12ª Câmara Cível – 0102985-26.2023.8.16.0000 – Clevelândia – Rel.: Eduardo Augusto Salomão Cambi – J. 21.02.2024.

6
PROTOCOLO DE JULGAMENTO DE GÊNERO E DIREITO DAS FAMÍLIAS

6.1 CONSTITUCIONALISMO FEMINISTA E MULTINÍVEL

O conjunto de valores, crenças, regras e práticas que perpetuam a desigualdade de gênero e favorecem o poder e a dominação masculina sobre as mulheres caracteriza o *machismo estrutural*.

O machismo está nas estruturas sociais, políticas, econômicas e culturais. Afeta todas as esferas da vida, as relações interpessoais, as instituições e as políticas públicas.

Nesse contexto estrutural, todas as pessoas – não apenas os homens – precisam desconstruir o machismo que se mostra presente na *divisão desigual do trabalho* (uma vez que as mulheres, geralmente, ficam responsáveis pelo trabalho não remunerado dos filhos, dos maridos, das pessoas idosas e com deficiência, enquanto os homens se dedicam mais ao mercado de trabalho), na *desigualdade salarial* (as mulheres recebem menos que os homens, mesmo quando desempenham funções similares ou equivalentes), na *violência de gênero* (o machismo estrutural contribui para a naturalização das mais variadas formas de violência, como a física, sexual, psicológica, moral, política e processual), na *objetificação e sexualização* (as mulheres são, frequentemente, tratadas pelos veículos de comunicação e pela indústria da moda, como objeto sexual, tendo sua autonomia e dignidade desrespeitadas), na *falta de representatividade* (são sub-representadas nas posições de liderança política, empresarial, científica etc., devido a manutenção de barreiras culturais, preconceitos e discriminações, bem como a falta de políticas públicas adequadas para a superação das desigualdades) e em *estereótipos de gênero* (isto é, nas pré-compreensões de como homens e mulheres devem se comportar, são vistos e tratados na sociedade; *v.g.*, de que homens devem ser assertivos, competitivos e prover financeiramente suas famílias, enquanto as mulheres devem ser dóceis, sensíveis e cuidadoras; a noção de que certas profissões são mais adequadas para homens ou mulheres, o que contribui para a segregação ocupacional e à desigualdade salarial, associando a noção de que os homens são melhores em áreas como matemática e ciências, e as mulheres, para serem professoras, cuidar de pessoas – como crianças, idosos, enfermos e pessoas com deficiência – ou trabalhar com comunicação; a crença de que os homens devem reprimir suas emoções – "homens não choram" – e demonstrar vigor e força, enquanto as mulheres são encorajadas a expressar seus sentimentos e serem empáticas; a noção de que a beleza e à imagem corporal das mulheres está relacionada à magreza e à dos homens, com o corpo atlético e musculoso).

A preocupação da equidade de gênero é inerente à superação das injustiças sociais e, portanto, à afirmação de Direitos Humanos.

Os ideais de liberdade, igualdade e fraternidade inspiraram a Declaração de Independência dos Estados Unidos (1776) e a Declaração dos Direitos do Homem e do Cidadão (1789).

No final do século XVIII, as mulheres não tinham influência na esfera pública. Apesar disso, Olympe de Gouges (1748-1793) contestou a ausência da percepção dos direitos das mulheres na Declaração dos Direitos do Homem e do Cidadão (1789), por meio de um texto crítico denominado de Declaração dos Direitos da Mulher e do Cidadão. Entretanto, a oposição de Olympe ao sistema político que ignorava os direitos das mulheres culminou na sua morte na guilhotina em 1793. Seu propósito não foi conseguido no século XIX, mas seu exemplo de resistência política é lembrado até hoje e foi importante para a construção do movimento feminista.

O exemplo de Olympe de Gouges inspirou diversas ativistas de direitos humanos, como Eleonor Roosevelt (1884-1962), que foi diplomata e embaixadora dos Estados Unidos na Organização das Nações Unidas entre 1945 e 1952, tendo presidido a Comissão que elaborou e aprovou a Declaração Universal dos Direitos Humanos da Organização das Nações Unidas.

O final da II Guerra Mundial e a fundação da Organização das Nações Unidas (ONU) trouxe um enorme impulso na promoção dos direitos humanos, porque a promulgação da Declaração Universal em 1948 serviu de modelo para a elaboração de novas Constituições e Tratados Internacionais de Direitos Humanos.

O *neoconstitucionalismo* se caracteriza pela máxima efetividade dos direitos humanos e fundamentais.[1] A Constituição é um instrumento de restrição do poder. Ao regular a organização e o modo de exercício do poder político, serve de limite e de vínculo da maioria.

---

1. CAMBI, Eduardo. *Neoconstitucionalismo e neoprocessualismo*. Direitos fundamentais, políticas públicas e protagonismo judiciário. 4. ed. Belo Horizonte: D'Plácido, 2023. p. 26-28.

O artigo 1º, parágrafo único, da Constituição Federal afirma que todo governo emana do povo, que o exerce por meio de representantes eleitos ou diretamente, nos termos desta Constituição. Como o governo de todo o povo exigiria o consenso unânime das pessoas, e isto é utópico e não seria possível na maior parte das decisões, prevalece a vontade da maioria, representada pelos governantes eleitos no processo eleitoral. Porém, há a necessidade de conciliar as preferências da maioria, com as obrigações da minoria, uma vez que o princípio da maioria não é compatível com a supressão de direitos fundamentais para aqueles grupo de pessoas não hegemônicos.

O Estado Democrático de Direito, como afirma o Preâmbulo da Constituição Federal de 1988, deve assegurar o exercício dos direitos sociais e individuais, a liberdade, a segurança, o bem-estar, o desenvolvimento, a igualdade e a justiça como valores supremos de uma sociedade fraterna, pluralista e sem preconceitos, fundada na harmonia social e comprometida, na ordem interna e internacional, com a solução pacífica das controvérsias. Não há hierarquia entre governantes e governados, pois os governantes têm o dever, não apenas de representar a vontade da maioria, mas de governar para todos os cidadãos. O princípio da maioria não está assentado nem no absolutismo da maioria nem na opressão das minorias. Por isso, os direitos fundamentais são *trunfos* que dispõem contra a vontade, a opinião ou a decisão da maioria.[2]

Os direitos fundamentais correspondem a todos os indivíduos pelo mero fato de terem nascido. Não podem ser restringidos a membros de uma classe ou de um país, justamente por serem absolutos, universais, invioláveis e imprescritíveis. O artigo 5º, *caput*, da Constituição Federal é enfático ao afirmar que todos são iguais perante a lei, sem distinção de qualquer natureza.

O *constitucionalismo feminista* é um método de intepretação do direito a partir das lentes de gênero. Propõe uma releitura do constitucionalismo contemporâneo, em diferentes aspectos, que incluem a interpretação das normas jurídicas, em especial pela construção da jurisprudência e pela produção literária. Tem como objetivo a contraposição da *masculinidade hegemônica*, que está fundada na noção do homem como sujeito universal dos direitos, para a afirmação do princípio da igualdade em sentido substancial.[3]

A igualdade entre homens e mulheres ainda não é uma realidade no Brasil e na maior parte dos países do mundo.[4] Daí ser importante construir o cons-

---

2. NOVAIS, Jorge Reis. *Direitos fundamentais. Trunfos contra a maioria*. Coimbra: Coimbra Editora, 2006. p. 36.
3. SILVA, Christine Oliveira Peter da. Por uma dogmática constitucional feminista. *Suprema. Revista de Estudos Constitucionais*, v. 1, n. 2, 2021, p. 154-157.
4. FACHIN, Melina Girardi; CAMBI, Eduardo; PORTO, Letícia de Andrade. *Constituição e Direitos Humanos. Tutela dos grupos vulneráveis*. São Paulo: Almedina, 2022. p. 257-259.

titucionalismo feminista em sentido amplo como igualdade social, política e econômica entre homens e mulheres. Para isso, é necessário fazer uma revisão crítica da racionalidade moderna.[5] O direito não é masculino por estrutura e vocação, mas sim por ser, historicamente, elaborado por homens.

O constitucionalismo clássico, ao colocar apenas uma parcela da humanidade como centro e referência de universalidade, acabou por privilegiar a chamada *masculinidade hegemônica*. Na dimensão do machismo estrutural, os direitos das mulheres são definidos a partir da vontade masculina (consagrada na representação política majoritária); é o homem quem define a mulher em relação a ele (Absoluto), não como um ser livre e autônomo (mas um Outro).[6]

A submissão da mulher ao homem não decorre do princípio da maioria, que impõe sua lei à minoria, porque são as mulheres numericamente a maior parte da população. Tampouco, foi um fato histórico – como a escravidão ou o modelo de colonização exploratória espanhola e portuguesa na América Latina – que subordinou o mais fraco ao mais forte. O sexo feminino foi reduzido a uma condição inferior por uma *narrativa opressiva* criada pelos homens e justificada por meio da política, da religião,[7] da educação, da cultura e do direito. Com isso, negou-se à mulher a sua condição de ser humano livre e autônomo, para torná-la um objeto de submissão.

A reflexão feminista do direito não deve se resumir apenas à afirmação da igualdade formal entre homens e mulheres. Impõe a rejeição epistemológica à lógica androcêntrica que obriga que elas tenham de competir nos mesmos moldes

---

5. SANTOS, Boaventura de Souza. *Introdução a uma ciência pós-moderna*. 4. ed. Rio de Janeiro: Graal, 1989. p. 119.
6. "A humanidade é masculina, e o homem define a mulher não em si, mas relativamente a ele; ela não é considerada um ser autônomo. (...). Ela não é senão o que o homem decide que seja; daí dizer-se o 'sexo' para dizer que ela se apresenta diante do macho como um ser sexuado: para ele, a fêmea é sexo, logo ela o é absolutamente. A mulher determina-se e diferencia-se em relação ao homem, e não este em relação a ela; a fêmea é o inessencial perante o essencial. O homem é o Sujeito, o Absoluto; ela é o Outro" (BEAUVOIR, Simone de. *O segundo sexo*. 2. ed. Rio de Janeiro: Nova Fronteira, 2009. p. 15).
7. "Em nenhum lugar a proibição de olhar para mulheres é mais rigorosa do que numa sinagoga. Nas sinagogas ortodoxas as mulheres são cuidadosamente segregadas dos homens, e têm de se ocultar atrás de uma cortina, de modo que nenhum homem veja acidentalmente o vulto de uma mulher enquanto ele pronuncia suas preces ou lê as escrituras. Embora isso se baseie em milhares de anos de tradição judaica e em leis divinas imutáveis, como explicar o fato de que quando arqueólogos escavaram em Israel sinagogas antigas do tempo da Mishná e do Talmude não encontraram sinal de segregação de gênero, e em vez disso descobriram belos chãos de mosaico e pinturas em paredes que retratam mulheres, algumas delas bem pouco vestidas? Os sábios que escreveram a Mishná e o Talmude oravam e estudavam regularmente nessas sinagogas, porém os atuais judeus ortodoxos as considerariam blasfemas profanações de antigas tradições" (HARARI, Yuval Noah. *21 Lições para o Século 21*. Trad. Paulo Geiger. São Paulo: Companhia das Letras, 2018. p. 111).

e valores masculinos,[8] embora suas necessidades possam ser diferentes.[9] Com isso, os princípios da igualdade e da não discriminação ganham novos contornos com a ideia central de diferença e alteridade.

A maior proteção dos direitos humanos estabelecidos nas Constituições nacionais e nos instrumentos internacionais, bem como a abertura dos ordenamentos jurídicos internos ao Direito Internacional dos Direitos Humanos e a aplicação do direito comparado, favorece a construção de um modelo de *pluralismo de ordens jurídicas não hierárquicas*.[10] A superação do discurso da soberania nacional e da prevalência da ordem interna sobre a internacional dá origem ao *constitucionalismo* multinível,[11] fundado em *standards* hermenêuticos, baseados na máxima proteção da dignidade da pessoa humana e de seus direitos essenciais.[12]

O constitucionalismo multinível decorre da emergência do novo paradigma do *human rights approach*, que causa a ressignificação da experiência jurídica. O modelo positivista piramidal clássico (kelseniano) – centrado no *State approach*, em que se confere primazia ao direito interno, com a Constituição no topo, servindo de fundamento de validade de todo o ordenamento jurídico[13] – é substituído pela figura geométrica do trapézio.

Dessa forma, repudia-se a *endogenia* e a *autorreferência* do sistema jurídico, ao se colocar no ápice da ordem normativa a Constituição e os Tratados Internacionais de Direitos Humanos, o que confere outros contornos à discussão do monismo ou dualismo do direito internacional.[14] A partir da Declaração Universal dos Direitos Humanos de 1948, tais direitos passam a ter uma dimensão universal e positiva, porque têm como destinatários não apenas os cidadãos de um determinado Estado, mas todas as pessoas, bem como são positivados para serem efetivamente protegidos, inclusive contra o próprio Estado que os viola.[15] O direito interno é permeável ao direito internacional pela existência de *cláu-*

---

8. FARALLI, Carla. *A filosofia contemporânea do direito. Temas e desafios*. Trad. Candice Premaror Gullo. São Paulo: Martins Fontes, 2006. p. 37-41.
9. HABERMAS, Jürgen. *The inclusion of other. Studies in political theory*. Cambridge: MIT, 1998. p. 209-210.
10. ROA, Jorge Ernesto Roa. El rol del juez constitucional en el constitucionalismo transformador latinoamericano. *Max Planck Institute Research Paper Series*, n. 2020-01. p. 10-11.
11. FACHIN, Melina. Constitucionalismo multinível: diálogos e(m) direitos humanos. *Revista Ibérica do Direito*, ano I, v. I, n. I, jan./abr. 2020, p. 66-82.
12. FACHIN, Melina Girardi; CAMBI, Eduardo; PORTO, Letícia de Andrade. *Constituição e Direitos Humanos. Tutela dos grupos vulneráveis*. São Paulo: Almedina, 2022. p. 57-60.
13. PIOVESAN, Flávia. Direitos humanos e diálogos entre jurisdições. *Revista brasileira de direito constitucional*, n. 19, jan./jun. 2012, p. 69-70.
14. FACHIN, Melina Girardi; CAMBI, Eduardo; PORTO, Letícia de Andrade. *Constituição e Direitos Humanos. Tutela dos grupos vulneráveis*. São Paulo: Almedina, 2022. p. 63-64.
15. BOBBIO, Norberto. *El tiempo de los derechos*. Madri: Editorial Sistema, 1991. p. 68.

sulas constitucionais abertas, que permitem a integração entre o ordenamento constitucional e a ordem internacional, especialmente no campo dos direitos humanos, ampliando e expandindo o *bloco de constitucionalidade*.[16]

Por isso, é importante explorar todas as perspectivas hermenêuticas abertas pelo artigo 5º, § 2º, da Constituição Federal de 1988 (*"Os direitos e garantias expressos nesta Constituição não excluem outros decorrentes do regime e dos princípios por ela adotados, ou dos tratados internacionais em que a República Federativa do Brasil seja parte"*), conforme consta de diversos precedentes do Supremo Tribunal Federal[17] e da Recomendação n. 123/2022 do Conselho Nacional de Justiça (notadamente, no artigo 1º, inc. I – *"Recomendar aos órgãos do Poder Judiciário: I – a observância dos tratados e convenções internacionais de direitos humanos em vigor no Brasil e a utilização da jurisprudência da Corte Interamericana de Direitos Humanos [Corte IDH], bem como a necessidade de controle de convencionalidade das leis internas"*).

O *constitucionalismo multinível feminista* eficiente não se constrói sobre um *sujeito feminino abstrato*, porque depende da valorização das características específicas femininas, o que implica ressaltar as suas diferenças e experiências próprias. É indispensável a construção de critérios hermenêuticos adequados, necessários, proporcionais e intersecionais que levem em consideração os seus interesses concretos,[18] com a finalidade de promover o princípio da igualdade em sentido substancial. O foco na *diversidade* é um dos aspectos mais notáveis de uma abordagem feminista do constitucionalismo. A diferença é reivindicada, aqui, em seu sentido plural: as desigualdades e a opressão vividas pelas mulheres não se limitam a um *código binário* homem/mulher, mas também abrangem outros marcadores sociais, como raça, cultura e categorias de classe social.

---

16. PIOVESAN, Flávia. Direitos humanos e diálogos entre jurisdições. *Revista brasileira de Direito Constitucional*, n. 19, jan./jun. 2012, p. 69-70.
17. STF, ADI 6327 MC-Ref, Relator(a): Edson Fachin, Tribunal Pleno, julgado em 03.04.2020, Processo Eletrônico DJe-154 Divulg 18.06.2020 Public 19.06.2020.
18. "*Feminism is not, of course, a minority cause, but it is directed against a dominant culture that interprets the relationship of the sexes in an asymmetrical manner that excludes equal rights. Gender-specific differences in life circumstances and experiences do not receive adequate consideration, either legally or informally. Women's cultural understanding of themselves does not receive due recognition, any more than does their contribution to the common culture; given the prevailing definitions, women's needs cannot even be adequately articulated. Thus their political struggle for recognition begins as a struggle over the interpretation of gender-specific achievements and interests. Insofar as it is successful, it changes the relationship between the sexes along with the collective identity of women, thereby directly affecting men's understanding of themselves as well. The scale of values of the society as a whole is up for discussion; the consequences of this problematization extend into core private areas and affect the established boundaries between the private and public spheres as well*" (HABERMAS, Jürgen. *The inclusion of other. Studies in political theory*. Cambridge: MIT, 1998. p. 211).

O constitucionalismo feminista multinível se apoia na noção de *bloco de constitucionalidade*, contida no artigo 5º, § 2º, da Constituição Federal, pela qual há *direito constitucionais implícitos*. O ordenamento jurídico interno está permeado pela aplicação dos Tratados de Direitos Humanos, que têm caráter constitucional (nos termos do artigo 5º, § 3º, da Constituição Federal) ou, no mínimo, pela interpretação do Supremo Tribunal Federal, que os confere natureza supralegal.[19]

Além disso, o constitucionalismo feminista multinível se fortalece com a *teoria do duplo controle*, que possibilita tanto a fiscalização da constitucionalidade quanto a da convencionalidade.

O Brasil é signatário da Declaração Universal dos Direitos Humanos, proclamada pela Assembleia Geral das Nações Unidas em 10 de dezembro de 1948. Entre os princípios fundamentais da República Federativa do Brasil, estão a dignidade humana e a prevalência dos direitos humanos nas relações internacionais (artigos 1º, inc. III, 3º e 4º, inc. II, da Constituição Federal). O Brasil também promulgou, por meio do Decreto n. 678/1992, a Convenção Americana de Direitos Humanos, tendo se comprometido, pelo artigo 1º, a "respeitar os direitos e liberdades nela reconhecidos e a garantir seu livre e pleno exercício a toda pessoa que esteja sujeita à sua jurisdição, sem discriminação alguma por motivo de raça, cor, sexo, idioma, religião, opiniões políticas ou de qualquer outra natureza, origem nacional ou social, posição econômica, nascimento ou qualquer outra condição social".

Além disso, o Brasil, pelo artigo 29 da referida Convenção, assumiu a obrigação de aplicar a norma mais favorável e protetiva à pessoa humana (princípio *pro persona*), além de fazer cumprir as decisões proferidas pela Corte Interamericana de Direitos Humanos (artigo 68), sem prejuízo da observância dos precedentes deste Tribunal que efetivam direitos humanos nas Américas. Assim, é possível falar tanto na proteção *direta* para as partes da relação processual (*res judicata*) quanto na tutela *indireta* para os Estados-partes da CADH que não integram o processo (*res interpretata*).

Acrescenta-se que o artigo 27 da Convenção de Viena sobre o Direito dos Tratados de 23 de maio de 1969, promulgada pelo Decreto n. 7.030/2009, afirma que o Brasil "não pode invocar as disposições de seu direito interno para justificar o inadimplemento de um tratado".

Mais recentemente, o artigo 8º do Código de Processo Civil de 2015 estabelece que o juiz, ao aplicar o ordenamento jurídico, "atenderá aos fins sociais e às

---

19. STF, HC 178527, Relator(a): Celso De Mello, Segunda Turma, julgado em 10.10.2020, Processo Eletrônico DJe-255 Divulg 21.10.2020 Public 22.10.2020.

exigências do bem comum, resguardando e promovendo a dignidade humana e observando a proporcionalidade, a razoabilidade, a legalidade, a publicidade e a eficiência".

A Lei de Introdução às Normas do Direito Brasileiro (Decreto-lei 4.657/1942) – LINDB já estabelecia no artigo 5º, que, na aplicação da lei, "o juiz atenderá aos fins sociais a que ela se dirige e às exigências do bem comum". A Lei n. 13.655/2018 incluiu na LINDB o artigo 20, *caput*, para que o juiz não decida com base em valores jurídicos abstratos sem deixar de considerar as consequências práticas da decisão.

O Conselho Nacional de Justiça, por sua vez, concebeu como *diretriz estratégica* do Poder Judiciário brasileiro, em 2016, "dar concretude aos direitos previstos em tratados, convenções e demais instrumentos internacionais de proteção dos direitos humanos" e, em 2022, editou a Recomendação n. 123, para que os integrantes do Poder Judiciário observem os tratados e convenções internacionais de direitos humanos em vigor no Brasil e a utilização da jurisprudência da Corte Interamericana de Direitos Humanos (Corte IDH), bem como a necessidade de controle judicial de convencionalidade das leis internas.

O Conselho Nacional do Ministério Público reforçou a importância do controle de convencionalidade ao editar a Recomendação n. 96/2023 para que os ramos e as unidades do Ministério Público brasileiro observem os tratados, convenções e protocolos internacionais de direitos humanos, as recomendações da Comissão Interamericana de Direitos Humanos e a jurisprudência da Corte Interamericana de Direitos Humanos.

Os tratados em direitos humanos estabelecem padrões mínimos de proteção, que servem como um *piso de proteção*, ao invés de um *teto protetivo*.[20] A tutela dos direitos humanos passou a exercer um novo espaço hermenêutico, onde coexistem ordens paralelas, que dialogam entre si e permitem a expansividade dos direitos humanos. A pluralidade de sistemas jurídicos e os desafios para a coexistência mútua colaboram para o surgimento do direito constitucional multinível, pautado pelo direito comparado, pelas trocas constitucionais e pelos intercâmbios entre os mais variados sistemas jurídicos.

O diálogo entre diferentes fontes jurídicas possibilita a maior efetividade das normas de proteção aos seres humanos, em especial aos grupos mais vulneráveis da população, em direção a um *constitucionalismo transformador*.

---

20. CAMBI, Eduardo; PORTO, Letícia de Andrade; FACHIN, Melina Girardi. O Supremo Tribunal Federal e a construção do constitucionalismo multinível. *Suprema. Revista de Estudos Constitucionais*, v. 1, n. 2, 2021, p. 120-121.

Portanto, é necessário afastar as limitações que busquem evitar ou mitigar as intervenções judiciais para proteger direitos econômicos, sociais, culturais e ambientais. Afinal, um constitucionalismo fraco impõe obstáculos à transformação da realidade social, uma vez que pode esvaziar o conteúdo das competências judiciais que facilitam o diálogo com outras cortes – como a Corte Interamericana de Direitos Humanos – por meio de um efetivo controle de convencionalidade. Ademais, um constitucionalismo fraco não consegue proteger grupos vulneráveis nem reconhecer a perspectiva de classe, gênero e raça, tampouco enfrentar as violências, desigualdades e injustiças sociais estampadas em opressões estruturais e institucionais.

O constitucionalismo feminista e multinível potencializa a eficácia horizontal dos direitos humanos fundamentais nas relações privadas. Possibilita que a *afetividade* seja considerada como um *vetor hermenêutico* para aplicação e intepretação do Direito das Famílias. Dessa forma, fortalece a noção funcional, democrática e eudemonista de família na Constituição Federal de 1988.

Além disso, o constitucionalismo feminista e multinível reforça a perspectiva crítica necessária para a superação da hermenêutica jurídica androcêntrica e contribui para combater a noção de *neutralidade* do Direito, a qual na verdade esconde os privilégios inerentes à masculinidade hegemônica construída historicamente pelo machismo estrutural.

A gramática dos direitos humanos é concebida a partir de relações horizontais e de reciprocidade.[21] Procura combater relações verticais e hierarquizadas, em que se estabelecem privilégios para a proteção de interesses de um determinado grupo ou classe, em detrimento de outros grupos ou classes.

O constitucionalismo feminista e multinível luta, pois, contra estereótipos, preconceitos e discriminações de gênero que *oprimem* e *inferiorizam* a condição das mulheres e dificultam a afirmação dos direitos humanos.

Estereótipos são pré-compreensões generalizadas sobre características de determinados membros de um grupo possuem, ou sobre papéis que executem ou devam desempenhar, independentemente de suas características individuais.[22] Por exemplo, a expectativa generalizada de que homens sejam apenas racionais ("homens não choram") ou de que as mulheres assumam o papel de cuidadoras.

Os *estereótipos de gênero* podem estar relacionados ao sexo – isto é, às diferenças biológicas (*v.g.*, homens são mais racionais que as mulheres) – à sexu-

---

21. VIEIRA, Oscar Vilhena. *A gramática dos direitos humanos*. Disponível em: file:///C:/Users/023450~1/AppData/Local/Temp/BC_04_Art02.pdf. Acesso em: 1º abr. 2024. p. 15.
22. BRASIL. Conselho Nacional de Justiça. *Protocolo para julgamento com perspectiva de gênero*. Brasília: Conselho Nacional de Justiça, 2021. p. 27-28.

alidade (*v.g.*, ser a heterossexualidade compulsória), aos papéis sociais (*v.g.*, as mulheres brancas são recatadas e as negras, erotizadas; homens não conseguem controlar seus impulsos) e às expectativas econômicas (*v.g.*, o homem deve ser o provedor da família e a mulher a cuidadora dos filhos e do lar). Também pode haver *estereótipos compostos* (resultante da intersecção de mais de um marcador social, como raça, condição social, idade etc.).

Já o *preconceito* pode ser definido como uma ideia de distinção, exclusão ou preferência, tendo como base raça, sexo, religião, origem social ou geográfica etc.[23] São exemplos de preconceitos a misoginia, a homotransfobia, a xenofobia, o racismo e a gordofobia.

A *discriminação*, por sua vez, é a ação decorrente do preconceito. Por exemplo, o preconceito racial gera um julgamento de superioridade de um grupo sobre um outro, sendo que a pessoa que tem ideias racistas, ao selecionar funcionários para uma empresa, escolhe pessoas brancas.

Em outras palavras, o preceito é uma opinião, enquanto a discriminação, um comportamento real efetivo.

As discriminações, a exemplo das definições trazidas pelo artigo 1º da Convenção Interamericana contra o Racismo, a Discriminação Racial e Formas Correlatas de Intolerância, firmada pela República Federativa do Brasil, na Guatemala, em 5 de junho de 2013, e promulgada pelo Decreto n. 10.932/2022, pode ser diretas, indiretas e múltiplas.

O artigo 1º, 1 a 3, da referida Convenção explica cada uma destas formas de discriminação: a) *Direta*: resultante de qualquer distinção, exclusão, restrição ou preferência, em qualquer área da vida pública ou privada, cujo propósito ou efeito seja anular ou restringir o reconhecimento, gozo ou exercício, em condições de igualdade, de um ou mais direitos humanos e liberdades fundamentais consagrados nos instrumentos internacionais aplicáveis aos Estados Partes; b) *Indireta*: é aquela que ocorre, em qualquer esfera da vida pública ou privada, quando um dispositivo, prática ou critério aparentemente neutro tem a capacidade de acarretar uma desvantagem particular para pessoas pertencentes a um grupo específico, com base nas razões estabelecidas no Artigo 1.1, ou as coloca em desvantagem, a menos que esse dispositivo, prática ou critério tenha um objetivo ou justificativa razoável e legítima à luz do Direito Internacional dos Direitos Humanos; c) *Múltipla* ou agravada: é qualquer preferência, distinção, exclusão ou restrição baseada, de modo concomitante,

---

23. KARNAL, Leandro; ESTEVAM, Luiz. *Preconceito*: Uma história. São Paulo: Companhia das Letras, 2023. p. 20.

em dois ou mais critérios dispostos no Artigo 1.1, ou outros reconhecidos em instrumentos internacionais, cujo objetivo ou resultado seja anular ou restringir o reconhecimento, gozo ou exercício, em condições de igualdade, de um ou mais direitos humanos e liberdades fundamentais consagrados nos instrumentos internacionais aplicáveis aos Estados Partes, em qualquer área da vida pública ou privada.

A discriminação baseada no gênero é toda prática que cria distinções e gera exclusões ao reconhecimento pleno dos direitos das mulheres.[24] A discriminação é estrutural, quando atinge diversos planos da vida social, política, econômica e cultural.

A discriminação de gênero parte de padrões culturais androcêntricas internalizadas nas pessoas por meio da tradição e da educação, ao determinar papéis sociais e naturalizar comportamentos no espaço público e privado. Mulheres são sistematicamente discriminadas quando não correspondem às expectativas sociais (concebidas, normalmente, a partir de padrões masculinos).

A moral e o Direito incorporam os valores culturais hegemônicos (patriarcais, machistas, sexistas e misóginos). A discriminação de gênero pode se manifestar de diversas formas, tais como: pela ausência de proteção legal suficiente para as mulheres; pela negação de tratamento jurídico diferenciado em determinadas situações; pela falta de representação feminina adequada nos processos de deliberação e nas tomadas de decisões; pela inexistência de tipos penais que consideram a condição específica da mulher e de sanções aos comportamentos discriminatórios; pela ausência de políticas públicas adequadas à efetivação de seus direitos fundamentais; pela falta de investimentos suficientes para que as políticas públicas existentes se concretizem; pelo silenciamento ou pela descredibilização das vozes femininas; pela normalização de construções sociais que oprimem ou inferiorizam a condição feminina.

Portanto, o constitucionalismo feminista e multinível é uma *perspectiva metodológica* para a compreensão das questões de gênero em diversos contextos (nacional, regional e global). Como as questões de gênero são complexas, por envolverem temas como o reconhecimento jurídico, o empoderamento econômico e a ampliação da representação política das mulheres, devem ser desenvolvidas múltiplas estratégias para a promoção do princípio da igualdade em sentido substancial, de acordo com as diferentes realidades e necessidades do contexto geopolítico.

---

24. MOREIRA, Adilson José. *Tratado de direito antidiscriminatório*. São Paulo: Editora Contracorrente, 2020. v. 1, p. 586-587.

O constitucionalismo feminista e multinível favorece a *abordagem interseccional*, que é essencial para a máxima efetivação dos direitos humanos e para a construção de políticas públicas mais inclusivas e abrangentes, ao enfrentar as estruturas e sistemas de poder que causam as discriminações. As questões de gênero estão interconectadas com outras formas de opressão e diferentes modos de discriminação, como as fundadas na raça, classe social, orientação sexual, idade, deficiência e nacionalidade, as quais, não raramente, estão inter-relacionadas.[25]

Além disso, o constitucionalismo feminista e multinível envolve a participação e a colaboração de múltiplos atores e instituições públicas e privadas. A luta pela afirmação dos direitos humanos exige a colaboração ativa e ampla dos movimentos sociais, das organizações da sociedade civil, das empresas, das Universidades, dos governos, dos Parlamentos e dos órgãos que compõem o sistema de justiça, porque envolve a igualdade de gênero em diversas questões como a afirmação do direito à educação, saúde reprodutiva, acesso à justiça, participação política e combate à todas as formas de violência contra a mulher.

6.2 PROTOCOLO DE JULGAMENTO NA PERSPECTIVA DE GÊNERO

O Poder Judiciário é constitucionalmente responsável pela interpretação e aplicação das regras e dos princípios jurídicos. É chamado para a resolução de conflitos sociais, conferindo, nos casos concretos, significado às normas jurídicas.

A jurisprudência é importante fonte do Direito, porque consolida interpretações de questões fáticas e jurídicas, o que permite a constante evolução do Direito para atender as constantes mudanças na realidade social.[26] Os Tribunais têm o dever de uniformizar sua jurisprudência e mantê-la estável, íntegra e coerente (artigo 926 do Código de Processo Civil). Também os Tribunais estabelecem *precedentes* que orientam futuras decisões judiciais e contribuem para o aperfeiçoamento do ordenamento jurídico, ao assegurar tanto a igualdade de tratamentos quanto a segurança na aplicação do Direito.

---

25. "A interseccionalidade pode ser entendida como uma ferramenta de análise que consegue dar conta de *mais de uma forma de opressão simultânea*. Com essa lente, os processos discriminatórios não são compreendidos isoladamente, nem se propõem uma mera adição de discriminações, mas sim, abraça-se a complexidade dos cruzamentos dos processos discriminatórios e a partir daí se busca compreender as condições específicas que deles decorrem" (CRENSHAW, Kimberle. Documento para o Encontro de Especialistas em Aspectos da Discriminação Racial Relativos ao Gênero. *Revista Estudos Feministas*, Florianópolis, v. 10, n. 1, p. 171-188, jan. 2002. Disponível em: http://www.scielo.br/scielo.php?script=sci_arttext&pid=S0104-026X2002000100011&lng=en&nrm=iso. Acesso em: 13 jun. 2023. Grifei).
26. CALAMANDREI, Piero. La funcion de la jurisprudência en el tempo presente. *Estudios sobre proceso civil*. Trad. Santiago Sentís Melendo. Buenos Aires: EJEA, 1986. v. III, p. 223-250.

Na atividade julgadora, deve prevalecer a *lógica humanista e do razoável*, que exige prudência e atenção às circunstâncias do caso concreto.[27] O *humanismo judiciário* é um movimento ético de resistência ao mero tecnicismo ou à redução do exercício jurisdicional à burocracia indiferente aos resultados (ou fins) a serem socialmente alcançados. A função de julgar conflitos de interesses exige o equilíbrio entre a segurança e a justiça, isto é, o respeito ao Direito positivado sem descuidar do sentido humano da sua aplicação.[28] Afinal, o ato de julgar implica *responsabilidade pelo outro*, é um lugar do *cuidado socialmente institucionalizado*, e deve ser marcado pelo *caráter imperativo* do Direito, mas também pela *lógica da sensibilidade* da Justiça, para perceber e agir na medida específica da necessidade do caso concreto.[29]

O Poder Judiciário tem um papel relevante na proteção dos direitos humanos fundamentais dos cidadãos. Deve assegurar que os direitos individuais e coletivos sejam respeitados e protegidos, diante de ações ou omissões oriundas tanto do Poder Público quanto de agentes privados, o que corresponde, respectivamente, a eficácia vertical e horizontal dos direitos fundamentais.

A equidade de gênero é um dos Objetivos de Desenvolvimento Sustentável da Agenda 2030 da Organização das Nações Unidas.

Aliás, tal preocupação é antiga e está expressa no artigo 5º, letra "a", da Convenção para a Eliminação de Todas as Formas de Discriminação contra a Mulher da ONU (1979) – promulgado pelo Brasil por meio do Decreto n. 4.377/2002 – o qual afirma que os Estados partes tomarão todas as medidas apropriadas para "modificar os padrões socioculturais de conduta de homens e mulheres, com vistas a alcançar a eliminação de preconceitos e práticas consuetudinárias e de qualquer outra índole que estejam baseados na ideia da inferioridade ou superioridade de qualquer dos sexos ou em funções estereotipadas de homens e mulheres".

O Poder Judiciário deve combater preconceitos, estereótipos e discriminações de gênero, porque o ser humano não nasce com o *gene da opressão*. Ao contrário, ele apreende, ao longo da vida, a discriminar, e, se isto acontece porque o meio social que envolve a pessoa lhe ensina determinados padrões culturais discriminatórios, é possível modificar as práticas sociais que pregam a inferio-

---

27. FACHIN, Luiz Edson. Desafios e esperanças de 2024. *Correio Braziliense*, 11 de janeiro de 2024, p. 11.
28. TJPR – 12ª Câmara Cível – 0041216-17.2023.8.16.0000 – Foz do Iguaçu – Rel.: Eduardo Augusto Salomão Cambi – J. 25.09.2023.
29. BITAR, Eduardo Carlos Bianca; ALMEIDA, Guilherme de Assis. *Curso de filosofia do direito*. 16. ed. Rio de Janeiro: Forense, 2022. p. 617; TJPR – 12ª Câmara Cível – 0084983-08.2023.8.16.0000 – Londrina – Rel.: Eduardo Augusto Salomão Cambi – J. 15.12.2023.

rização, a subordinação e a exploração de determinados seres humanos.[30] Por isso, a regra contida no artigo 1º da Declaração dos Direitos Humanos deve ser a premissa de toda preocupação com a efetivação da dignidade humana: – todos os seres humanos nascem livres e iguais em dignidade e direitos; são dotados de razão e consciência e devem agir em relação uns aos outros com espírito de fraternidade. Afinal, sem o reconhecimento da dignidade inerente a todos os membros da família humana, não haverá liberdade, justiça nem paz no mundo.

O item 29, letra "a", da Recomendação n. 33 do Comitê a Eliminação de Todas as Formas de Discriminação contra a Mulher da ONU também recomenda aos Estados Partes que adotem "medidas, incluindo programas de sensibilização e de reforço da capacitação dirigidos a todos os profissionais do sistema de justiça e estudantes de direito, para eliminar os estereótipos de género e para integrar a perspectiva da igualdade de género em todos os aspectos do sistema de justiça".

De forma semelhante, o artigo 8º, "b", da Convenção Interamericana para Prevenir, Punir e Erradicar a Violência contra a Mulher ("Convenção de Belém do Pará") de 1994 prevê que os "Estados Partes convêm em adotar, progressivamente, medidas específicas, inclusive programas destinados a: (...). b. modificar os padrões sociais e culturais de conduta de homens e mulheres, inclusive a formulação de programas formais e não formais adequados a todos os níveis do processo educacional, a fim de combater preconceitos e costumes e todas as outras práticas baseadas na premissa da inferioridade ou superioridade de qualquer dos gêneros ou nos papéis estereotipados para o homem e a mulher, que legitimem ou exacerbem a violência contra a mulher".

Merece destaque a atuação da Corte Interamericana de Direitos Humanos. A questão da equidade de gênero, por exemplo, foi objeto do caso *González e outras ("campo algodoeiro") vs. México* de 2009, que versou versa sobre as mortes violentas de mulheres ocorridas em Ciudad Juárez, entre os dias 06 e 07 de novembro de 2001. Foram encontrados os oito corpos de mulheres, entre 15 e 20 anos, no local em que existia um campo do algodão, em frente à sede da AMAC (Associação de Maquiladoras de Ciudad Juarez). O caso chegou até a Corte Interamericana de Direitos Humanos por se tratar de flagrante situação de violação de direitos humanos e de violência sistêmica contra a mulher. O México foi condenado a

---

30. "Não nascemos programados para voar, mas criamos formas de fazê-lo porque isso nos foi mais conveniente. Não nascemos programados para altas profundidades, mas inventamos máquinas que podem nos levar até pressões incalculáveis embaixo d'água. Como humanos (entendido como *humanity*), desafiamos nossos limites biológicos (entendidos como *humankind*). Logo, por mais que nossa cabeça possa estar programada para criar preconceitos, sejamos humanos e busquemos contorná-los, nunca naturalizando diferenças, mas sim entendendo como foram produzidas, e como e a quem beneficiam e quem fazem mal" (KARNAL, Leandro; ESTEVAM, Luiz. *Preconceito: Uma história*. São Paulo: Companhia das Letras, 2023. p. 61).

elaboração do Protocolo de Julgamento na Perspectiva de Gênero como medida de reparação da violação sistemática do Direito das Mulheres. Em 2013, a Suprema Corte de Justicia de la Nación mexicana publicou a primeira versão do *Protocolo para juzgar con perspectiva de género*,[31] que inspirou outros países a construírem Protocolos semelhantes.

O Brasil também foi condenado em 2021 pela Corte Interamericana de Direitos Humanos no caso *Marcia Barbosa de Souza e Outros*. Tratava-se de uma mulher jovem (com vinte anos de idade), negra, pobre e periférica, vítima dos crimes de homicídio e ocultação de cadáver, praticado em novembro de 1997 pelo então Deputado Estadual da Paraíba, Aércio Pereira de Lima, com 54 (cinquenta e quatro) anos à época dos delitos, casado e no quinto mandato parlamentar. O caso foi levado ao conhecimento do Sistema Interamericano de Direitos Humanos, em 28 de março de 2000, pelas organizações não governamentais Centro pela Justiça e o Direito Internacional (CEJIL), pelo Movimento Nacional de Direitos Humanos (MNDH) – Região Nordeste e pelo Gabinete de Assessoria Jurídica às Organizações Populares (GAJOP). A Comissão Americana de Direitos Humanos aprovou relatório de admissibilidade da petição em julho de 2007 e notificou o Estado Brasileiro. Em setembro de 2007, Aércio foi condenado a 16 (dezesseis) anos de reclusão pelos crimes tipificados nos artigos 121, § 2º, incs. II e III, e 211 do Código Penal (homicídio qualificado por motivo fútil e emprego de asfixia, além da ocultação de cadáver). Porém, o ex-deputado interpôs recurso da sentença condenatória e permaneceu em liberdade até sua morte, por infarto do miocárdio, em 12 de fevereiro de 2008. As quatro outras pessoas que teriam participado nos crimes nunca chegaram a ser denunciadas. A Comissão Americana de Direitos Humanos emitiu o Relatório de Mérito 10/2019, em fevereiro de 2019, considerando o Brasil responsável por violações a direitos previstos na Convenção Americana de Direitos Humanos e na Convenção Interamericana para Prevenir e Erradicar a Violência contra a Mulher (Convenção de Belém do Pará). Entretanto, o Brasil não cumpriu as recomendações estabelecidas para realizar as reparações devidas às vítimas e assumir compromissos de não repetição. Por isso, o caso foi submetido à apreciação da Corte Interamericana de Direitos Humanos. O Brasil foi condenado em setembro de 2021.

Trata-se da primeira condenação do país em relação a temática da violência contra a mulher. A Corte IDH reconheceu que a violência contra as mulheres, no Brasil, é um *problema estrutural e generalizado*, incluindo altos níveis de tolerância a esse tipo de violência (como as elevadas taxas de feminicídio). Foi destacada a

---

31. MÉXICO, *Protocolo para juzgar con perspectiva de género*. Disponível em: https://www.scjn.gob.mx/derechos-humanos/sites/default/files/protocolos/archivos/2020-11/Protocolo%20para%20juzgar%20con%20perspectiva%20de%20g%C3%A9nero%20%28191120%29.pdf. Acesso em: 14 mar. 2024.

falta de investigação e processamento do caso com a observância de parâmetros de gênero. Constatou-se que as diligências investigativas usaram preconceitos e estereótipos para questionar o comportamento e a sexualidade da vítima.

A Corte IDH estabeleceu para o Brasil, dentre as medidas de reparação integral, quatro garantias de não repetição: i) a implementação de um sistema nacional de dados sobre a violência contra as mulheres, que permita análises qualitativas e quantitativas; ii) a prática de formação continuada das forças policiais com perspectiva de gênero e raça; iii) a realização da qualificação dos agentes públicos sobre o impacto do feminicídio e da violência contra a mulher; iv) a adoção e implementação de um protocolo nacional para a investigação de feminicídios.

Entretanto, antes mesmo do Brasil ter sido condenado pela Corte Interamericana de Direitos Humanos no Caso Marcia Barbosa de Souza e Outros, o Conselho Nacional de Justiça (CNJ), pela Portaria n. 27, de 2 de fevereiro de 2021, instituiu um Grupo de Trabalho para a implementação das políticas nacionais contidas nas Resoluções n. 254 e 255, de 4 de setembro de 2018, que versavam, respectivamente, sobre o Enfrentamento à Violência contra as Mulheres pelo Poder Judiciário e ao Incentivo à Participação Feminina no Poder Judiciário.

O Grupo de Trabalho contou com representantes de todos os ramos do Poder Judiciário (estatual, federal, trabalhista, militar e eleitoral) e teve o objetivo de produzir um Protocolo de Julgamento com Perspectiva de Gênero, tendo como referência o *Protocolo para Juzgar con Pespectiva de Género*, concebido pelo Estado Mexicano, após a determinação da Corte Interamericana de Direitos Humanos.

O texto final do Protocolo para Julgamento com Perspectiva de Gênero foi aprovado, pelo Grupo de Trabalho, em sessão plenária realizada em 19 de outubro de 2021.

O Plenário do Conselho Nacional de Justiça, em sessão realizada no dia 9 de fevereiro de 2022, também aprovou o referido Protocolo, dando ensejo à Recomendação n. 128 de 15 de fevereiro de 2022, pelo qual: "O Protocolo para julgamento com Perspectiva de Gênero poderá ser adotado no âmbito de todos os órgãos do Poder Judiciário brasileiro".

O documento está dividido em três partes. Na primeira, há a previsão de conceitos básicos (como a diferenciação entre sexo, gênero, identidade de gênero, sexualidade), das questões centrais da desigualdade de gênero (estruturais, relações de poder e interseccionalidades, divisão sexual do trabalho, estereótipos de gênero, e violência de gênero como manifestação da desigualdade), além de contextualizar o gênero e o direito (ao tratar dos tópicos neutralidade e imparcialidade, interpretação e aplicação abstrata do direito, bem como do princípio da igualdade). A segunda parte do Protocolo está destinada a servir de guia para magistradas e magistrados, contendo informações na forma de passo a passo, para aproximação com o processo e dos sujeitos processuais, o tratamento de medidas especiais de proteção, a instrução processual, incluindo a valoração de provas e identificação de fatos, os marcos normativos e os precedentes, a interpretação e aplicação do direito e o controle de convencionalidade. A terceira e última parte do Protocolo de Julgamento com Perspectiva de Gênero versa sobre temas transversais a todos os ramos da Justiça (abrangendo os tópicos do assédio, audiência de custódia e prisão) e, em seguida, trazendo assuntos específicos para a Justiça Federal (competência e gênero, Direito Penal, Direito Previdenciário, e Direito Civil, Administrativo, Tributário e Ambiental), Justiça Estadual (Violência de gênero e questões de direito processual – incluindo medidas protetivas de urgência e Formulário Nacional de Avaliação de Risco, valor probatório da palavra da vítima, a oitiva da vítima hipossuficiente pela idade, a representação processual da vítima e os efeitos da sentença condenatória e o direito da vítima ao ressarcimento – Direito Penal – versando sobre a violência obstétrica, a questão da autoria no aborto e no infanticídio, a dignidade sexual, perseguição (*Stalking*), pornografia de vingança, escusas nos crimes patrimoniais, feminicídio [Competência constitucional do Tribunal do Júri, aplicação da Lei Maria da Penha, Quesitação do feminicídio e Legítima defesa da honra] – Direito de Família e das Sucessões – com os temas alienação parental, alimentos e violência patrimonial, e partilha de bens – Direito da Infância e da Juventude, Direito Administrativo, Interseccionalidades e A rede de enfrentamento à violência de gênero), Justiça do Trabalho (Desigualdades e assimetrias – desigualdade de oportunidades no ingresso e progressão na carreira e desigualdades salariais – Discriminação – nas fases pré-contratual – seleção automatizada, contratual e extinção do contrato – Violência e assédio no ambiente do trabalho, com destaque para o assédio moral e sexual, Segurança e Medicina do Trabalho – com o tratamento dos temas: padrão do "homem médio", segregação horizontal e vertical, ergonometria, e trabalhadores gestantes e lactantes), Justiça Eleitoral (legitimidade das cotas, distribuição do tempo de propaganda e de recursos eleitorais) e, por fim, a Justiça Militar (hierarquia, ordem e disciplina; alteração legislativa no Código Penal Militar).

É relevante explicar que o Conselho Nacional de Justiça (CNJ) foi criado pela Emenda Constitucional n. 45/2004. O artigo 103-B, § 4º, da Constituição Federal estabelece que compete ao CNJ o controle da atuação administrativa e financeira do Poder Judiciário e do cumprimento dos deveres funcionais dos juízes. São atribuições deste Conselho, além de outras a serem conferidas pelo Estatuto da Magistratura: I – zelar pela autonomia do Poder Judiciário e pelo cumprimento do Estatuto da Magistratura, podendo expedir atos regulamentares, no âmbito de sua competência, ou recomendar providências; II – zelar pela observância do art. 37 e apreciar, de ofício ou mediante provocação, a legalidade dos atos administrativos praticados por membros ou órgãos do Poder Judiciário, podendo desconstituí-los, revê-los ou fixar prazo para que se adotem as providências necessárias ao exato cumprimento da lei, sem prejuízo da competência do Tribunal de Contas da União; III – receber e conhecer das reclamações contra membros ou órgãos do Poder Judiciário, inclusive contra seus serviços auxiliares, serventias e órgãos prestadores de serviços notariais e de registro que atuem por delegação do poder público ou oficializados, sem prejuízo da competência disciplinar e correicional dos tribunais, podendo avocar processos disciplinares em curso, determinar a remoção ou a disponibilidade e aplicar outras sanções administrativas, assegurada ampla defesa; IV – representar ao Ministério Público, no caso de crime contra a administração pública ou de abuso de autoridade; V – rever, de ofício ou mediante provocação, os processos disciplinares de juízes e membros de tribunais julgados há menos de um ano; VI – elaborar semestralmente relatório estatístico sobre processos e sentenças prolatadas, por unidade da Federação, nos diferentes órgãos do Poder Judiciário; VII – elaborar relatório anual, propondo as providências que julgar necessárias, sobre a situação do Poder Judiciário no País e as atividades do Conselho, o qual deve integrar mensagem do Presidente do Supremo Tribunal Federal a ser remetida ao Congresso Nacional, por ocasião da abertura da sessão legislativa.

Com efeito, o Conselho Nacional de Justiça é um *órgão de natureza administrativa*, sem função jurisdicional, o que não lhe permite revisar ou reformar decisões judiciais. Sua atuação pode ser tanto preventiva (*v.g.*, como zelar pela autonomia do Poder Judiciário) quanto repressiva (*v.g.*, receber reclamações em face de órgãos prestadores de serviços notariais e, observada as garantias do devido processo legal, determinar a remoção ou a disponibilidade e aplicar outras sanções administrativas).[32]

O *poder normativo* do CNJ está previsto expressamente no artigo 103-B, § 4º, inc. I, da Constituição Federal ("zelar pela autonomia do Poder Judiciário e pelo cumprimento do Estatuto da Magistratura, podendo expedir atos regulamentares, no âmbito de sua competência, ou recomendar providências"). Deve-se, contudo, distinguir as atribuições de "expedir" resoluções e "recomendar providências".

O poder regulamentar do CNJ deve observar o princípio da reserva legal, porque os órgãos administrativos não podem expedir regulamentos com caráter

---

32. FONSÊCA, Vitor. Por que os juízes devem se preocupar com a jurisprudência da Corte Interamericana de Direitos Humanos: Recomendação CNJ 123/2022. *Juris MPES* – Revista do Ministério Público do Espírito Santo, v. 4, n. 5, p. 62-67.

geral e abstrato nem, tampouco, causarem ingerência nos direitos e garantias fundamentais dos cidadãos.

O CNJ tem, desde a sua criação, editado diversas resoluções. O Supremo Tribunal Federal assegurou o *poder normativo primário* do Conselho Nacional de Justiça, na Ação Direta de Constitucionalidade n. 12 (que versava sobre a Resolução n. 07/2015, sobre a vedação de nepotismo nos Tribunais), em relação às matérias do artigo 103-B, § 4º, da Constituição Federal.[33]

O Regimento Interno do CNJ trata do poder normativo no artigo 102, cujo *caput* estabelece: "O Plenário poderá, por maioria absoluta, editar atos normativos, mediante Resoluções, Instruções ou Enunciados Administrativos e, ainda, Recomendações". Entretanto, como deixa claro o § 5º deste artigo 102 apenas as "Resoluções e Enunciados Administrativos terão força vinculante, após a sua publicação no Diário da Justiça e no sítio eletrônico do CNJ". Logo, ao que tudo indica, as Recomendações não possuem força vinculante.

Ora, assim sendo, seria possível discutir se o descumprimento das recomendações daria ensejo à apuração de falta funcional-administrativa, passível de sanção do magistrado. Ainda que a resposta seja negativa, não se pode ignorar que o poder de recomendar do Conselho Nacional de Justiça tem fundamento no artigo 103-B, § 4º, da Constituição Federal, é respaldado pelo Supremo Tribunal Federal e possui caráter normativo, ainda que tenha efeito jurídico mínimo (isto é, possa ser considerada uma espécie de *soft law*, cujo descumprimento não enseja a aplicação de sanções).

Para evitar quaisquer dúvidas sobre a obrigatoriedade da aplicação do Protocolo de Julgamento com Perspectiva de Gênero, o Conselho Nacional de Justiça aprovou a Resolução n. 492, de 17 de março de 2023, com três objetivos distintos: i) adotar as diretrizes do protocolo aprovado pelo Grupo de Trabalho

---

33. "A Resolução 7/05 do CNJ reveste-se dos atributos da generalidade (os dispositivos dela constantes veiculam normas proibitivas de ações administrativas de logo padronizadas), impessoalidade (ausência de indicação nominal ou patronímica de quem quer que seja) e abstratividade (trata-se de um modelo normativo com âmbito temporal de vigência em aberto, pois claramente vocacionado para renovar de forma contínua o liame que prende suas hipóteses de incidência aos respectivos mandamentos). A Resolução 07/05 se dota, ainda, de caráter normativo primário, dado que arranca diretamente do § 4º do art. 103-B da Carta-cidadã e tem como finalidade debulhar os próprios conteúdos lógicos dos princípios constitucionais de centrada regência de toda a atividade administrativa do Estado, especialmente o da impessoalidade, o da eficiência, o da igualdade e o da moralidade. O ato normativo que se faz objeto desta ação declaratória densifica apropriadamente os quatro citados princípios do art. 37 da Constituição Federal, razão por que não há antinomia de conteúdos na comparação dos comandos que se veiculam pelos dois modelos normativos: o constitucional e o infraconstitucional. Logo, o Conselho Nacional de Justiça fez adequado uso da competência que lhe conferiu a Carta de Outubro, após a Emenda 45/04. (...)" (ADC 12 MC, Relator(a): Carlos Britto, Tribunal Pleno, julgado em 16.02.2006, DJ 1º.09.2006 pp-00015 Ement vol-02245-01 pp-00001 RTJ vol-00199-02 pp-00427.

constituído pela Portaria CNJ 27/2021;[34] ii) instituir a obrigatoriedade de capacitação de magistrados e magistradas, relacionada a direitos humanos, gênero, raça e etnia, em perspectiva interseccional; iii) criar o Comitê de Acompanhamento e Capacitação sobre Julgamento com Perspectiva de Gênero no Poder Judiciário e o Comitê de Incentivo à Participação Institucional Feminina no Poder Judiciário.

Mesmo com o advento da Resolução n. 492/2023 do CNJ, é possível se perguntar: A obrigatoriedade da aplicação do Protocolo de Julgamento com Perspectiva de Gênero compromete a garantia de imparcialidade judicial? A resposta é negativa, porque é função do Poder Judiciário aplicar a Constituição Federal e os Tratados de Direitos Humanos que o Brasil é signatário para combater preconceitos e discriminações, baseadas no gênero, promover a igualdade de direitos e deveres entre homens e mulheres e contribuir para eliminar todo e qualquer costume, tradição ou padrão sociocultural baseado na ideia de inferioridade ou superioridade de qualquer pessoa.

Nesse sentido, destacam-se, dentre outros dispositivos: i) o artigo 3º, inc. IV, da Constituição Federal, que afirma, como objetivo fundamental da República Federativa do Brasil, a promoção do bem de todos e todas, sem preconceitos de origem, raça, sexo, cor, idade e quaisquer outras formas de discriminação; ii) o artigo 5º, inc. I, da Constituição Federal que assegura a igualdade em direitos e obrigações entre homens e mulheres; iii) o artigo 5º, § 2º, da Constituição Federal que prevê o *bloco de constitucionalidade*; iv) a Convenção das Nações Unidas sobre a Eliminação de Todas as Formas de Discriminação contra a Mulher (promulgada pelo Decreto n. 4.377/2002); v) a Convenção Interamericana para Prevenir, Punir e Erradicar a Violência contra a Mulher – Convenção de Belém do Pará (promulgada pelo Decreto n. 1973/1996).

Essas regras constitucionais e Tratados de Direitos Humanos – aliados a outras legislações brasileiras (como a Lei Maria da Penha) e documentos internacionais – integram um *microssistema jurídico* de efetivação da equidade de gênero, o qual é fortalecido pela atuação da Comissão Interamericana, dos precedentes tanto dos Tribunais brasileiros quanto da Corte Interamericana de Direitos Humanos, pelo diálogo entre Cortes, pela literatura jurídica e a atuação dos movimentos sociais, da sociedade civil organizada, da imprensa livre e das instituições que compõem o sistema de justiça.

---

34. "Em 14 de março de 2023, o Conselho Nacional de Justiça estabeleceu, através da Resolução 492/2023, a obrigatoriedade da adoção das diretrizes do Protocolo para Julgamento com Perspectiva de Gênero, elaborado no intuito de alcançar a igualdade de gênero, Objetivo de Desenvolvimento Sustentável – ODS 5 da Agenda 2030 da Organização das Nações Unidas – ONU, à qual se comprometerem o Supremo Tribunal Federal e o Conselho Nacional de Justiça. (...)" (TJPR – 12ª Câmara Cível – 0005265-62.2020.8.16.0130 – Paranavaí – Rel.: Desembargadora Ivanise Maria Tratz Martins – J. 06.12.2023).

Apesar disso, a sociedade brasileira ainda é marcada por profundas desigualdades estruturais, oriundas do patriarcado, do machismo, do sexismo e da misoginia, que reproduz padrões androcêntricos.

O Protocolo de Julgamento com Perspectiva de Gênero reforça a necessidade do Poder Judiciário combater estereótipos, preconceitos e discriminações contra as meninas e as mulheres, comprometendo-se com a promoção da ordem jurídica justa, pela afirmação dos direitos humanos fundamentais contidos na Constituição Federal e nos Tratados Internacionais que o Brasil é parte.[35]

Tanto a Recomendação n. 128/2022 quanto a Resolução n. 492/2023 estão em sintonia com a teoria crítica dos direitos humanos, que combate a suposta

---

35. "Um dos atributos da imparcialidade é a objetividade, que consiste na qualidade de abordar decisões e reivindicações da verdade sem a influência de preferência pessoal, interesse próprio e emoção. A objetividade seria, portanto, um critério a ser observado para afastar eventuais atos discriminatórios. Conforme referido nas seções anteriores, importante salientar que a sociedade brasileira é marcada por profundas desigualdades que impõem desvantagens sistemáticas e estruturais a determinados segmentos sociais, assim como sofre grande influência do patriarcado, que atribui às mulheres ideias, imagens sociais, preconceitos, estereótipos, posições e papéis sociais. (...) Agir de forma supostamente neutra, nesse caso, acaba por desafiar o comando da imparcialidade. A aplicação de normas que perpetuam estereótipos e preconceitos, assim como a interpretação enviesada de normas supostamente neutras ou que geram impactos diferenciados entre os diversos segmentos da sociedade, acabam por reproduzir discriminação e violência, contrariando o princípio constitucional da igualdade e da não discriminação. A ideia de que há neutralidade nos julgamentos informados pela universalidade dos sujeitos é suficiente para gerar parcialidade. Um julgamento imparcial pressupõe, assim, uma postura ativa de desconstrução e superação dos vieses e uma busca por decisões que levem em conta as diferenças e desigualdades históricas, fundamental para eliminar todas as formas de discriminação contra a mulher. Considerar que os estereótipos estão presentes na cultura, na sociedade, nas instituições e no próprio direito, buscando identificá-los para não se submeter à influência de vieses inconsciente no exercício da jurisdição é uma forma de se aprimorar a objetividade e, portanto, a imparcialidade no processo de tomada de decisão. Além disso, a compreensão crítica de que a pessoa julgadora ocupa uma posição social, que informa a sua visão de mundo, muitas vezes bem diversa das partes, reduz a possibilidade de se tomar uma decisão que favoreça a desigualdade e a discriminação. (...) Ao lado do ideal romântico da figura materna, o gênero feminino, sempre que não se encaixa na expectativa social, é rotulado com estereótipos como o da vingativa, louca, aquela que aumenta ou inventa situações para tirar vantagem, ou seja, a credibilidade da palavra e intenções da mulher sempre são questionadas. Por isso a importância da análise jurídica com perspectiva de gênero, com a finalidade de garantir processo regido por imparcialidade e equidade, voltado à anulação de discriminações, preconceitos e avaliações baseadas em estereótipos existentes na sociedade, que contribuem para injustiças e violações de direitos fundamentais das mulheres. As instituições devem se atentar para os princípios da igualdade e da dignidade da pessoa ao tratar dos direitos humanos de mulheres e meninas, como determinado na Constituição Federal. Analisar e julgar uma ação com perspectiva de gênero nas relações assimétricas de poder significa aplicar o princípio da igualdade, como resposta à obrigação constitucional e convencional de combater qualquer tipo de discriminação de gênero, garantindo o real acesso à justiça com o reconhecimento de desigualdades históricas, sociais, políticas, econômicas e culturais para a preservação do princípio da dignidade humana das mulheres e meninas" (BRASIL. Conselho Nacional de Justiça. *Protocolo para Julgamento com Perspectiva de Gênero*. Brasília: Conselho Nacional de Justiça, – CNJ; Escola Nacional de Formação e Aperfeiçoamento de Magistrados – Enfam, 2021).

"neutralidade" das normas jurídicas, concebidas a partir do homem como sujeito universal de direitos. A propósito, explica Joaquín Herrera Flores: "Se existe um fenômeno que resiste à suposta "neutralidade" científica, são os direitos humanos, sobretudo para uma teoria como a nossa, que se compromete a refletir intelectualmente e a propor dinâmicas sociais de luta contra os processos hegemônicos de divisão do fazer humano. Que neutralidade podemos defender se nosso objetivo é *empoderar* e fortalecer as pessoas e os grupos que sofrem essas violações, dotando-os de meios e instrumentos necessários para que, plural e diferencialmente, possam lutar pela dignidade? Por isso nossa insistência para que uma visão atual dos direitos humanos parta de novas bases teóricas e induza a práticas renovadas nas lutas "universais" pela dignidade".[36]

Além disso, o Poder Judiciário brasileiro, por meio da Meta 9 do Conselho Nacional de Justiça, ratificada em 2020 no XIII Encontro Nacional do Poder Judiciário, se comprometeu com a concretização da Agenda 2030, aprovada pela Assembleia Geral das Nações Unidas, em 2018, com a Resolução A/RES/279, que instituiu 17 Objetivos de Desenvolvimento Sustentável (ODS).

O Enunciado da Meta 9/2020 do Conselho Nacional de Justiça (CNJ) possui a seguinte redação: "Integrar a Agenda 2030 ao Poder Judiciário (STJ, Justiça Estadual, Justiça Federal, Justiça do Trabalho e Justiça Militar da União e dos Estados)".

Pelo Objetivo de Desenvolvimento Sustentável n. 5, que versa sobre Igualdade de Gênero, deve o Poder Judiciário contribuir para eliminar todas as formas de discriminação contra as mulheres, inclusive pelo reconhecimento e valorização do trabalho de assistência e doméstico não remunerado, como o cuidado com a educação dos filhos menores, com a divisão de responsabilidades com o genitor do infante.

Acrescenta-se, ainda, que o Objetivo de Desenvolvimento Sustentável n. 16 busca promover sociedades pacíficas e inclusivas para o desenvolvimento sustentável, proporcionar o acesso à justiça para todos e construir instituições eficazes, responsáveis e inclusivas em todos os níveis.

Portanto, o Protocolo de Julgamento com Perspectiva de Gênero do Conselho Nacional de Justiça, consubstanciado na Recomendação n. 128/2022 e na Resolução n. 492/2023, é uma *política institucional afirmativa* do Poder Judiciário, voltada ao reconhecimento de como as desigualdades sociais, culturais e políticas sofridas pelas mulheres ao longo da história influenciam na

---

36. *A (re)invenção dos direitos humanos*. Trad. Carlos Roberto Diogo Garcia, Antonio Henrique Graciano Suxberger e Jefferson Aparecido Dias. Florianópolis: Boiteux, 2009. p. 31-32.

intepretação e aplicação do Direito. O Protocolo do CNJ permite que, a partir das lentes de gênero, o Estado-Juiz promova *igual dignidade* entre mulheres e homens, contribuindo para a desconstrução do machismo estrutural e para o fortalecimento de uma cultura jurídica emancipatória dos direitos das mulheres e das meninas.[37]

O Protocolo de Julgamento na Perspectiva de Gênero, por estar voltado a assegurar a igual dignidade entre homens e mulheres, não se destina a acirrar uma guerra entre os sexos, a promover a escalada dos conflitos sociais (especialmente, pelo estímulo do ódio entre casais que se separam e precisam cuidar de filhos comuns), nem, tampouco, serve como meio de aplacar sentimento de vingança, motivados pela vontade de retaliação pessoal ou emocional da vítima.

Afinal, justiça e vingança são conceitos antagônicos. Ninguém pode se valer do Poder Judiciário para se vingar de outrem. A vingança é motivada pela raiva, ressentimento ou desejo de fazer o outro sofrer retaliação pela ofensa cometida, não se preocupa com as consequências a longo prazo nem com o direito das partes envolvidas, o que causa a escalada do conflito e faz perpetuar o ciclo da violência, gerando mais danos, sofrimentos e injustiças.

A missão constitucional do Poder Judiciário é promover justiça, buscando a paz social, pela aplicação do Direito de forma imparcial, após a observância das garantias fundamentais do processo justo (*v.g.*, juiz natural, devido processo legal, contraditório e ampla defesa) e dos direitos dos litigantes envolvidos no conflito, sem desconsiderar as diferenças econômicas, culturais, sociais, étnico-raciais e de gênero das partes da relação jurídico-processual. Compete ao magistrado reparar as vítimas e punir os infratores, dentro dos limites estabelecidos pelo ordenamento jurídico, inclusive como meio para conferir credibilidade ao Direito, eficiência a prestação jurisdicional e prevenir futuras transgressões.

6.3 APLICAÇÃO DO PROTOCOLO DE JULGAMENTO NA PERSPECTIVA DE GÊNERO NO DIREITO DAS FAMÍLIAS

O Protocolo de Julgamento na Perspectiva de Gênero afeta a atuação de todo o Poder Judiciário brasileiro (Justiças Estadual, Federal, do Trabalho, Eleitoral e Militar) e nas mais variadas disciplinas jurídicas (*v.g.*, Direitos Constitucional, Administrativo, Penal, Civil, Trabalhista, Eleitora, Militar e Processual).

O objetivo deste texto é, tão somente, depreender algumas das possibilidades de aplicação transversal do referido Protocolo no âmbito do Direito das Famílias.

---

37. *Protocolo para julgamento com perspectiva de gênero*. Brasília: Conselho Nacional de Justiça, 2021. p. 40.

O Protocolo de Julgamento com Perspectiva de Gênero, do Conselho Nacional de Justiça (CNJ), ilumina o ordenamento jurídico brasileiro com os *vetores hermenêuticos* que possibilitam o enfrentamento da desigualdade estrutural de gênero por parte do Poder Judiciário, destacando a sua especial relevância ao âmbito do Direito das Famílias.[38] Isto porque as desigualdades históricas e vulnerabilidades, em razão do gênero, presentes na sociedade brasileira, se projetam para as relações familiares.

A atuação das juízas e dos juízes com perspectiva de gênero é essencial à realização da justiça social, para evitar questões como a *naturalização* dos deveres de cuidado não remunerados às mulheres, a *normalização* da reserva de ocupação dos espaços de poder aos homens e todas as formas de violências intrafamiliares.

Cabe, pois, ao Poder Judiciário prevenir e combater as discriminações e avaliações baseadas em estereótipos misóginos, sexistas e machistas, que estruturam a sociedade patriarcal, contribuem para injustiças sociais e causam de violações dos direitos humanos das mulheres.

6.3.1 Acesso à ordem jurídica justa – Benefício da justiça gratuita

É dever do Estado brasileiro, nos termos dos artigos 5º, inciso XXXV, da Constituição Federal e 8.1 da Convenção Americana sobre Direitos Humanos, prestar assistência jurídica integral e gratuita à população em situação de maior vulnerabilidade socioeconômica, garantindo o acesso à ordem jurídica justa.

A garantia fundamental de acesso à justiça é um dos pilares do Estado Democrático de Direito, porque a ordem jurídica deve assegurar a possibilidade de realização de um projeto pessoal de vida e de participação na sociedade.[39] Não basta assegurar a mera existência formal de meios processuais, é indispensável garantir eficiência à prestação jurisdicional. Com efeito, o Estado possui o dever positivo de remoção das barreiras e dos obstáculos de natureza jurídica, social, econômica e cultural que dificultam ou impedem o pleno exercício da cidadania.[40] Trata-se, pois, da efetivação dos artigos 1º, inc. II, e 5º, inc. XXXV, da Constituição Federal, 8º, *13 e 98, caput*, do Código de Processo Civil, e 25 e

---

38. TJPR – 12ª Câmara Cível – 0110502-82.2023.8.16.0000 – Curitiba – Rel.: Eduardo Augusto Salomão Cambi – J. 08.04.2024.
39. TJPR – 12ª Câmara Cível – 0089997-70.2023.8.16.0000 – Londrina – Rel.: Eduardo Augusto Salomão Cambi – J. 08.04.2024.
40. GUZMÁN, Federico Andreu; COURTIS, Christian. *Comentarios sobre las 100 Reglas de Brasilia sobre Acceso a la Justicia de las Personas en Condición de Vulnerabilidad*. Disponível em: https://www.corteidh.or.cr/tablas/r29269.pdf. Acesso em: 24 maio 2023; DIDIER JR., Fredie. *Benefício da Justiça Gratuita*. 6. ed. Salvador: JusPodivm, 2016. p. 60.

68 da Convenção Americana de Direitos Humanos, 1º, inc. I, da Recomendação 123/2022 do Conselho Nacional de Justiça (CNJ).

Nesse sentido, a Corte Interamericana de Direitos Humanos, no Caso *Cantos Vs. Argentina* decidiu:[41] "§ 52 El artículo 25 de la Convención también consagra el derecho de acceso a la justicia. Al analizar el citado artículo la Corte ha señalado que éste establece la obligación positiva del Estado de conceder a todas las personas bajo su jurisdicción un recurso judicial efectivo contra actos violatorios de sus derechos fundamentales. Y ha observado, además, que la garantía allí consagrada se aplica no sólo respecto de los derechos contenidos en la Convención, sino también de aquéllos que estén reconocidos por la Constitución o por la ley. La Corte ha señalado, asimismo, en reiteradas oportunidades, que la garantía de um recurso efectivo "constituye uno de los pilares básicos, no sólo de la Convención Americana, sino del propio Estado de Derecho en una sociedad democrática en el sentido de la Convención", y que para que el Estado cumpla con lo dispuesto en el artículo 25 de la Convención no basta con que los recursos existan formalmente, sino que los mismos deben tener efectividad, es decir, debe brindarse a la persona la posibilidad real de interponer um recurso que sea sencillo y rápido. Cualquier norma o medida que impida o dificulte hacer uso del recurso de que se trata constituye una violación del derecho al acceso a la justicia, bajo la modalidad consagrada en el artículo 25 de la Convención Americana".

Em sentido semelhante, a Corte Europeia de Direitos Humanos: Caso *Airey vs. Irlanda* também decidiu: "§ 25. O Governo procura distinguir o caso Golder com o fundamento de que, nesse caso, o requerente foi impedido de ter acesso ao tribunal devido ao obstáculo positivo colocado no seu caminho pelo Estado sob a forma da proibição do Ministro do Interior de consultar um procurador. O Governo sustenta que, pelo contrário, no presente caso não existe nenhum obstáculo positivo proveniente do Estado e nenhuma tentativa deliberada do Estado para impedir o acesso; a alegada falta de acesso ao tribunal não decorre de qualquer ato por parte das autoridades, mas apenas das circunstâncias pessoais da Sra. Airey, uma questão pela qual a Irlanda não pode ser responsabilizada nos termos da Convenção. Embora esta diferença entre os factos dos dois casos seja certamente correcta, o Tribunal não concorda com a conclusão que o Governo daí retira. Em primeiro lugar, um obstáculo pode, de facto, contrariar a Convenção, tal como um impedimento legal (acórdão Golder acima mencionado, p. 13, parágrafo 26). Além disso, o cumprimento de um dever previsto na Convenção necessita, ocasionalmente, de alguma ação positiva por parte do Estado; em tais

---

41. CORTE INTERAMERICANA DE DIREITOS HUMANOS. *Caso Cantos Vs. Argentina*. Sentencia de 28 de noviembre de 2002. (Fondo, Reparaciones y Costas). Disponível em: https://www.corteidh.or.cr/docs/casos/articulos/seriec_97_esp.pdf. Acesso em: 24 maio 2023. par. 52.

circunstâncias, o Estado não pode simplesmente permanecer passivo e "não há... espaço para distinguir entre atos e omissões" (ver, mutatis mutandis, o acórdão Marckx acima mencionado, p. 15, par. 31, e o De. Acórdão Wilde, Ooms e Versyp de 10 de março de 1972, Série A, n. 14, p. 10, parágrafo 22). A obrigação de garantir um direito efetivo de acesso aos tribunais enquadra-se nesta categoria de dever".

Dessa forma, a justiça gratuita é um meio fundamental para o acesso *efetivo* à justiça, devendo a jurisprudência procurar amenizar os efeitos jurídicos da pobreza, ao não colocar obstáculos indevidos para que os cidadãos possam arcar com os custos do processo judicial.[42]

Por outro lado, o benefício da justiça gratuita deve ser compreendido na dimensão da garantia do devido processo legal em sentido substancial (a partir da exegese dos princípios da razoabilidade e da proporcionalidade), porque o seu deferimento desordenado, sem cautela quanto à análise da concreta situação econômica de hipossuficiência, além de acarretar impacto financeiro negativo ao Estado, serve de estímulo para a *judicialização excessiva* de demandas, pode induzir a *litigância temerária* e prejudica o próprio *acesso à ordem jurídica justa* daqueles que efetivamente estejam em situação de vulnerabilidade econômico--social, pois resulta na *sobreutilização indevida* do Poder Judiciário.[43]

O pedido de assistência judiciária gratuita formulado por pessoa natural, embora goze de presunção (relativa) de veracidade, deve vir acompanhado de mínima documentação ou fundamentação acerca da hipossuficiência financeira para que possa ser analisado e deferido.[44] Logo, diante da existência de indícios de que a parte requerente dos benefícios da justiça gratuita possui patrimônio suficiente para arcar com os custos e as despesas processuais, o Estado-Juiz, antes de analisar o pedido, pode exigir a comprovação da hipossuficiência econômica.[45] Nesse sentido, pelo Enunciado n. 35 do Tribunal de Justiça do Paraná, a "afirmação de hipossuficiência financeira possui presunção legal *'iuris tantum'*, podendo

---

42. TJPR – 12ª Câmara Cível – 0004069-10.2018.8.16.0136 – Pitanga – Rel.: Eduardo Augusto Salomão Cambi – J. 08.04.2024.
43. GICO JÚNIOR, Ivo Teixeira. *A Tragédia do Judiciário*: subinvestimento em capital jurídico e sobreutilização do Judiciário. Tese (doutorado). Brasília: Universidade de Brasília, Faculdade de Economia, Administração, Contabilidade e Ciência da Informação e Documentação. Departamento de Economia, Programa de Pós-Graduação em Economia, 2012. p. 117-18; RODAS, João Grandino. *Contribuições da análise econômica do Direito para a gratuidade processual*. Disponível em: https://www.conjur.com.br/2021-dez-16/olhar-economico-contribuicoes-analise-economica-gratuidade-processual. Acesso em 17 de agosto de 2023.
44. STJ, AgInt no AgInt no REsp 1.957.054/ES, Relator Ministro Mauro Campbell Marques, Segunda Turma, J. 22.03.2022, DJe 28.03.2022.
45. STJ, EDcl no AgInt no AREsp 1.538.432/RS, Relator Ministro Francisco Falcão, Segunda Turma, J. 29.11.2021, DJe de 1º.12.2021.

o magistrado determinar diligências complementares antes da apreciação do pedido".

A concessão do benefício da assistência judiciária gratuita não está condicionada, tão somente, à verificação de critérios *abstratos* (tais como renda mensal inferior a determinado patamar ou isenção de imposto de renda). É imprescindível a *análise casuística* da condição financeira do postulante.[46]

O benefício da gratuidade é uma garantia constitucional destinada a viabilização do acesso à justiça. Com efeito, somente pode ser indeferido quando o magistrado se convencer, com base em elementos probatórios (diretos ou indiretos), de que não se trata de hipótese de *insuficiência econômica*, conceito que não se confunde com a noção de miserabilidade ou de penúria nem tampouco com o de estado de necessidade.[47] Para a concessão da gratuidade da justiça, o Estado-Juiz deve ser persuadido de que o requerente, ainda que possua fonte(s) de renda, teria sua condição econômica e, portanto, as circunstâncias necessárias para uma vida digna comprometidas com o pagamento das custas, despesas processuais e honorários advocatícios.

Porém, o Código de Processo Civil de 2015 prevê a possibilidade do Estado-Juiz conceder o benefício da justiça gratuita de *forma escalonada*, isto é, em relação a algum ou a todos os atos processuais, bem como pela redução percentual, pelo parcelamento ou até mesmo pelo pagamento ao final das despesas processuais que o beneficiário tiver de adiantar no curso do processo (exegese do artigo 99, §§ 5º, do Código de Processo Civil).

Acrescente-se que o direito fundamental à gratuidade da justiça merece *proteção multinível*, por ser tanto uma garantia fundamental, assegurada, nos termos do artigo 5º, inciso LXXIV, da *Constituição* Federal, quanto um direito humano, previsto em tratados internacionais de que o Brasil é signatário.

Portanto, o controle judicial de convencionalidade das regras da gratuidade da justiça (especialmente a interpretação do artigo 98 do Código de Processo Civil, sob a ótica do Direito Internacional dos Direitos Humanos; Recomendação n. 33 da Convenção sobre a Eliminação de Todas as Formas de Discriminação contra as Mulheres do Comitê sobre a Eliminação da Discriminação contra as Mulheres[48] e das Regras de Brasília sobre o acesso à justiça de pessoas em situação

---

46. STJ, AgInt no REsp 1.907.694/SP, relatora Ministra Regina Helena Costa, Primeira Turma, julgado em 07.06.2021, DJe 09.06.2021.
47. TJPR – 12ª Câmara Cível - 0018035-12.2023.8.16.0024 – Almirante Tamandaré – Rel.: Eduardo Augusto Salomão Cambi – J. 18.03.2024.
48. O item 25, letra "a", por exemplo, desta Recomendação adverte que os Estados devem assegurar "a efetividade do princípio da igualdade perante a lei adotando-se medidas para abolir quaisquer leis, procedimentos, regulamentos, jurisprudência, costumes e práticas existentes que, direta ou indireta-

de vulnerabilidade, aprovadas no âmbito da Assembleia Plenária da XIX edição da Cúpula Judiciária Ibero-Americana, que ocorreu de 18 a 20 de abril de 2018 em San Francisco de Quito, Equador),[49] aliado a hermenêutica recomendada pelo Protocolo de Julgamento na Perspectiva de Gênero (Recomendação n. 128/2022 e Resolução n. 492/2023 do Conselho Nacional de Justiça), permitem, na dimensão do constitucionalismo feminista, construir um pensamento crítico para superar a suposta *neutralidade epistêmica* e a *universalidade abstrata*, necessárias para a *desconstrução do machismo estrutural*, com o escopo de avaliar a situação concreta de vulnerabilidade social e econômica da mulher, para, diante das possibilidades hermenêuticas trazidas pelo Código de Processo Civil (artigo 98, §§ 5º e 6º), ao menos, postergar o momento do recolhimento das custas processuais, de modo a possibilitar o efetivo acesso à ordem jurídica justa.

Por exemplo, em hipótese de violência patrimonial, a mulher – embora o patrimônio amealhado pelo casal demonstre que as partes não são pessoas hipossuficientes financeiramente – é possível conceder a justiça gratuita se há indícios de que a litigante se encontre, momentaneamente, em situação de vulnerabilidade financeira, em consequência da forma como o rompimento do relacionamento afetivo (união estável) aconteceu, considerado que as empresas da família sempre foram administradas pelo companheiro. Nessa situação, para assegurar o efetivo acesso à justiça para a mulher, é possível postergar o recolhimento das custas processuais ao final do processo, com o produto da partilha.[50]

---

mente, discriminem as mulheres, em especial quanto ao acesso à justiça; e também para abolir quaisquer outras barreiras discriminatórias ao acesso à justiça, tais como: i) A obrigação e/ou necessidade das mulheres de obter permissão de membros da família ou comunidade antes de iniciar uma ação jurídica; ii) A estigmatização das mulheres que lutam por seus direitos por aqueles que participam ativamente no sistema de justiça; iii) As regras de corroboração que discriminam as mulheres enquanto testemunhas, denunciantes e rés ao exigir-lhes arcar com um ônus de prova maior que os homens, a fim de configurar um delito ou buscar um remédio; iv) Os procedimentos que excluem ou conferem valor inferior ao depoimento das mulheres; v) A falta de medidas para assegurar condições de igualdade entre mulheres e homens durante a preparação, a condução e mesmo após a resolução dos casos; vi) O tratamento inadequado do caso e, em especial a coleta de provas, nas causas apresentadas pelas mulheres resultando em falhas sistemáticas na investigação dos casos; vii) Os obstáculos enfrentados na coleta de provas relacionadas a emergentes violações de direitos das mulheres que ocorrem on-line e através do uso das tecnologias de informação e comunicações (TICs) e novas mídias sociais (...)".

49. "Uma pessoa ou grupo de pessoas está em uma condição de vulnerabilidade, quando sua capacidade de prevenir, resistir ou superar um impacto que a coloca em risco, não é desenvolvida ou limitada por várias circunstâncias, para exercer plenamente perante o sistema de justiça os direitos reconhecidos pelo sistema jurídico. Nesse contexto, as pessoas que, em razão de sua idade, gênero, orientação sexual e identidade de gênero, estado físico ou mental, ou por circunstâncias sociais, econômicas, étnicas e/ou culturais, ou relacionadas às suas crenças e/ou práticas religiosas, ou à ausência delas, acham particularmente difícil exercer na íntegra perante o sistema de justiça os direitos reconhecidos pelo sistema jurídico são considerados vulneráveis".

50. TJPR – 12ª Câmara Cível – 0002873-49.2023.8.16.0000 – Cascavel – Rel.: Eduardo Augusto Salomão Cambi – J. 17.04.2023.

Outro exemplo: em ação de reconhecimento e extinção de união estável, e partilha de bens, a mulher – ainda que possua renda mensal elevada (*v.g.*, servidora pública federal com percepção de vencimento alto), se comprova que possui endividamento elevado, com restrições ao crédito, bem como perdeu a moradia da família, com a necessidade de alugar um imóvel para viver com os filhos, faz presumir verdadeira a alegação de insuficiência de recursos para pagar as custas, as despesas processuais e os honorários advocatícios (artigo 99, § 3º, do Código de Processo Civil), bem como indica, em razão de supostos empréstimos consignados pelo ex-companheiro envolvendo seus vencimentos (ainda que tal questão seja controvertida e mereça melhor aprofundamento probatório, apesar dos esclarecimentos trazidos pelas partes), posição de vulnerabilidade da mulher, que permite a concessão do benefício da assistência judiciária gratuita, inclusive na perspectiva da violência (patrimonial) doméstica e familiar, para facilitar o acesso a ordem jurídica justa. Nessa hipótese, é possível determinar o parcelamento, em até 24 meses, do pagamento das despesas processuais, que o beneficiário tiver de adiantar no curso do processo, nos termos do artigo 98, § 6º, do Código de Processo Civil.[51]

6.3.2 Alimentos

A palavra *alimentos* vem do latim *alere* e significa nutrir, alimentar e criar; o direito aos alimentos visa suprir a subsistência (material e espiritual) indispensável à máxima efetivação do direito humano à *vida digna*.[52] No Direito das Famílias, os alimentos têm a finalidade de satisfazer as necessidades de parentes, cônjuges ou conviventes que, em razão de fatores como a idade, incapacidade, estado de saúde ou impossibilidade/ausência de trabalho, precisam de amparo para viverem de modo compatível com a sua condição social. A obrigação alimentar é expressão da solidariedade social, tendo como função garantir a manutenção de pessoas ligadas por vínculos familiares.

O direito aos alimentos compreende os recursos essenciais à subsistência material e imaterial do ser humano, possui fundamento constitucional, visa concretizar o direito à *vida digna* e deve buscar efetivar a máxima proteção (*multinível*) dos direitos humanos fundamentais de quem não consegue prover, por si mesmo, sua manutenção pessoal, em razão da idade, doença, incapacidade, impossibilidade ou ausência de trabalho.[53] Encontra previsão, entre outras regras jurídicas,

---

51. TJPR – 12ª Câmara Cível – 0053189-03.2022.8.16.0000 – São José dos Pinhais – Rel.: Eduardo Augusto Salomão Cambi – J. 05.12.2022.
52. MADALENO, Rolf. *Alimentos compensatórios*. Rio de Janeiro: Forense, 2023. p. 1.
53. TJPR – 12ª Câmara Cível – 0019185-60.2019.8.16.0188 – Curitiba – Rel.: Eduardo Augusto Salomão Cambi – J. 25.03.2024.

nos artigos 1º, inciso III, 3º, inc. I, 5º, § 2º, 6º, e 229 da Constituição Federal, 4.1 da Convenção Americana de Direitos Humanos, 6.1 do Pacto Internacional sobre Direitos Civis e Políticos, 11.1 do Pacto Internacional sobre Direitos Econômicos, Sociais e Culturais, 1.566, inc. IV, 1.694 e 1.696 do Código Civil, 22 do Estatuto da Criança e do Adolescente e 3º do Estatuto do Idoso.

6.3.2.1 Alimentos gravídicos

Os alimentos gravídicos, como se depreende da exegese dos artigos 1º e 2º da Lei 11.804/2008 à luz do artigo 6º da Constituição Federal, possuem *caráter indenizatório* e visam à proteção jurídica do direito fundamental à maternidade, de modo a amparar a situação de vulnerabilidade da gestante, de modo a visando prover os gastos decorrentes da gravidez, não tendo como titular o nascituro, mas a mulher grávida.[54]

A proteção da maternidade – como atributo da mulher – é um direito humano fundamental (conforme os artigos 6º da Constituição Federal, VII da Declaração Americana dos Direitos e Deveres do Homem, e 4.2, 5.b e 12.2 da Convenção das Nações Unidas sobre a Eliminação de Todas as Formas de Discriminação contra a Mulher), que assegura a toda grávida direito à proteção, ao cuidado e à assistência especial, incluindo a compreensão adequada da maternidade como *função social*, serviços apropriados em relação à gestante e nutrição adequada durante a gravidez.

A proteção da maternidade tem como premissa a tutela do direito à vida das crianças, devendo o Estado, a família e a sociedade, para fins de assegurar a primazia do princípio da superioridade e do melhor interesse infantojuvenil, assegurar às mulheres grávidas atenção e cuidados especiais, durante o período de gestação, parto e período de amamentação (artigos 19 e 68 da Convenção Americana de Direitos Humanos).

Nesse sentido, salienta-se precedente da Corte Interamericana de Direitos Humanos (Caso Comunidad Indígena Sawhoyamaxa Vs. Paraguay):[55] "En materia de derecho a la vida de los niños, el Estado tiene, además de las obligaciones señaladas para toda persona, la obligación adicional de promover las medidas de protección a las que se refiere el artículo 19 de la Convención Americana, el cual dispone que: "[t]odo niño tiene derecho a las medidas de protección que su condición de menor requieren por parte de su familia, de la sociedad y del Estado". Así, *por una parte, el Estado debe asumir su posición especial de garante con*

---

54. TJPR – 12ª Câmara Cível – 0041165-06.2023.8.16.0000 – Ponta Grossa – Rel.: Eduardo Augusto Salomão Cambi – J. 25.09.2023.
55. Corte Interamericana de Direitos Humanos. Disponível em: https://www.corteidh.or.cr/docs/casos/articulos/seriec_146_esp2.pd. Acesso em: 06 jun. 2023.

mayor cuidado y responsabilidad, y debe tomar medidas especiales orientadas en el principio del interés superior del niño. Lo anterior no puede desligarse de la situación igualmente vulnerable de las mujeres embarazadas de la Comunidad. Los Estados deben prestar especial atención y cuidado a la protección de este grupo y adoptar medidas especiales que garanticen a las madres, en especial durante la gestación, el parto y el período de lactancia, el acceso a servicios adecuados de atención médica".

Os alimentos gravídicos servem para cobrir as despesas durante o período de gravidez, desde a concepção até o pós-parto, podendo abranger gastos com assistência médica e psicológica, inclusive de doula e de consultora de amamentação,[56] exames, medicamentos, internação, parto, alimentação especial e quaisquer outras prescrições preventivas e terapêuticas indispensáveis à mulher gestante e lactante.

Os alimentos gravídicos devem ser fixados de forma proporcional, levando-se em consideração as necessidades da gestante, a capacidade financeira do suposto pai e a proporção dos recursos de ambos, bem como devem retroagir até a data da concepção (artigos 6º, *caput*, da Lei n. 11.804/2008 e 13, § 2º, da Lei n. 5.478/1968).

Como o objetivo dos alimentos gravídicos é proporcionar àquele que vai nascer um desenvolvimento sadio por meio da proteção da gestação, o Estado-Juiz deve fixar a pensão alimentícia, diante da dificuldade de comprovação do vínculo de paternidade, sob a ótica do risco, sendo suficiente para a concessão da tutela jurisdicional a existência de indícios de que o demandado é o pai do nascituro.

Isso significa que a concessão dos alimentos gravídicos prescinde da realização do exame de DNA, o que permite a redução do *standard probatório* à existência de elementos probatórios (diretos e indiretos) da probabilidade da paternidade biológica, porque a prestação alimentícia não está fundada no dever de parentesco (art. 1.694, *caput*, do Código Civil), mas no *risco assumido* pelo homem de ter gerado

---

56. Nesse sentido, vale destacar o Enunciado n. 675, da IX Jornada de Direito Civil Organizada pelo Conselho da Justiça Federal ("As despesas com doula e consultora de amamentação podem ser objeto de alimentos gravídicos, observado o trinômio da necessidade, possibilidade e proporcionalidade para a sua fixação"). Justificativa: "A presença de doula no trabalho de parto é recomendada pela Organização Mundial da Saúde (WHO. Intrapartum care for a positive childbirth experience, 2018) e pelo Ministério da Saúde (Diretrizes Nacionais de Assistência ao Parto) e está associada a uma menor duração do trabalho de parto, menor necessidade de uso de medicamentos para dor e redução dos desfechos de cesárea, conforme ensaios clínicos randomizados. Segundo a OMS e o Ministério da Saúde, a presença da doula também está relacionada a uma menor incidência de depressão pós-parto e a uma maior chance de sucesso da amamentação. Do mesmo modo, as consultoras de amamentação exercem papel importante para o estímulo e sucesso do aleitamento materno, recomendado pela OMS e o Ministério da Saúde até os dois anos da criança, pelo menos. Nesse sentido, doulas e consultoras de amamentação trabalham visando o melhor interesse da criança e as despesas com sua contratação podem ser objeto de alimentos gravídicos (Lei 11.804/2008), observado o trinômio da necessidade do alimentando, da possibilidade do alimentante e a proporcionalidade para a sua fixação".

um ser humano.[57] Dessa forma, privilegia-se a *dimensão ética da responsabilidade*, dando alcance mais amplo ao princípio da parentalidade responsável (artigo 226, § 7º, da Constituição Federal), pois, antes mesmo do estabelecimento do vínculo de paternidade, busca-se a preservação da geração futura e a promoção do respeito para com o outro, ainda que antes do nascimento com vida (nascituro).[58]

Presume-se a gravidez ocorrida dentro do casamento, ainda que causada por inseminação artificial homóloga (mesmo após o falecimento do cônjuge) ou artificial heteróloga (com o consentimento do marido).[59] *Mutatis mutandis*, a presunção *pater is est justae nuptia demonstrat* ou, tão somente, *pater is est* do artigo 1.597 do Código Civil se aplica analogicamente às uniões estáveis, por força da interpretação desta regra jurídica em conformidade com o *alcance semântico, teleológico, histórico e sistemático* do artigo 226, § 3º, da Constituição Federal, que equiparou o casamento à união estável, conferindo igual nível de proteção estatal às entidades familiares e tornando ilegítima a diferenciação hierarquizada de regimes jurídicos. Tal exegese foi, inclusive, recepcionada pelo artigo 512, § 1º, do Provimento n. 149/2023 (Código Nacional de Normas da Corregedoria Nacional de Justiça do Conselho Nacional de Justiça), ao admitir que o assento de nascimento havido por técnicas de reprodução assistida seja realizado, independentemente de prévia autorização judicial, por um dos pais, se conviverem em união estável.

Por outro lado, quando os indícios forem insuficientes para evidenciar a probabilidade da paternidade biológica, não é possível a concessão judicial dos alimentos gravídicos, inclusive porque uma das características da prestação alimentar é a *irrepetibilidade*.

De qualquer forma, ainda que sejam os alimentos gravídicos irrepetíveis, caso futuramente se prove que o demandado não é o genitor da criança, é assegurado o direito de regresso em face do verdadeiro pai biológico, para impedir o abuso do direito (artigo 187 do Código Civil) e o enriquecimento sem causa (artigo 884 do Código Civil); além disso, se a criança não nasce com vida, prevalece a teoria concepcionista, que reforça o caráter da irrepetibilidade dos alimentos.

Cabe ao Poder Judiciário, inclusive pela aplicação do Protocolo de Julgamento com Perspectiva de Gênero do Conselho Nacional de Justiça, quando houver indícios suficientes de paternidade, assegurar à mulher gestante os alimentos gravídicos, a fim de lhe garantir o acesso a atendimentos à saúde e assistência adequados e seguros à máxima proteção à maternidade, bem como para inibir

---

57. TJPR – 12ª Câmara Cível – 0054874-11.2023.8.16.0000 – Paranaguá – Rel.: Eduardo Augusto Salomão Cambi – J. 04.12.2023.
58 SANCHES, Fernanda Karam de Chueiri. *A responsabilidade no Direito de Família brasileiro contemporâneo: do jurídico à ética*. Dissertação de Mestrado. Curitiba: Universidade Federal do Paraná, 2013. p. 160-161. Nota 413.
59. PEREIRA, Rodrigo da Cunha. *Direito das famílias* [Livro Eletrônico]. 4. ed. Rio de Janeiro: Forense, 2023.

violência institucional e obstétrica (isto é, todas as situações de tratamento desrespeitoso, abusivo, negligente ou recusa de tratamento, durante a gravidez e fase posterior, parto ou pós-parto, em centros de saúde públicos ou privados).[60]

A propósito, retira-se do Protocolo para Julgamento com Perspectiva de Gênero (pela aplicação da Recomendação n. 128/2022 e da Resolução n. 492/2023 do Conselho Nacional de Justiça): "Nessa quadra, a Organização Mundial da Saúde (OMS) identificou 7 (sete) tipos de violência obstétrica sofrida por mulheres, a saber: 1. abuso físico; 2. abuso sexual; 3. abuso verbal; 4. preconceito e discriminação; 5. mau relacionamento entre os profissionais de saúde e as pacientes; 6. falta de estrutura no serviço de saúde; e 7. carência de atendimento da paciente, em virtude das deficiências do sistema de saúde. A violência de gênero, na modalidade obstétrica, simboliza violar o direito à mulher/menina/gestante ao atendimento digno, sem silenciamento de suas vulnerabilidades e manifestações, livre de estereótipos de gênero, ofertando-lhe atendimentos adequados com as exigências de saúde e assistência à maternidade sem risco e, ainda, com a atuação de profissionais capacitados e aptos à atenção obstétrica adequada".

Da mesma forma, a Corte Interamericana de Direitos Humanos ressaltou no Caso *Britez Arce y otros vs. Argentina*:[61] "§ 75. Este Tribunal se ha pronunciado de forma específica sobre la *violencia* ejercida durante el embarazo, el parto y después del parto en el acceso a los servicios de salud, y ha sostenido que constituye una violación de derechos humanos y una forma de *violencia* basada en género denominada *violencia* obstétrica, la cual "abarca todas las situaciones de tratamiento irrespetuoso, abusivo, negligente, o de denegación de tratamiento, durante el embarazo y la etapa previa, y durante el parto o postparto, en centros de salud públicos o privados".

---

60. TJPR – 12ª Câmara Cível – 0090420-30.2023.8.16.0000 – Curitiba – Rel.: Eduardo Augusto Salomão Cambi – J. 05.02.2024.
61. VESCHI, Marcos Roberto Marques. Alimentos gravídicos: direitos da gestante ou do nascituro. *Revista IBDFAM*, v. 57, mar./jun. 2023, p. 148-149. Nesse sentido, vale destacar também o seguinte precedente do Tribunal de Justiça de São Paulo: "Alimentos gravídicos – Nascimento da criança no curso do processo, antes da sentença – Conversão da ação em ação de investigação de paternidade – Indeferimento, com prolação de sentença transformando os alimentos gravídicos em definitivos – Alimentos gravídicos que, nos termos do art. 6º, parágrafo único, da Lei 11.804, de 05.11.2008, "após o nascimento com vida", "ficam convertidos em pensão alimentícia em favor do menor até que uma das partes solicite sua revisão" – Alimentos gravídicos que têm fundamento em indícios de paternidade, não podendo se transformar em definitivos, senão após a comprovação desse fato – Alimentos, ademais, que têm por fim prover as necessidades da gestante até o nascimento da criança, enquanto os alimentos devidos a esta objetivam a satisfação de suas necessidades, que são diversas daquelas da mãe – Conversão da ação em investigação de paternidade que se torna necessária, com emenda da petição inicial para dela constar no polo ativo o menor, transformados os alimentos gravídicos em provisórios, e determinada desde logo a realização do exame de DNA – Recurso provido para esses fins, anulada a sentença" (TJ-SP – AC: XXXXX20208260445 SP XXXXX-73.2020.8.26.0445, Relator: João Carlos Saletti, Data de Julgamento: 20.04.2021, 10ª Câmara de Direito Privado, Data de Publicação: 30.04.2021).

O nascimento da criança com vida tem como *efeito automático* a conversão dos alimentos, antes destinados à mulher grávida, para a satisfação das necessidades do infante, independentemente de ter havido o reconhecimento de paternidade, até que a decisão judicial seja revista, em ação revisional ou exoneratória (na hipótese de o resultado da investigação de paternidade ser negativo).[62]

Como a criança nasce normalmente no curso do processo, por razões de economia processual e para que as partes tenham o direito de obter em prazo razoável a solução integral do mérito, a ação de alimentos gravídicos pode ser convertida, a requerimento da genitora mediante aditamento da petição inicial, com a retificação do polo ativo (a mãe passa a representar seu filho), em ação de reconhecimento de paternidade, que pode ser cumulada com ação de alimentos (se for o caso, para a mulher) e regulamentação do convívio familiar.[63] Entretanto, é indispensável renovar o prazo para que o suposto pai exerça as garantias constitucionais do contraditório e da ampla defesa, em relação à(s) nova(s) demanda(s).[64]

6.3.2.2 Alimentos para ex-cônjuge ou companheira

O divórcio ou a dissolução da união estável não põe fim ao dever de mútua assistência (artigo 1.566, inc. III, do Código Civil) que – aliado aos princípios da solidariedade (artigo 3º, inc. I, da Constituição Federal) e da boa-fé objetiva (artigo 113 do Código Civil) aplicáveis ao Direito das Famílias – permite que o ex-cônjuge ou o ex-companheiro, que não tenha condições de suprir a sua própria subsistência, receba, em regra temporariamente,[65] alimentos do ex-marido, da ex-esposa ou do ex-companheiro(a), até que reúna condições para arcar com o próprio sustento.[66]

Em outras palavras, é admitida, no ordenamento jurídico brasileiro, a projeção ou a *transeficácia* do dever de assistência, assegurando-se ao ex-cônjuge ou ex-companheiro necessitado o direito aos alimentos, em razão do princípio da solidariedade familiar (artigo 3º, inc. I, da Constituição Federal). São os chamados *alimentos familiares*, que representam uma das principais efetivações do princípio constitucional da solidariedade nas relações sociais.

---

62. STJ, REsp 1.629.423/SP, relator Ministro Marco Aurélio Bellizze, Terceira Turma, julgado em 06.06.2017, DJe de 22.06.2017.
63. TJPR – 12ª Câmara Cível – 0054874-11.2023.8.16.0000 – Paranaguá – Rel.: Eduardo Augusto Salomão Cambi – J. 04.12.2023.
64. TJPR – 12ª Câmara Cível – 0054874-11.2023.8.16.0000 – Paranaguá – Rel.: Eduardo Augusto Salomão Cambi – J. 04.12.2023.
65. STJ, AgInt no REsp 1.951.351/MG, Relator Ministro Ricardo Villas Bôas Cueva, Terceira Turma, J. 27.06.2022, DJe 30.06.2022.
66. TJPR – 12ª Câmara Cível – 0031639-15.2023.8.16.0000 – Londrina – Rel.: Eduardo Augusto Salomão Cambi – J. 23.10.2023.

Porém, em um relacionamento conjugal rompido, a proteção alimentar do ex-companheiro/cônjuge é medida excepcional, que exige a comprovação das necessidades da alimentanda e da capacidade financeira do alimentante.

Com efeito, os alimentos devidos entre ex-cônjuges têm caráter excepcional e transitório, exceto quando um dos cônjuges não apresenta condições de reinserção no mercado de trabalho ou de readquirir sua autonomia financeira, seja em razão da idade avançada ou do acometimento de problemas graves de saúde.[67]

O *quantum* dos alimentos, entre os ex-cônjuges ou companheiros, deve ser arbitrado judicialmente conforme as circunstâncias e as provas produzidas em cada caso concreto, levando em consideração as necessidades do(a) alimentando(a) e a capacidade financeira do alimentante, bem como outros fatores (como a idade, condições de saúde, tempo dedicado ao cuidado da família, trabalho doméstico realizado, grau de instrução, experiência laboral e capacidade potencial para a inserção no mercado de trabalho), com o objetivo de assegurar os direitos fundamentais inerentes à *vida digna* (artigos 1º, inc. III, e 5º, *caput*, da Constituição Federal) e à equidade de gênero (artigo 5º, inc. I, da Constituição Federal).

A divisão sexual do trabalho e a *naturalização* do dever de cuidado não remunerado por mulheres, que se dedicam por longos anos à educação dos filhos e aos afazeres domésticos – como a preparação dos alimentos, a limpeza da casa, a lavagem de roupas etc. (inclusive para permitir que o marido/companheiro dedicasse seu tempo ao desenvolvimento profissional),[68] deve ser considerado pelo Poder Judiciário na efetivação do Direito Antidiscriminatório das Famílias na perspectiva do constitucionalismo feminista – como fatores de superação do patriarcado, do machismo estrutural, da promoção da equidade de gênero e da democratização das entidades familiares – no divórcio e na dissolução de uniões estáveis, para resguardar e valorizar a posição jurídica, econômica, política e social da ex-cônjuge ou da ex-companheira.[69]

Diferentemente dos alimentos familiares devidos entre ex-cônjuges ou ex-companheiros, os chamados *alimentos compensatórios* não têm por finalidade suprir as necessidades de subsistência do alimentando, tal como ocorre com a pensão alimentícia regulada pelo artigo 1.694 do Código Civil (cujo caráter é assistencial, voltado para que o alimentando viva de modo compatível com a

---

67. FARIAS, Cristiano Chaves de. ROSENVALD, Nelson. BRAGA NETTO, Felipe. *Manual de Direito Civil*. Volume único. 2. ed. São Paulo: JusPodivm, 2018. p. 1884.
68. SOUZA, Vanessa Ribeiro Corrêa Sampaio Souza. *O princípio da paternidade responsável*: de suas diretrizes conceituais à influência sobre os efeitos decorrentes da filiação. Tese (Doutorado). Rio de Janeiro: Universidade do Estado do Rio de Janeiro, Faculdade de Direito, 2012.
69. TJPR – 12ª Câmara Cível – 0001594-12.2021.8.16.0028 – Colombo – Rel.: Eduardo Augusto Salomão Cambi – J. 23.05.2023.

sua condição social), senão corrigir ou atenuar grave desequilíbrio econômico-financeiro ou abrupta alteração do padrão de vida do cônjuge/companheiro desprovido de bens e de meação.

Os alimentos compensatórios se diferenciam em *humanitários e patrimoniais*, sendo os primeiros provenientes da drástica queda do padrão de vida do consorte ou companheiro por ocasião da separação de fato, do divórcio ou do rompimento da união estável, enquanto os segundos decorrem da existência de bens comuns que geram renda, mas que se encontram sob a livre e unilateral administração do cônjuge ou companheiro judicialmente acionado, não existindo nesta hipótese a exigência de grave alteração no padrão de vida de um cônjuge/companheiro em detrimento do outro.[70]

Logo, mesmo que a mulher não necessite de alimentos familiares, porque trabalhe e tenha renda própria, tem direito aos alimentos compensatórios (humanitários), quando seus rendimentos são insuficientes para manter o mesmo padrão econômico conjugal, perdido com o divórcio ou com a dissolução da união estável.[71] Nas hipóteses envolvendo a fixação judicial de alimentos compensatórios humanitários, a avaliação da *drástica ou grave alteração no padrão de vida* deve ser realizada em comparação ao padrão de vida anterior do próprio alimentando e não em relação ao padrão de vida médio do brasileiro.

Os alimentos compensatórios humanitários são devidos independentemente do regime de bens escolhido pelos cônjuges ou companheiros, desde que evidenciado o desequilíbrio econômico-financeiro entre as partes. Podem ser aplicados em face do decréscimo financeiro gerado no padrão de vida com a separação, divórcio ou dissolução da união estável sob o regime da separação de bens,[72] justamente porque não terá a parte direito a divisão de nenhum patrimônio amealhado na constância da entidade familiar.[73]

---

70. MADALENO, Rolf. *Alimentos compensatórios*: patrimoniais humanitários. Rio de Janeiro: Forense, 2023. p. 278.
71. DIAS, Maria Berenice. *Manual de direito das famílias* [Livro Eletrônico]. São Paulo: Ed. RT, 2016.
72. "Segundo Mauricio Luis Mizrahi, se os ex-cônjuges acordaram o regime da separação de bens, surgindo o divórcio a compensação econômica deve ser aplicada com todo o rigor, uma vez presentes seus pressupostos de operatividade, porque em tais circunstâncias o consorte que restou afetado pelo desequilíbrio manifesto não teria qualquer outra opção senão a de aplicação incondicional do instituto dos alimentos compensatórios, denominados nesse caso, especificamente, de *humanitários*, não se tratando de anular o regime de bens convencionado entre as partes, mas, sim, de um mecanismo que busca atenuar um empobrecimento injusto" (MADALENO, Rolf. *Alimentos compensatórios*: patrimoniais humanitários. Rio de Janeiro: Forense, 2023. p. 295).
73. TJPR – 12ª Câmara Cível – 0061022-43.2020.8.16.0000 – Londrina – Rel.: Desembargador Rogério Etzel – J. 24.11.2021.

No entanto, a existência de eventual desequilíbrio econômico financeiro surge no momento em que se dá a ruptura do relacionamento afetivo/familiar.[74] Não se pode pleitear os alimentos compensatórios (humanitários) por causas posteriores à separação, divórcio ou dissolução da união estável, nem, tampouco, muito tempo após o término da conjugalidade, quando se presume a resignação com a nova padronização social. É, pois, indevida a concessão de alimentos compensatórios como meio de complementação das fontes de renda atuais do ex-cônjuge/companheiro. Caso contrário, havia comprometimento do princípio da boa-fé em sentido objetivo, além de dar ensejo a caracterização do abuso do direito e ao enriquecimento sem causa, pelo desvirtuamento das finalidades econômicas e sociais do instituto dos alimentos compensatórios (humanitários).[75]

Para concluir se o pleito se refere a alimentos compensatórios ou familiares, deve-se interpretar o pedido levando em consideração: (a) o conjunto da postulação, e não apenas o capítulo "dos pedidos"; (b) o método lógico-sistemático; (c) a própria causa de pedir;[76] (d) o princípio da boa-fé (em sentido objetivo); (e) a vontade da parte. Tal compreensão decorre da interpretação dos artigos 322, § 2º, do Código de Processo Civil e 112 do Código Civil, contemplada também no Enunciado 285 do Fórum Permanente de Processualistas Civis ("A interpretação do pedido e dos atos postulatórios em geral deve levar em consideração a vontade da parte, aplicando-se o artigo 112 do Código Civil").[77]

6.3.2.3 Alimentos de pais para filhos

A pensão alimentícia visa a satisfação das condições necessárias para assegurar, com absoluta prioridade, *vida digna* para crianças e adolescentes (ou que não possam prover, por conta própria, a sua subsistência; *v.g.*, os filhos com deficiência) que – em virtude da falta de maturidade física e mental – são seres humanos *vulneráveis*, que precisam de especial proteção jurídica do Estado, da família e da sociedade.

O arbitramento judicial dos alimentos, devidos pelos pais para a manutenção dos filhos, exige o exame das particularidades do caso concreto e a dimensão

---

74. MADALENO, Rolf. *Alimentos compensatórios*: patrimoniais humanitários. Rio de Janeiro: Forense, 2023. p. 278.
75. TJPR – 12ª Câmara Cível – 0002476-25.2020.8.16.0184 – Curitiba – Rel.: Eduardo Augusto Salomão Cambi – J. 30.01.2024.
76. STJ, AgRg no REsp 416.937/SC, Segunda Turma, relator Ministro Castro Meira, j. 12.04.2011, DJe 28.04.2011.
77. SÁ, Marco Antônio Rodrigues e Carla Teresa Bonfadini de. In: PEIXOTO, Ravi (Coord.). *Enunciados FPPC – Fórum Permanente de Processualistas Civis* – organizados por assunto, anotados e comentados. Salvador: JusPodivm, 2018. p. 316.

fático-probatória do trinômio necessidade-possibilidade-proporcionalidade (isto é, a observância da equação necessidades do alimentado, capacidade financeira ou possibilidade econômica dos alimentantes e a proporcionalidade dos recursos de cada genitor).

A obrigação de prestar alimentos aos filhos, menores de 18 anos ou que deles ainda dependam economicamente, é de ambos os pais. Nas ações em que se busca a fixação ou a revisão dos alimentos para filhos menores ou incapazes, a produção da prova deve abranger a situação financeira de ambos os genitores responsáveis pelo sustento da prole, independentemente de serem ou não parte do processo (cf. Enunciado Doutrinário n. 51 do Instituto Brasileiro de Direito de Família – IBDFAM).[78]

Porém, os artigos 1.694, § 1º, e 1.703 do Código Civil devem ser interpretados em conjunto com a regra contida no artigo 3º do Estatuto da Criança e do Adolescente e nos artigos 1.2. e 18.1 da Convenção sobre os Direitos da Criança da Organização das Nações Unidas, a partir da *ética do esforço máximo* e das responsabilidades comuns dos pais para se alcançar a proteção e os cuidados necessários ao bem-estar de seus filhos, para a melhor concretização do princípio da proteção integral das crianças e adolescentes.[79]

A proporcionalidade na fixação da verba alimentar deve considerar também as *éticas da responsabilidade* e da *alteridade*, inerentes ao afeto como vetor hermenêutico para a interpretação e aplicação do Direito das Famílias, não em uma lógica construída com base em sentimentos negativos, muitas vezes alimentados pelo rompimento de um relacionamento amoroso frustrado, como o abandono ou a vingança, que acabam sendo suportados pelas crianças e adolescentes (prole), a fim de procurar viabilizar o gozo de todos os direitos fundamentais da pessoa humana, por meio da garantia de oportunidades e facilidades para o de-

---

78. "Enunciado 51 – Nas ações em que se busca fixação ou revisão dos alimentos para filhos menores ou incapazes, a dilação probatória deve abranger a situação financeira de ambos os genitores, independente deles serem, ou não, parte no processo". Conforme Luciana Brasileiro, "A comparação das rendas e das despesas numa instrução de alimentos é capaz de fornecer um espelho da realidade vivida pela família antes de um desenlace, por exemplo. Por este motivo, para evitar que a única vítima de uma ação litigiosa de alimentos seja o alimentando, é necessário que todas as partes envolvidas, sejam as que pagarão direta e as que contribuirão indiretamente, tenham sua condição financeira discutida nos autos para propiciar uma fixação alimentar mais próxima possível da realidade" (In: EHRHARDT JÚNIOR, Marcos (Coord.). *Enunciados doutrinários do IBDFAM* – 2024/2025 [livro eletrônico]. 2. ed. Belo Horizonte: Instituto Brasileiro de Direito de Família, 2024. p. 26).
79. TJPR – 12ª Câmara Cível– 0019185-60.2019.8.16.0188 – Curitiba – Rel.: Eduardo Augusto Salomão Cambi – J. 25.03.2024.

senvolvimento integral (físico, mental, moral, espiritual e social), em condições de liberdade e dignidade.[80]

Com efeito, a obrigação alimentar de cada genitor não é, necessariamente, de igual valor econômico/pecuniário, devendo os alimentos serem arbitrados pelo Estado-Juiz de *forma proporcional* à capacidade financeira de cada um dos pais como meio para a satisfação das necessidades dos filhos.

Cabe ao Estado-Juiz, no exame de cada caso concreto, atuar com olhar atento e empático às assimetrias de gênero, devendo levar em consideração a *vulnerabilidade financeira* da mulher ao analisar o trinômio necessidade-possibilidade-proporcionalidade – quando, após a separação conjugal ou a dissolução da união estável, ela precisa se reestabelecer no mercado de trabalho e/ou enquanto se efetiva a partilha dos bens comuns (em especial, quando administrados pelo marido ou companheiro) – na fixação do *quantum* dos alimentos a serem pagos aos filhos.[81] O julgamento na perspectiva de gênero visa resguardar e valorizar a posição jurídica, econômica e social da mulher, mas não pode servir para reduzir o alcance do princípio da parentalidade responsável (sobretudo, quando o lar paterno fora determinado como referência no regime da guarda das crianças ou dos adolescentes).

Em contrapartida, quando os filhos em idade infantojuvenil ou com deficiência residem com a mãe, o trabalho doméstico não remunerado, inerente ao dever diário de cuidado (como o preparo do alimento, a correção das tarefas escolares, a limpeza da casa para propiciar um ambiente limpo e saudável) – por exigir uma disponibilidade de tempo maior da mulher, sobrecarga que lhe retira oportunidades no mercado de trabalho, no aperfeiçoamento cultural e na vida pública ou lhe submete a uma dupla/tripla jornada laboral – deve ser considerado, contabilizado e valorado, para fins de aplicação do princípio da proporcionalidade, no cálculo dos alimentos, uma vez que é indispensável à satisfação das necessidades, bem-estar e desenvolvimento integral (físico, mental, moral, espiritual e social) da criança ou do adolescente.[82]

Por exemplo, em caso concreto de um bebê de 1 (um) ano e 1 (mês) diagnosticado com Síndrome de *Down*, e, portanto, com necessidades especiais, o Tribunal de Justiça do Paraná considerou que a criança requer cuidados diferenciados, que

---

80. TJPR – 12ª Câmara Cível – 0001987-81.2019.8.16.0035 – São José dos Pinhais – Rel.: Eduardo Augusto Salomão Cambi – J. 23.10.2023.
81. PAES, Érica de Aquino; MOÁS, Luciane da Costa. O Direito das Famílias à luz da perspectiva de gênero: Considerações acerca da fixação dos alimentos compensatórios a partir do Protocolo para Julgamento com Perspectiva de Gênero 2021. *Revista CNJ* – Edição especial Mulheres e Justiça. 2022.
82. TJPR – 12ª Câmara Cível – 0055203-23.2023.8.16.0000 – Curitiba – Rel.: Eduardo Augusto Salomão Cambi – J. 13.11.2023.

demandam maior envolvimento dos pais.[83] Como a genitora não exercia atividade remunerada e se ocupava integralmente dos cuidados inerentes ao filho, a análise do trinômio alimentar (necessidade-possibilidade-proporcionalidade) foi realizada sob a ótica interseccional tanto do constitucionalismo feminista quanto da tutela diferenciada pela vulnerabilidade da criança com deficiência. Isso porque, na perspectiva da máxima proteção interseccional dos Direitos Humanos, a criança ou o adolescente com deficiência exige maior comprometimento e dedicação da família com a promoção da dignidade, bem-estar e efetivação de seus direitos fundamentais (artigos 5º, § 3º, da Constituição Federal, 8.1.a da Convenção Internacional sobre os Direitos das Pessoas com Deficiência e 8º do Estatuto da Pessoa com Deficiência – Lei n. 13.146/2015).[84]

Em outro caso semelhante, o Tribunal de Justiça do Paraná aplicou o Protocolo de Julgamento com Perspectiva de Gênero para analisar o trinômio alimentar e impor ao pai (alimentante) ônus financeiro superior ao da mãe, profissional autônoma, mas que trabalhava apenas nas horas vagas, por ser cuidadora primária de criança em período integral, diagnosticada com autismo e síndrome de Jacobs.[85]

Considerar a proporcionalidade no arbitramento dos alimentos, pela ótica da divisão sexual do trabalho, é uma leitura jurídica pautada no combate às desigualdades de gênero, resultante da naturalização do ideal patriarcal de ser a mulher a responsável, única ou prioritariamente, pelo cuidado no espaço doméstico. As mulheres assumem o cuidado das crianças, dos adolescentes, dos idosos e das pessoas com deficiência em grau desproporcional em relação aos

---

83. TJPR – 12ª Câmara Cível – 0029960-77.2023.8.16.0000 – Curitiba – Rel.: Eduardo Augusto Salomão Cambi – J. 20.02.2024.
84. "276. Sin perjuicio de lo anterior, este Tribunal advierte que, de verificarse los distintos motivos de discriminación alegados en este caso, particularmente en el supuesto de la señora Flor de María Ramírez Escobar habrían confluido en forma interseccional distintos factores de vulnerabilidad o fuentes de discriminación asociados a su condición de madre soltera en situación de pobreza, con una madre lesbiana, ya que la discriminación experimentada por la señora Ramírez Escobar sería el resultado del actuar entrecruzado de todos las razones por las que habría sido discriminada. Al respecto, el Comité para la Eliminación de la Discriminación contra la Mujer ha destacado que: *La interseccionalidad es un concepto básico para comprender el alcance de las obligaciones generales de los Estados partes en virtud del artículo 2. La discriminación de la mujer por motivos de sexo y género está unida de manera indivisible a otros factores que afectan a la mujer [?]. La discriminación por motivos de sexo o género puede afectar a las mujeres de algunos grupos en diferente medida o forma que a los hombres. Los Estados partes deben reconocer y prohibir en sus instrumentos jurídicos estas formas entrecruzadas de discriminación y su impacto negativo combinado en las mujeres afectadas, [así como] aprobar y poner en práctica políticas y programas para eliminar estas situaciones*" (CORTE INTERAMERICANA DE DIREITOS HUMANOS. *Caso Ramírez Escobar e outros vs. Guatemala*. Disponível em: https://corteidh.scjn.gob.mx/buscador/doc?doc=casos_sentencias/351_CasoRamirezEscobarvsGuatemala_FondoReparacionesCostas.html#CARAE_S1_PARR262. Acesso em: 30 mar. 2024. § 276).
85. TJPR – 12ª Câmara Cível – 0001624-77.2020.8.16.0191 – Curitiba – Rel.: Eduardo Augusto Salomão Cambi – J. 26.02.2024.

homens, o fazendo como parte de suas funções cotidianas na vida doméstica – e, portanto, sem serem remuneradas nem reconhecidas por isso – o que é um fator de injustiças sociais, uma vez que elas ficam sobrecarregadas e com menos tempo para se dedicarem à profissão, aos estudos, à vida política e ao cuidado de si mesmas.[86]

Considerar o trabalho doméstico da mulher no cuidado das crianças e adolescentes, como um fator a ser levado em consideração na proporção dos alimentos devidos aos filhos pelos pais, é uma forma de reconhecer e, indiretamente, remunerar o tempo dedicado pela mãe na educação da prole e, com isso, dar maior dignidade à maternidade, mas também buscar meios de promover a equidade de gênero, a ética do cuidado e a parentalidade responsável.

As relações familiares, porque marcadas pelo princípio da afetividade e sua manifestação pública (socioafetividade),[87] devem estar estruturadas no *dever jurídico do cuidado* (que decorre, por exemplo, da liberalidade de gerar ou de adotar filhos) e na *ética da responsabilidade* (que, diferentemente da ética da convicção, valida comportamentos pelos resultados, não pela mera intenção) *e da alteridade* (que se estabelece no vínculo entre o "eu" e o "outro", em que aquele é responsável pelo cuidado deste, enquanto forma de superação de egoísmos e narcisismos, causadores de todas as formas de situações de desentendimentos, intolerância, discriminações, riscos e violências, que trazem consequências nocivas principalmente para os seres humanos mais vulneráveis, como crianças, adolescentes, pessoas com deficiência, meninas/mulheres e idosos).[88]

O direito ao cuidado é parte dos direitos humanos, porque torna possível a sustentabilidade da vida humana e do planeta, e implica no reconhecimento jurídico do valor do trabalho das pessoas que realizam cuidados. Busca-se superar a compreensão estereotipada do cuidado como uma atribuição exclusiva ou predominante das mulheres para avançar para a noção de corresponsabilidade social e de gênero. Afirmar o direito humano ao cuidado é uma forma de ressignificação do lugar e da função de cuidadora que o patriarcado e o machismo estrutural atribuíram às mulheres. Na dimensão transversal de gênero, há deveres recíprocos entre homens e mulheres no trabalho doméstico não remunerado e nas obrigações familiares. Uma nova organização social do cuidado é indispen-

---

86. BIROLI, Flávia. *Gênero e desigualdade. Limites da democracia no Brasil*. São Paulo: Boitempo, 2019. p. 11 e 55-56.
87. PORFÍRIO, Danilo. Definição e natureza jurídica do princípio da afetividade. *Revista de Direito de Família e das Sucessões*, v. 3, mar./abr. 2015, p. 39-55.
88. TJPR – 12ª Câmara Cível – 0110502-82.2023.8.16.0000 – Curitiba – Rel.: Eduardo Augusto Salomão Cambi – J. 08.04.2024.

sável para modificar a divisão sexual do trabalho e construir relações familiares iguais, solidárias e justas entre homens e mulheres.[89]

O direito humano ao cuidado possui tripla dimensão (abrange o direito a cuidar, a ser cuidado e ao autocuidado), está baseado na *corresponsabilidade social* entre homens e mulheres, e está voltado para superar a feminilização dos cuidados, construir masculinidades baseadas no respeito às diferenças, na equidade de gênero e na participação solidária no trabalho doméstico e familiar não remunerados, bem como para reduzir as desigualdades econômicas e combater a pobreza.

Consequentemente, o dever de cuidado com os filhos compete, igualmente, aos pais, cabendo ao Poder Judiciário eliminar preconceitos e práticas consuetudinárias, fundadas na ideia de inferioridade ou de superioridade de qualquer um dos sexos ou em funções estereotipadas de homens e mulheres.

A naturalização do dever de cuidado da criança ou do adolescente, ou de filho com deficiência, sobretudo pela mãe, não se justifica pela vulnerabilidade infantojuvenil ou pelo princípio do melhor interesse, porque o direito humano ao cuidado está baseado na corresponsabilidade social entre homens e mulheres e, portanto, deve ser compartilhado entre os genitores. Quando isto não acontece, em razão da assimetria nas responsabilidades parentais, o marcador de gênero pode ser considerado como um fator de redução da *vulnerabilidade múltipla*, que justifica a concessão de alimentos tanto para o filho quanto para a ex-cônjuge ou para a ex-companheira, já que o cuidado do filho não está dissociado do cuidado *de si* própria (autocuidado).

De qualquer forma, para assegurar a equidade de gênero, é necessário modificar o papel tradicional tanto do homem quanto da mulher na família e na sociedade. Logo, os deveres e direitos referentes ao cuidado dos filhos devem ser partilhados, conjuntamente, pelos genitores. A responsabilização desigual da mãe pela proteção do filho é prática discriminatória, fere a ética do cuidado e leva à violação estrutural dos direitos da mulher.

O princípio da parentalidade responsável (artigo 226, § 7º, da Constituição Federal) – concretizado por meio do pagamento de alimentos fixados em montante proporcional aos esforços da mulher, com a realização de trabalhos domésticos não remunerados no cuidado e na educação da criança e adolescente – é um instrumento de desconstrução da *neutralidade epistêmica* e superação histórica de diferenças de gêneros, de identificação (e afastamento) de estereótipos andro-

---

89. GARCÍA, Ana Güezmes; VAEZA, María-Noel Vaeza. In: GARCÍA, Ana Güezmes y VAEZA, María--Noel (Coord.). *Avances en matéria normativa del cuidado en América Latina y el Caribe*. Hacia una sociedade del cuidado con igualdad de género. Santiago: Nações Unidas, 2023. p. 7.

cêntricos presentes na cultura patriarcal, que comprometem a imparcialidade jurídica, a iniquidade na concretização do dever de cuidado comum de pai e mãe no âmbito familiar, além de ser um meio de promoção de direitos humanos e de justiça social (artigos 4º, inc. II, e 170, *caput*, da Constituição Federal).[90]

As reivindicações por justiça social, conforme Nancy Fraser, são *bidimensionais*, porque envolvem tanto a política da *redistribuição* (isto é, a estrutura econômica, pela distribuição mais justa dos recursos e da riqueza) quanto a do *reconhecimento* (ou seja, o *status* social, ao considerar as injustiças culturais presentes nos padrões sociais, mas também jurídicos, de representação, interpretação e comunicação).[91] Dessa forma, a justiça de gênero exige transformações econômicas e culturais, presentes na divisão sexual do trabalho e na superação do androcentrismo.

Em outras palavras, as desigualdades de gênero perduram por séculos e são fontes de injustiças sociais.[92] É necessário, no Século XXI, questionar o papel da mulher na sociedade pós-moderna, bem como o lugar que devem ocupar no espaço público e privado, sem os aspectos discriminatórios presentes no androcentrismo e no sexismo. A mudança de perspectiva epistemológica, ao buscar o questionamento de valores estereotipados, reacende o debate da estrutura social que dificulta a autorrealização individual, ao naturalizar – exclusiva ou majoritariamente – as tarefas de cuidado e domésticas, não remuneradas ou mal remuneradas com as mulheres, em detrimento do papel masculino de provedor econômico da família, que o legitima para o exercício profissional, acadêmico e político no espaço público. Quando se confronta a realidade social com as demandas judiciais, percebe-se que o Poder Judiciário detém importante função de contribuir, por meio da jurisprudência enquanto fonte do Direito, para a transformação dos padrões econômicos e culturais para a melhor proteção dos direitos humanos e fundamentais das mulheres. Dessa forma, ao refletir sob a dimensão do Direito Civil Constitucional para, em casos envolvendo Direito das Famílias, os juízes precisam valorizar o labor doméstico não remunerado, rompendo com a tradicional divisão sexual do trabalho. Com isso, o Estado-Juiz estará contribuindo para a construção de uma *nova epistemologia jurídica*, que amplia o horizonte democrático – ao reconhecer como sujeito de direitos humanos fundamentais todo ser humano, independentemente de designação

---

90. TJPR – 12ª Câmara Cível – 0110502-82.2023.8.16.0000 – Curitiba – Rel.: Eduardo Augusto Salomão Cambi – J. 08.04.2024.
91. Redistribución o reconocimiento? Un debate político-filosófico. Madri: Ediciones Morata, 2001. p. 28-30.
92. CAMBI, Eduardo; NOSAKI, Letícia de Andrade Porto. Equidade de gênero, trabalho doméstico não remunerado e potenciais emancipatórios do Direito das Famílias. *Revista IBDFAM*: Família e Sucessões, v. 60, nov./dez. 2023, p. 152-153.

sexual – e de combate às violências domésticas e familiares, denunciadas pelo movimento feminista, causadas pelo patriarcado, machismo estrutural e misoginia, que oprimem e colocam as mulheres como um segundo sexo, isto é, como indivíduos subalternos e hierarquicamente inferiores.

Além disso, no arbitramento da pensão alimentícia das crianças recém-nascidas ou com poucos meses de vida, o Estado-Juiz pode – com fundamento na *lógica do razoável*, nas *máximas da experiência comum*, baseadas na observação do que normalmente acontece, e na aplicação de *presunções judiciais*, construídas também com auxílio da noção de *boa-fé processual* – considerar os diversos obstáculos, inclusive de ordem socioeconômica, à genitora quando ela é *mãe solo* (isto é, quando o genitor não assume, logo após o nascimento do infante, suas responsabilidades parentais), cuidadora exclusiva da criança, não possui rede de apoio, acesso à serviços e equipamentos públicos de auxílio (como creches) e está desempregada.[93]

Na resolução de casos complexos e *dramáticos*, como os que envolvem a proteção do mínimo existencial (alimentos)[94] e a tutela jurídica de múltiplas vulnerabilidades (pessoa presa, criança e adolescente, mulher e idoso pobres), o Estado-Juiz deve atender aos fins sociais e as exigências do bem comum, aplicando na interpretação e aplicação das regras e princípios os vetores hermenêuticos da razoabilidade e da proporcionalidade.

Por exemplo, quando o pai está preso, não se pode sobrecarregar a mãe com o cuidado e os alimentos aos filhos. Conforme a interpretação dos artigos 31 da Lei de Execuções Penais (Lei n. 7.210/1984) e 373, inc. I, do Código de Processo Civil, a circunstância de o alimentante estar preso, pela prática de crime, não afasta automaticamente a sua obrigação alimentar, seja porque é possível o desempenho de atividade remunerada na prisão ou fora dela, a depender do regime prisional do cumprimento da pena, seja porque é ônus da prova do devedor de alimentos demonstrar a ausência de fonte de renda ou da possibilidade de trabalho

---

93. TJPR – 12ª Câmara Cível – 0102985-26.2023.8.16.0000 – Clevelândia – Rel.: Eduardo Augusto Salomão Cambi – J. 21.02.2024.
94. "O conceito jurídico indeterminado de *mínimo existencial* não se implementa a partir de parâmetros abstratos nem retóricos, cabendo ao Estado-Juiz, atento à força normativa dos fatos – em uma perspectiva aberta e casuística, inerente ao enfrentamento das injustiças sociais (e também epistêmicas) pela hermenêutica crítica, voltada à máxima proteção da pessoa e sua respectiva dignidade – a responsabilidade ética do seu preenchimento nos casos concretos, mediante a apresentação de fundamentos razoáveis e proporcionais à pacificação dos conflitos e à efetividade da tutela jurisdicional" (TJPR – 12ª Câmara Cível – 0099189-27.2023.8.16.0000 – Curitiba – Rel.: Eduardo Augusto Salomão Cambi – J. 28.02.2024). Cf. CAMBI, Eduardo. *Neoconstitucionalismo e neoprocessualismo*: direitos fundamentais, políticas públicas e protagonismo judiciário. 4. ed. Belo Horizonte, São Paulo: D'Plácido, 2023. p. 808, 812, 818, 821 e 823.

remunerado no cárcere.[95] O condenado à pena privativa de liberdade, embora não esteja sujeito ao regime da Consolidação das Leis do Trabalho (CLT), pode trabalhar, na medida de suas aptidões e capacidade, inclusive como dever social e condição de dignidade humana. O trabalho do preso deve ser remunerado, não pode ser inferior a ¾ do salário mínimo, com jornada laboral de seis a oito horas diárias, descanso nos domingos e feriados. O produto da remuneração do preso deve atender, especificamente, à assistência à família.

Além disso, a ausência de emprego formal não exime o pai do dever de prestar alimentos ao filho (criança ou adolescente), ainda mais quando possui outras fontes de renda (benefício governamental e recursos provenientes de trabalho autônomo rural), que revelam a capacidade financeira do alimentante.

Quando a alimentante não é servidor público ou empregado com salário fixo, o magistrado deve confrontar a renda alegada pelo devedor (seja empresário, profissional autônomo ou liberal, seja ele desempregado), com a sua condição social, padrão de vida, qualificação profissional, reputação no mercado de trabalho e bens que compõem o seu patrimônio, podendo levar em consideração a teoria da aparência,[96] a lógica do razoável, as máximas da experiência comum, além de indícios (a exemplo de sinais exteriores de riqueza, retirados das redes sociais) como meios de presumir a sua condição financeira ou possibilidade econômica.[97]

O alimentante que dispõe de recursos, mas adota diversos subterfúgios para não pagar a prestação alimentícia, além de se apropriar de valores destinados à subsistência dos filhos alimentandos, pratica violência patrimonial e moral em face da mãe das crianças e dos adolescentes (artigos 5º e 7º da Lei Maria da Penha). O alimentante inadimplente está sujeito à responsabilização civil e criminal (*v.g.*, artigos 224, *caput*, e parágrafo único, 246 e 168 do Código Penal, por incorrer nos crimes de abandono material e moral, além da apropriação indébita).[98]

Além disso, a mera alegação do alimentante estar desempregado formalmente (de forma temporária ou permanente), ou estar desenvolvendo trabalho informal, é insuficiente para justificar, por si só, o inadimplemento da obrigação

---

95. STJ, AgInt no REsp 1.882.798/DF, relator Ministro Ricardo Villas Bôas Cueva, Terceira Turma, julgado em 06.06.2022, DJe de 10.06.2022; TJPR – 12ª Câmara Cível – 0005213-88.2021.8.16.0079 – Dois Vizinhos – Rel.: Eduardo Augusto Salomão Cambi – J. 04.03.2024.
96. MADALENO, Rolf; CARPES, Ana Carolina; MADALENO, Rafael. *Fraude no Direito de Família e Sucessões*. Rio de Janeiro: Forense, 2021. p. 749.
97. TJPR – 12ª Câmara Cível – 0037288-92.2022.8.16.0000 – Terra Rica – Rel.: Eduardo Augusto Salomão Cambi – J. 03.11.2022.
98. BRASIL. Conselho Nacional de Justiça. *Protocolo para julgamento com perspectiva de gênero*. Brasília: Conselho Nacional de Justiça, 2021. p. 96.

alimentar, quando o alimentante não se desincumbe do ônus de provar que não possui capacidade laborativa ou que não tem nenhuma outra fonte de renda.[99]

Também não basta o pai afirmar que é genitor de outras crianças ou adolescentes, sem quantificar a efetiva contribuição dada a eles. A mera alegação da existência de outros filhos, por si só, não é suficiente para exonerar ou mesmo reduzir a prestação alimentar. Devem ser observados os princípios da parentalidade e do planejamento familiar responsáveis, para que a prole anterior não fique sem condições mínimas de subsistência digna.[100]

Dessa forma, o rompimento de uma relação afetiva, familiar ou não, que tenha gerado filhos, pode fazer surgir um novo ciclo em que os pais constituem uma nova família, pelo casamento ou pela união estável, em que nasçam outro(s) filho(s). Trata-se da família recomposta, reconstituída, mosaica e/ou pluriparental, em que o filho do primeiro do primeiro relacionamento passa a conviver com o genitor, seu(sua) novo(a) companheiro(a) ou cônjuge, e seus filhos. Os novos arranjos familiares, por si só, não mitigam nem reduzem as responsabilidades parentais assumidas em relação aos filhos anteriores.[101] Portanto, a tentativa de minimizar a responsabilidade pela subsistência dos filhos de relação anterior desfeita, usando como justificativa a nova família, não corresponde a padrão ético aceitável.[102]

Além disso, estando a mulher na guarda dos filhos e arcando exclusivamente com as despesas de seu sustento, em razão da ausência ou impossibilidade do genitor de pagar alimentos, é possível acionar os avós paternos.

A obrigação dos avós de prestar alimentos tem natureza *complementar* e *subsidiária*, e depende da comprovação da impossibilidade, total ou parcial, dos pais proverem os alimentos dos filhos de forma suficiente para viverem de modo compatível com a sua condição social. Nesse sentido, a Súmula n. 596 do Superior Tribunal de Justiça afirma: "A obrigação alimentar dos avós tem natureza complementar e subsidiária, somente se configurando no caso

---

99. STJ, HC 465.321/SP, relator Ministro Moura Ribeiro, Terceira Turma, julgado em 09.10.2018, DJe de 18.10.2018; TJPR – 11ª C.Cível – 0030878-52.2021.8.16.0000 – Umuarama – Rel.: Sergio Luiz Kreuz – J. 20.09.2021; TJPR – 11ª Câmara Cível – 0016937-98.2022.8.16.0000 – Ponta Grossa – Rel.: Luciane do Rocio Custódio Ludovico – J. 12.12.2022; TJPR – 12ª Câmara Cível – 0021836-76.2021.8.16.0000 – Londrina – Rel.: Eduardo Novacki – J. 08.02.2022.
100. STJ, AgInt no AREsp 1.814.860/DF, relator Ministro Raul Araújo, Quarta Turma, julgado em 11.10.2021, DJe de 17.11.2021; TJPR – 11ª Câmara Cível - 0045990-27.2022.8.16.0000 – Ponta Grossa – Rel.: Desembargadora Lenice Bodstein – J. 12.12.2022; TJPR – 11ª Câmara Cível – 0002677-90.2021.8.16.0019 – Ponta Grossa – Rel.: Sergio Luiz Kreuz – J. 12.12.2022.
101. MADALENO, Rolf. *Direito de família*. 10. ed. Rio de Janeiro: Forense, Renovar, 2020. p. 60-61.
102. DIAS, Maria Berenice. *Alimentos*: direito, ação, eficácia e execução [Livro Eletrônico]. São Paulo: Ed. RT, 2017.

de impossibilidade total ou parcial de seu cumprimento pelos pais". Do mesmo modo, prevê o Enunciado n. 342, oriundo da IV Jornada de Direito Civil, promovido pelo Conselho da Justiça Federal: "Observadas suas condições pessoais e sociais, os avós somente serão obrigados a prestar alimentos aos netos em caráter exclusivo, sucessivo, complementar e não solidário *quando os pais destes estiverem impossibilitados de fazê-lo*, caso em que as necessidades básicas dos alimentandos serão aferidas, prioritariamente, segundo o nível econômico-financeiro de seus genitores".

No entanto, os alimentos são *urgentes* e *indispensáveis* à manutenção da vida digna das crianças e adolescentes. Com efeito, a adoção de *standards* probatórios extremamente rigorosos para a demonstração da impossibilidade (total ou parcial) dos pais de arcarem com a pensão alimentícia dos filhos, em um contexto social de miserabilidade, é uma forma de negar vigência ao princípio da prioridade absoluta da efetivação dos direitos infantojuvenis.

O caráter "complementar" da obrigação alimentar avoenga exige a análise da satisfação das necessidades da criança e do adolescente, em conformidade com os padrões inerentes à *condição social* (art. 1.694, caput, do Código Civil), isto é: i) se a prestação alimentar, oferecida pelos pais, for suficiente, não há obrigação avoenga; ii) ao contrário, se não forem ofertados ou se os alimentos oferecidos não suprirem integralmente à satisfação das necessidades dos infantes, será possível a complementação financeira pelos avós.[103]

Quando os ascendentes têm condições para prestar auxílio aos netos, não é justo nem razoável impor o dever de sustento exclusivamente à mãe que reside na companhia do filho e, *ipso facto*, já lhe auxilia, mas não tem condições de, sozinha, prover as necessidades da criança ou do adolescente.

Portanto, a obrigação dos alimentos avoengos é *subsidiária*, seja pela falta física de um ou de mais de um dos pais (por exemplo, pelo abandono, declaração judicial de ausência, desaparecimento ou morte), seja pela efetiva impossibilidade (por exemplo, pela reiterada inadimplência revelada com a frustração da execução dos alimentos, pela incapacidade laboral, em razão de doença ou privação de liberdade, ou, ainda, pela insuficiência total ou parcial de recursos ou outras fontes de renda) de arcarem com os alimentos que as crianças e os adolescentes necessitam para viver de modo compatível com a sua condição social.

---

103. BRITO, Laura Souza Lima e; SILVA, Paula Aguiar e. Obrigação alimentar dos avós: (re)pensando os limites da natureza subsidiária e complementar da prestação. *Revista de Direito Privado*, v. 106, out./dez. 2020, p. 227-244.

6.3.2.4 Prisão civil da mãe devedora de alimentos com outro filho menor de doze anos

Na legislação processual penal (artigos 318, inc. V, e 318-A, incs. I e II, do Código de Processo Penal, e 146-B, inc. IV, da Lei n. 7.210/1984), o juiz pode substituir a prisão preventiva pela domiciliar, quando a agente foi genitora de infante menor de 12 anos de idade, desde que não tenha cometido crime com violência ou grave ameaça a pessoa, bem como que o delito não tenha sido praticado contra seu filho ou, cuja fiscalização pode se dar por meio de monitoração eletrônica.[104]

Como o juiz não se exime de decidir sob a alegação de lacuna ou obscuridade do ordenamento jurídico (artigo 140, *caput*, do Código de Processo Civil) e como se admite a intepretação extensiva da lei processual penal (artigo 3º do Código de Processo Penal), em casos excepcionais, em que estiver comprovada a existência de filho, menor de doze anos, sob a responsabilidade da executada por dívida alimentar, o magistrado, nos limites e possibilidades do artigo 139, inc. IV, do Código de Processo Civil, pode determinar que a prisão civil da devedora de alimentos seja cumprida em regime domiciliar com fiscalização por meio de monitoração eletrônica.[105]

Por razões humanitárias e para proteção integral da criança, é cabível a concessão de prisão domiciliar para as mulheres que são mães de menores de até doze anos incompletos, ainda que sejam responsáveis pelo inadimplemento voluntário e inescusável de obrigação alimentícia.

O cumprimento da prisão civil, ao invés de ser no regime fechado, pode se dar no domicílio da executada, com a fiscalização por tornozeleira eletrônica, e não está condicionada à comprovação da imprescindibilidade dos cuidados maternos, que são legalmente presumidos.

A presunção da imprescindibilidade do trabalho de cuidado materno, para fins de aplicação da prisão domiciliar da devedora de alimentos, visa minimizar os riscos para o desenvolvimento integral das crianças de até doze anos de idade que ficariam sem a presença materna, porque o cumprimento da prisão por dívida

---

104. STF, HC 143641, Relator(a): Ricardo Lewandowski, Segunda Turma, julgado em 20-02-2018, Processo Eletrônico DJe-215 Divulg 08-10-2018 Public 09.10.2018; STJ, AgRg no HC 731.648/SC, relator Ministro Joel Ilan Paciornik, relator para acórdão Ministro João Otávio de Noronha, Quinta Turma, julgado em 07.06.2022, DJe de 23.06.2022; STJ, HC 422.235/MS, relator Ministro Nefi Cordeiro, Sexta Turma, julgado em 12.12.2017, DJe de 19.12.2017; TJPR – 12ª Câmara Cível – 0042548-19.2023.8.16.0000 – Curitiba – Rel.: Desembargadora Ivanise Maria Tratz Martins – J. 23.08.2023.
105. STJ, HC 770.015/SP, relatora Ministra Nancy Andrighi, Terceira Turma, julgado em 07.02.2023, DJe de 09.02.2023; TJPR – 12ª Câmara Cível – 0034432-24.2023.8.16.0000 – Campo Mourão – Rel.: Sandra Regina Bittencourt Simões – J. 17.07.2023; TJPR – 12ª Câmara Cível – 0004783-77.2024.8.16.0000 – Capitão Leônidas Marques – Rel.: Eduardo Augusto Salomão Cambi – J. 04.03.2024.

de alimentos deve ocorrer, por força do artigo 528, § 4º, do Código de Processo Civil, no regime fechado.[106]

6.3.2.5 Ressarcimento dos alimentos pagos com exclusividade pela mãe

A eventual pretensão da mãe de, em ação própria, postular e comprovar o ressarcimento pelos gastos não compartilhados pelo pai no sustento, guarda e educação do filho deve ser resguardada, para que se evite o *enriquecimento sem causa*, mas também para que se preservem os princípios da solidariedade familiar e da paternidade responsável, a ética do cuidado e o dever de ambos os genitores de arcar, proporcionalmente, com os alimentos devidos aos seus descendentes, sem sobrecarregar financeiramente e sem justa causa a mulher.[107]

Com a morte da parte exequente, a sucessão processual ocorre ao Espólio, aos herdeiros ou sucessores do credor, desde que o direito de crédito resultante do título executivo seja transmissível. Por outro lado, a intransmissibilidade do crédito implicará a extinção do processo de execução.[108]

Ocorrido o falecimento do exequente (alimentando), não é possível a sucessão dos créditos alimentares (sejam eles vencidos ou vincendos), devido ao caráter personalíssimo (natureza *intuitu personae*) e ao exaurimento da finalidade precípua dos alimentos – qual seja, de assegurar a subsistência e a dignidade ao alimentando, cujas necessidades pessoais e específicas pautam o arbitramento judicial da pensão alimentícia. Tal entendimento deve ser aplicado ao espólio do alimentando, já que este nada mais é do que a representação da herança em juízo, por meio do inventariante.[109]

O espólio, como ente despersonalizado, é apenas a massa hereditária que representa os bens, direitos e obrigações, ativos e passivos, deixados pela pessoa falecida, sendo que eventual patrimônio, após saldadas as dívidas, deverá ser partilhado, entre os herdeiros, em autos de inventário.

---

106. STJ, HC 770015/SP, Rel. Ministra Nancy Andrighi, Terceira Turma, julgado em 07.02.2023, DJe 09.02.2023; AgRg no HC 769008/SP, Rel. Ministro Reynaldo Soares Da Fonseca, Quinta Turma, julgado em 08.11.2022, DJe 16.11.2022; AgRg no HC 747260/SC, Rel. Ministra Laurita Vaz, Sexta Turma, julgado em 28.06.2022, DJe 1º.07.2022; AgRg no HC 731648/SC, Rel. Ministro Joel Ilan Paciornik, Rel. p/ Acórdão Ministro João Otávio de Noronha, Quinta Turma, julgado em 07.06.2022, DJe 23.06.2022; AgRg no HC 705994/SP, Rel. Ministro Sebastião Reis Júnior, Sexta Turma, julgado em 24.05.2022, DJe 27.05.2022 HC 807315/PR (decisão monocrática), Rel. Ministro Joel Ilan Paciornik, Quinta Turma, julgado em 09.03.2023, publicado em 13.03.2023.
107. TJPR – 12ª Câmara Cível – 0052225-10.2022.8.16.0000 – Cambé – Rel.: Eduardo Augusto Salomão Cambi – J. 28.11.2022.
108. ASSIS, Araken. *Manual da Execução*. 21. ed. São Paulo: Ed. Thomson Reuters, 2021. p. 577.
109. STJ, REsp 1681877/MA, Rel. Ministro Marco Aurélio Bellizze, Terceira Turma, julgado em 19.02.2019, REPDJe 26.02.2019, DJe 25.02.2019.

Portanto, permitir a continuidade da execução de alimentos por parte do espólio seria o mesmo que anuir à transmissibilidade do direito de crédito alimentar aos herdeiros, o que violaria a finalidade dos alimentos.

Em outras palavras, os alimentos devem ser concebidos como um direito de personalidade, porque imprescindíveis ao desenvolvimento e integridade (física, psíquica e intelectual) dos seres humanos. Integram o patrimônio moral do alimentando, não o seu patrimônio econômico, o que impede a sua transmissão para terceiros.[110]

A pretensão da genitora de assumir o polo ativo da ação executiva, para sub-rogar-se no crédito alimentar, é incompatível com a pretensão manifestada pela titular do direito, de prosseguir pessoalmente na execução dos alimentos fixados em seu favor.[111] No entanto, os alimentos vencidos, desde que fique demonstrado que foram arcados pela mulher, em razão do não pagamento injustificado pelo pai, pode ensejar ação própria de ressarcimento de danos.

6.3.3 Convivência familiar e guarda de filhos

O direito à convivência familiar está ligado à integridade psíquica dos seres humanos, cuja proteção jurídica decorre do direito à formação da personalidade, e deve se dar não apenas na infância e na adolescência, mas ao longo de todo o *ciclo vital*.[112] O direito ao convívio familiar não é somente dos filhos, mas também dos pais e dos avós, uma vez que as relações familiares são complementares (exegese dos artigos 227, caput, da Constituição Federal e 4º do Estatuto da Criança e do Adolescente).[113]

O direito fundamental de convivência familiar atribuiu paridade de responsabilidades, deveres e direitos entre os pais, cabendo à família, mediante os esforços comuns e a repartição equitativa entre os genitores dos trabalhos de cuidados na educação e formação integral dos filhos, assegurar a máxima proteção aos direitos humanos das crianças e dos adolescentes.

---

110. STJ, REsp 1681877/MA, Rel. Ministro Marco Aurélio Bellizze, Terceira Turma, julgado em 19.02.2019, REPDJe 26.02.2019, DJe 25.02.2019.
111. STJ, AgInt no AREsp 1.182.089/SC, Relator Ministro Raul Araújo, Quarta Turma, julgado em 28.09.2020, DJe 20.10.2020; TJPR – 12ª C.Cível – 0000063-20.1993.8.16.0173 – Umuarama – Rel.: Desembargador Luciano Carrasco Falavinha Souza – J. 21.06.2021.
112. FARIAS, Cristiano Chaves de; ROSA, Conrado Paulino da. *Teoria geral do afeto*. 4 ed. São Paulo: JusPodivm, 2023. p. 322; TJPR – 12ª Câmara Cível – 0094755-92.2023.8.16.0000 – Curitiba – Rel.: Eduardo Augusto Salomão Cambi – J. 08.04.2024.
113. GROENINCA, Giselle Câmara. Direito à convivência entre pais e filhos: análise interdisciplinar com vistas a eficácia e sensibilização de suas relações no Poder Judiciário. *Tese de Doutorado*. São Paulo: Universidade de São Paulo (USP), 2011. p. 227-228.

O direito fundamental à convivência familiar visa à manutenção de vínculos sadios entre ascendentes e descendentes. Deve ser estabelecido para assegurar o melhor interesse da criança ou do adolescente, porque, tanto na infância quanto na adolescência, o ser humano está em fase peculiar de sua existência, as experiências relacionadas à mãe e ao pai têm repercussão na formação da sua estrutura psíquica, e terão influência no exercício futuro das funções materna e paterna.

O direito fundamental à convivência familiar da criança e do adolescente, com os ascendentes, deve ser assegurado mesmo que não exista consenso entre os pais, sempre que se mostrar adequado para a satisfação do princípio da superioridade e do melhor interesse infantojuvenil, salvo quando suficientemente provadas *situações excepcionais*; isto é, quando um dos genitores abandona afetivamente o filho, quando houver risco atual e concreto à proteção dos direitos humanos do infante (*v.g.*, à segurança, saúde, formação moral, integridade psicológica ou instrução), especialmente em casos de violência doméstica intrafamiliar, ou quando estiverem presentes os pressupostos que justifiquem a suspensão ou a destituição do poder familiar (artigo 1.584, § 2º, do Código Civil).[114]

A comunicação entre duas ou mais pessoas foi facilitada pelo avanço tecnológico, com o desenvolvimento de aplicativos de *internet* que possibilitam novas formas de relacionamento humano de modo virtual e em qualquer parte do mundo. A *cibercultura* transformou as relações sociais e permitiu que a convivência familiar se realize por meios eletrônicos e virtuais (como grupos de conversas, aplicativos de mensagens instantâneas e *softwares* de videochamadas). As mídias digitais e as redes sociais instrumentalizam as denominadas *iFamilies* e, embora não devam suprimir os contatos físicos indispensáveis às manifestações de afeto, atenção e cuidado, podem servir – temporária, provisória e progressivamente – para possibilitar o convívio entre pais e filhos, separados por circunstâncias territoriais, profissionais, acadêmicas, etárias, de saúde ou, ainda, por razões jurídicas justificáveis (como a presença de indícios de condutas desabonadoras do genitor não guardião, alienação parental, aplicação de medidas de protetivas de urgência contra violência doméstica ou específicas de proteção do infante, alta beligerância entre o ex-casal ou outras graves dificuldades de relacionamento familiar saudável).[115]

A guarda compartilhada é a regra no ordenamento jurídico brasileiro (artigo 1.584, § 2º, do Código Civil),[116] apresentando-se como um instrumento

---

114. TJPR – 12ª Câmara Cível – 0049058-48.2023.8.16.0000 – Curitiba – Rel.: Eduardo Augusto Salomão Cambi – J. 20.03.2024.
115. TJPR – 12ª Câmara Cível – 0088227-42.2023.8.16.0000 – União da Vitória – Rel.: Eduardo Augusto Salomão Cambi – J. 30.01.2024.
116. PEREIRA, Rodrigo da Cunha. *Direito das Famílias* [Livro Eletrônico]. Rio de Janeiro: Forense, 2021.

de promoção da solidariedade familiar e da igualdade substancial de deveres e direitos entre os genitores, pois, presumidamente, tanto o pai quanto a mãe possuem as condições necessárias para o exercício do cuidado dos filhos, o que reforça a noção constitucional de parentalidade responsável, mas também evita assimetrias entre os homens e mulheres, uma vez que a guarda conjunta significa "cuidar com", não apenas "cuidar de".[117]

No contexto do Julgamento com Perspectiva de Gênero, o cuidado doméstico não remunerado não é uma *imposição moral* para as mulheres, já que isto representaria um mal-estar, sofrimento psíquico, obstáculos culturais para que as mulheres pudessem se desenvolver integralmente (e alcançarem sucesso no espaço público) e a reprodução de uma organização familiar que sobrecarrega as mães que cuidam dos filhos, as filhas que cuidam dos irmãos e dos pais, as esposas que cuidam de seus maridos e as donas de casa, enquanto os homens não compartilham, de forma equitativa, dos trabalhos domésticos e das obrigações familiares.[118]

O Poder Judiciário não pode naturalizar a sobrecarga das mulheres com os trabalhos domésticos não remunerados, de criação e educação dos filhos, porque já estão assoberbadas com suas atividades no mercado de trabalho, e porque os pais não devem ter um papel secundário na vida dos filhos; caso contrário, estaria o Estado-Juiz reafirmando o machismo estrutural e a cultura patriarcal de que quem cria é a mãe.[119]

O princípio constitucional da parentalidade responsável (artigo 226, § 7º, da Constituição Federal) assegura a participação igualitária ou, pelo menos, equilibrada do pai na criação e educação dos filhos. Dessa forma, não se pode obrigar que as mulheres, sozinhas ou na maior parte do tempo, a serem responsáveis pela criação e educação de crianças e adolescentes.[120]

Em outras palavras, o dever de cuidado dos filhos deve recair, igualmente, para o pai e para a mãe. Trata-se de uma leitura jurídica pautada no combate às desigualdades de gênero, resultante da *naturalização* do ideal patriarcal de ser a mulher a responsável, única ou prioritariamente, pelo cuidado no espaço

---

117. TJPR – 12ª Câmara Cível – 0003855-90.2020.8.16.0025 – Araucária – Rel.: Eduardo Augusto Salomão Cambi – J. 25.03.2024.
118. MOREIRA, Maíra Marcondes. *Freud e o casamento. O sexual no trabalho de cuidado*. Belo Horizonte: Autentica, 2023. p. 110 e 118.
119. VALADARES, Maria Goreth Macedo. Da necessidade de se compartilhar a custódia física dos filhos para evitar a perpetuação do machismo e garantir a implementação do Protocolo com Perspectiva de Gênero 2021 do CNJ. *Revista IBDFAM*: Famílias e Sucessões, v. 60, nov./dez. 2023, p. 207.
120. VALADARES, Maria Goreth Macedo. Da necessidade de se compartilhar a custódia física dos filhos para evitar a perpetuação do machismo e garantir a implementação do Protocolo com Perspectiva de Gênero 2021 do CNJ. *Revista IBDFAM*: Famílias e Sucessões, v. 60, nov./dez. 2023, p. 207-208.

doméstico (divisão sexual do trabalho). Normalmente, as mulheres assumem o cuidado das crianças, dos adolescentes, dos idosos e das pessoas com necessidades especiais em grau desproporcional em relação aos homens, o fazendo como parte de suas funções cotidianas na vida doméstica – e, portanto, sem serem remuneradas nem reconhecidas por isso – o que é um fator de injustiças sociais, uma vez que elas ficam sobrecarregadas e com menos tempo para se dedicarem à profissão, aos estudos, à vida política e ao cuidado de si mesmas. É direito humano da mulher ser valorizada e ser livre de violência causada pela imposição de padrões estereotipados de comportamentos e costumes (sociais e culturais), baseados em conceitos de inferioridade ou de subordinação.[121]

A responsabilização desigual da mãe pela proteção do filho é prática discriminatória, fere a ética do cuidado e leva à violação estrutural dos direitos da mulher.

Por isso, a recusa injustificada ao exercício de qualquer função parental contraria a regra da guarda compartilhada (artigo 1.584, § 2º, do Código Civil) e o princípio constitucional da parentalidade responsável (artigo 226, § 7º, da Constituição Federal). Assim, não basta que um dos genitores declare ao magistrado que não deseja a guarda da criança ou do adolescente. É indispensável que tal declaração seja motivada. Compete ao Estado-Juiz, por sua vez, apurar a procedência das razões invocadas pelo genitor para a preservação do princípio da superioridade e do melhor interesse da criança e do adolescente (cf. Enunciado Doutrinário 53 do Instituto Brasileiro de Direito de Família –IBDFAM).[122]

Na falta de diálogo e de entendimento entre os pais sobre o tempo e a forma de convivência, a judicialização da guarda dos filhos não pode se transformar em uma guerra de gêneros (*gender war*) ou uma disputa acirrada para se saber se é a mãe ou o pai o melhor guardião das crianças e dos adolescentes. No exercício parental do cuidado, formação, assistência e educação, não há ganhadores nem perdedores, pois tanto a mãe quanto o pai têm responsabilidades conjuntas, contribuições únicas e sua importância para o desenvolvimento integral de seus filhos.[123]

---

121. TJPR – 12ª Câmara Cível – 0077954-04.2023.8.16.0000 – Curitiba – Rel.: Eduardo Augusto Salomão Cambi – J. 22.11.2023.
122. "Enunciado 53 – Em face do princípio da parentalidade responsável e por não se admitir recusa injustificada ao exercício de qualquer função parental, a manifestação contrária ao compartilhamento da guarda, de que trata o § 2º do artigo 1.584, do Código Civil, deve ser motivada, cabendo ao juiz apurar a procedência das razões invocadas em preservação do superior interesse da criança e do adolescente".
123. TJPR – 12ª Câmara Cível - 0002966-43.2022.8.16.0098 – Jacarezinho – Rel.: Eduardo Augusto Salomão Cambi – J. 02.10.2023.

A modalidade da guarda implica no modo de *gestão da vida* dos filhos pelos pais.[124] Inclui a possibilidade de tomar decisões estruturais em temas como cuidados com a alimentação, saúde e higiene, escolhas referentes à educação em geral (formal e informal, curricular e extracurricular, religiosa, sexual, financeira, digital etc.), bem como de dividir inquietações, dificuldades, frustrações, alegrias, sucessos e, enfim, soluções possíveis para influenciar na formação e no desenvolvimento integral (físico, mental, moral, espiritual e social) das crianças e dos adolescentes. Na guarda unilateral, apenas um dos pais, sem o consentimento do outro, decidirá as questões cotidianas fundamentais à *vida digna* do filho, ficando o outro genitor responsável pela supervisão dos interesses infantojuvenis, podendo solicitar informações e/ou prestação de contas em assuntos ou situações que, direta ou indiretamente, afetem a saúde física e psicológica e a educação de seus filhos (artigo 1.583, § 5º, do Código Civil). Por outro lado, na guarda compartilhada, embora seja importante definir a referência de um dos pais, ambos os genitores devem tomar as decisões sobre o que é melhor para a criança ou o adolescente. Excepcionalmente, não havendo consenso entre os pais, inclusive para evitar práticas de alienação parental, ou havendo situação iminente ou concreta de risco para o bem-estar infantojuvenil, o Estado-Juiz pode ser acionado para dirimir os conflitos entre guardiões e/ou efetivar os direitos fundamentais das crianças ou dos adolescentes (artigo 1.586 do Código Civil).[125]

Na guarda compartilhada, após a separação do casal, os pais devem dividir o tempo de convivência e as responsabilidades pela criação, cuidados, educação e bem-estar dos filhos comuns. Embora a criança ou o adolescente conviva com ambos os pais, é recomendável, embora isto não seja imprescindível, a definição de um *lar de referência* (materno ou paterno), a ser determinado pelo Estado-Juiz, a partir de critérios objetivos (como a proximidade com a escola da criança ou do adolescente, a estabilidade, o conforto e a segurança do ambiente familiar, a disponibilidade dos pais para cuidar do filho durante a semana e outras considerações relevantes para assegurar a proteção integral dos direitos infantojuvenis).

A finalidade de se fixar um lar de referência, na guarda compartilhada, é estabelecer uma residência estável e habitual, onde o filho vai passar a maior parte do tempo, para proporcionar continuidade na vida da criança ou do adolescente após a separação dos pais. Além disso, a definição do lar de referência serve para reduzir os conflitos e incertezas familiares, conferindo maior clareza e previsibilidade para os filhos e os pais, de modo a favorecer a construção de relações saudáveis, colaborativas e solidárias, mesmo após a separação do casal.

---

124. FARIAS, Cristiano Chaves de; ROSA, Conrado Paulino da. *Teoria geral do afeto*. 4. ed. São Paulo: JusPodivm, 2023. p. 320-321.
125. TJPR – 12ª Câmara Cível – 0001270-92.2020.8.16.0113 – Marialva – Rel.: Eduardo Augusto Salomão Cambi – J. 13.11.2023.

Com efeito, na fixação do lar de referência, na guarda compartilhada, o Estado-Juiz, com auxílio do estudo psicossocial, a oitiva do filho interessado (sempre que recomendável) e os demais elementos de prova, deve considerar fatores como a maior estabilidade emocional para a criança ou o adolescente, a idade e a maturidade do infante, a sua rotina e capacidade de adaptações, e qual dos genitores pode transmitir maior segurança e melhores condições objetivas de cuidados. Na medida em que a criança adquire maior amadurecimento biopsicológico, aumenta-se o seu padrão adaptativo, mais condições ela tem de vivenciar novas experiências e, com isso, menores são os riscos de reações às desordens emocionais resultantes do estresse das mudanças, o que possibilita alterações no regime de convivência familiar para que o infante possa passar mais tempo afastado do pai ou da mãe que exerce o papel de cuidador primário.[126]

Na guarda compartilhada, deve haver a *cooperação positiva* entre os pais para facilitar a convivência familiar harmoniosa com os filhos após a separação. Os pais e os filhos têm liberdade para tornar menos rígidas ou até modificar as regras do regime de convivência, sem a necessidade de intervenção judicial, quando, por meio do desenvolvimento de uma comunicação aberta e pacífica, compartilham informações relevantes sobre a vida dos filhos (como eventos escolares, atividades extracurriculares e questões de saúde), respeitam às diferenças de estilos parentais, e conseguem tomar decisões colaborativas na busca do melhor interesse dos seus filhos, tendo flexibilidade e se adaptando às circunstâncias familiares e às necessidades das crianças e dos adolescentes.

A não fixação da guarda compartilhada, pelo Estado-juiz, é medida excepcional e se justifica quando comprovada a violação dos deveres do guardião com exposição da criança ou do adolescente a situação concreta de risco à proteção integral dos direitos fundamentais e à efetivação do princípio da superioridade e do melhor interesse infantojuvenil.

A fixação judicial da guarda e do regime de convivência deve considerar os episódios e os riscos concretos de violência doméstica e familiar, bem como seus impactos (pretéritos, presentes e futuros), diretos e indiretos, sobre a segurança, bem-estar e desenvolvimento integral (físico, mental, moral, espiritual e social) das crianças e adolescentes.

Para tornar mais efetiva a proteção dos direitos humanos de meninas e mulheres, grupo social e historicamente vulnerabilizado (minorias não hegemônicas), é importante – quando há relatos e indícios de violência doméstica e familiar contra as crianças ou adolescentes – analisar o pedido de tutela pro-

---

126. BRAZIL, Glicia de Mattos Barbosa. Quais os efeitos psicológicos, para as crianças, na fixação de duas casas? *Revista IBDFAM: Famílias e Sucessões*, vol. 33. maio/jun. 2019, p. 68-69.

visória de urgência de convivência paterno-filial em conjunto com as demais particularidades do caso concreto – pela dimensão do *constitucionalismo feminista multinível*.[127] Tal dimensão metodológica possibilita a recontextualização da realidade a partir das injustiças sociais, empodera juízas e juízes, comprometidos com a equidade de gênero, na busca por soluções jurídicas que reduzam a cultura da violência estrutural, causada pela misoginia, pelo machismo e pelo patriarcado. Isso porque a apuração da violência doméstica e familiar contra crianças e adolescentes – em especial, os abusos sexuais, cometidos pelo pai, padrasto, tios, avós ou pessoas que integram a família e estabelecem um vínculo de confiança com a vítima – é mais complexa, porque o(a) infante nem sempre compreende bem o caráter ilícito dos fatos, sofre ameaças e sente medo de sua palavra não ser acreditada, o que contribui para a manutenção do *ciclo de violências* e compromete o bem-estar, a qualidade de vida e o desenvolvimento integral infantojuvenil.[128]

A guarda unilateral à mãe ou ao pai é excepcional, mas pode ser fixada pelo Estado - quando restar suficientemente demonstrado que tal medida é a melhor solução para efetivar um ambiente respeitoso e equilibrado para o desenvolvimento integral da criança ou do adolescente, sem comprometer, sempre que possível, o convívio com o genitor não guardião.[129] Por exemplo, indícios concretos dos quais se possa extrair, com um mínimo de plausibilidade, a probabilidade de risco de violência sexual, praticada no ambiente familiar, são suficientes para a concessão de tutela provisória de urgência, voltada à suspensão da guarda compartilhada ou do convívio paterno-familiar, até a melhor apuração dos fatos, para não colocar em risco a integridade físico-psíquica de crianças e adolescentes.

A Lei Maria da Penha prevê, dentre as suas medidas protetivas, a possibilidade de regulamentação da convivência familiar e guarda, nos artigos 22, inc. IV ("IV – restrição ou suspensão de visitas aos dependentes menores, ouvida a equipe de atendimento multidisciplinar ou serviço similar") e 23, inc. III ("III – determinar o afastamento da ofendida do lar, sem prejuízo dos direitos relativos a bens, guarda dos filhos e alimentos"). Essas regras jurídicas asseguram o afastamento imediato do agressor do lar familiar e da presença da agredida, bem como o estabelecimento de uma guarda e de uma regulamentação de convivência familiar que reduza os riscos da prática de novos atos violentos. Nesse sentido, vale destacar também o Enunciado Doutrinário n. 47 do Instituto Brasileiro de

---

127. TJPR – 12ª Câmara Cível - 0026241-87.2023.8.16.0000 – Maringá – Rel.: Eduardo Augusto Salomão Cambi – J. 06.12.2023.
128. HABIGZANG, Luísa F.; KOLLER, Silvia H. *Violência contra crianças e adolescentes* [Livro Eletrônico]. Porto Alegre: Editora Artmed, 2012.
129. TARTUCE, Flávio. *Direito Civil. Direito de Família*. 11. ed. Rio de Janeiro: Forense, 2016. v. 5. p. 265.

Direito de Família (IBDFAM): "Constatada a ocorrência de violência doméstica, a decisão que fixar o regime de convivência entre os pais e seus filhos deve considerar o impacto sobre a segurança, bem-estar e desenvolvimento saudável das crianças e adolescentes envolvidos, sopesando o risco de exposição destes a novas formas de violência".

A fixação da guarda unilateral, com restrições ou limitações à convivência paterna ou materna em razão da violência doméstica, contudo, deve sempre observar o princípio da superioridade e do melhor interesse da criança e do adolescente. A medida não se estende automaticamente à família extensa, cuja convivência com o infante deve ser restringida apenas por decisão motivada, após a constatação concreta de risco para as crianças ou adolescentes. Dessa forma, se não houver nenhum elemento de prova nos autos, não se pode presumir que os familiares da mãe ou do pai ofensor também sejam potenciais agressores da criança ou do adolescente ou sejam, necessariamente, cúmplices do responsável pela agressão.[130] A propósito, o Enunciado Doutrinário n. 50 do IBDFAM enfatiza: "A restrição ou limitação à convivência paterna ou materna em razão da violência doméstica contra a criança ou adolescente não deve ser indiscriminadamente extensiva aos demais familiares vinculados ao agressor, respeitado sempre o superior interesse e vontade da criança ou adolescente".

Além disso, a circunstância da criança ter poucos meses de vida e necessitar de cuidados especiais maternos, especialmente se estiver sendo amamentada, impõe ao Estado-Juiz a necessidade de resolver a colisão entre os direitos fundamentais à proteção à maternidade e à convivência do filho com o pai. Nesta hipótese, caberá ao magistrado fixar um regime de convívio que possibilite a harmonização entre o princípio da superioridade e do melhor interesse da criança em conjunto com o princípio da parentalidade responsável.

Na aplicação do Protocolo de Julgamento com Perspectiva de Gênero, é necessário considerar o papel da paternidade responsável no dever humano de cuidado da criança, de modo a não recair, exclusiva ou predominantemente, sobre a mãe a sobrecarga do trabalho doméstico não remunerado de zelar pela proteção dos direitos do filho comum. Sem reduzir nem desprezar a biologia, por ser a mãe a única a poder amamentar a criança, não se pode ignorar a importância da convivência paterno-filial. Isso porque o pai dispõe de outros meios seja para garantir o direito à alimentação adequada, ministrando o alimento discriminado pela genitora e/ou pelo médico (pediatra). Com efeito,

---
130. AGUIRRE, João. Alimentos provisórios, alienação parental contra a pessoa idosa e convivência. In: EHRHARDT JÚNIOR, Marcos (Coord.). *Enunciados doutrinários do IBDFAM – 2024/2025* [livro eletrônico]. 2. ed. Belo Horizonte: Instituto Brasileiro de Direito de Família, 2024. p. 21-22.

deve-se garantir que o infante – especialmente na primeira infância – receba amor, atenção e os cuidados necessários para o seu desenvolvimento (físico, social e emocional) saudável.

Aliás, os primeiros seis anos da vida da criança são, cientificamente, os mais importantes para a formação do ser humano, porque, nesta fase da vida: i) o cérebro passa por um rápido desenvolvimento e a estimulação adequada é essencial para o desenvolvimento cognitivo, emocional e social saudável; ii) a formação de vínculos afetivos seguros auxilia no amadurecimento psicológico sadio e possibilita uma base sólida para que a criança explore o mundo ao seu redor; iii) a nutrição apropriada, o ambiente familiar equilibrado e os cuidados devidos com a saúde previnem doenças e melhoram a qualidade de vida; iv) as crianças desenvolvem habilidades linguísticas, sociais e motoras indispensáveis ao progresso na vida pessoal e profissional; v) o recebimento dos incentivos pertinentes contribui para a máxima evolução da personalidade e do potencial das crianças, além de melhor prepará-las para influir positivamente na sociedade do futuro. Por isso, conforme a Lei n. 13.257/2016 (Marco Legal da Primeira Infância) e a Resolução n. 470/2022 do Conselho Nacional de Justiça (CNJ), a primeira infância merece especial atenção do Estado-Juiz na efetiva proteção dos direitos humanos das crianças de zero a seis anos, conferindo a máxima efetividade ao princípio da superioridade e do melhor interesse da criança na primeira infância, em função de sua condição peculiar de pessoa em desenvolvimento, de sujeito de direitos humanos e de cidadã.[131]

O Protocolo de Julgamento na Perspectiva de Gênero, por estar voltado a assegurar a igual dignidade entre homens e mulheres, não se destina a acirrar uma guerra entre os sexos, a promover a escalada dos conflitos sociais (especialmente, pelo estímulo do ódio entre casais que se separam e precisam cuidar de filhos comuns), nem, tampouco, serve como meio de aplacar sentimento de vingança, motivados pela vontade de retaliação pessoal ou emocional da vítima.

Portanto, a aplicação do Protocolo de Julgamento com Perspectiva de Gênero, porque é um meio de promoção da justiça social, não é compatível com a adoção de *estereótipos reversos*, como a de que a mulher sempre exerce o dever de cuidado dos filhos de forma mais atenciosa e prudente que os homens, até para que tal argumento não seja utilizado de modo universal para desobrigar os

---

131. Conselho Nacional de Justiça; Programa das Nações Unidas para o Desenvolvimento. Relatório justiça começa na infância: fortalecendo a atuação do sistema de justiça na promoção de direitos para o desenvolvimento humano integral/Conselho Nacional de Justiça; Programa das Nações Unidas para o Desenvolvimento. Brasília: CNJ, 2022. p. 23-24.

pais das responsabilidades familiares e imputar às mulheres o ônus de, sozinhas, cuidarem da criação e educação das crianças e dos adolescentes.

6.3.4 Alienação parental

A prática de atos de alienação parental – promovida ou induzida por um dos genitores, pelos avós ou pelos que tenham a criança ou adolescente sob a sua autoridade, guarda ou vigilância para que repudie genitor ou que cause prejuízo ao estabelecimento ou à manutenção de vínculos parentais – viola o direito fundamental da criança ou do adolescente de convivência familiar saudável, prejudica a realização de afeto nas relações com genitor e com o grupo familiar, bem como constitui abuso moral contra a criança ou o adolescente e descumprimento dos deveres inerentes à autoridade parental ou decorrentes de tutela ou guarda (Exegese dos artigos 227, *caput*, da Constituição Federal, 4º e 19 do Estatuto da Criança e do Adolescente, e 1º e 3º da Lei n. 12.318/2010).

As crianças e os adolescentes têm direito de serem criados e educados em ambiente familiar que garantam seu desenvolvimento integral (físico, mental, moral, espiritual e social), em condições de liberdade e dignidade. Por outro lado, nos termos dos artigos 5º e 6º da Lei n. 14.826/2024, é dever da família promover a *parentalidade positiva*; isto é, educar as crianças – como titulares de direitos em desenvolvimento – com respeito, acolhimento e não violência, o que inclui a manutenção da *vida digna* (ou seja, ações de proteção e manutenção da vida da criança, de forma a oferecer condições para a sua sobrevivência e saúde física e mental, bem como a prevenir violências e violações de direitos).

Violência psicológica contra os filhos, abusos da autoridade parental no exercício da guarda e convivência familiar, bem como assédio moral ou qualquer outra modalidade de opressão ou de crueldade não devem fazer parte do cotidiano humanizado das famílias.

O combate à alienação familiar não é uma forma de patologizar as relações parentais-filiais, mas de evitar a naturalização de práticas nocivas aos interesses infantojuvenis.[132] Em uma perspectiva infantocêntrica, assegurar um ambiente familiar livre das influências perversas da alienação parental é um meio eficiente para buscar a máxima proteção dos direitos humanos das crianças e adolescentes.[133]

---

132. WAQUIM, Bruna Barbieri. *A integração da alienação parental à doutrina da proteção integral*: repercussões jurídico-políticas do enquadramento da alienação familiar induzida como situação de risco. Tese (Doutorado). Brasília: Centro Universitário de Brasília, 2020. p. 197.
133. TJPR – 12ª Câmara Cível – 0086285-72.2023.8.16.0000 – Curitiba – Rel.: Eduardo Augusto Salomão Cambi – J. 05.02.2024.

A alienação parental – por consistir na interferência negativa na formação psicológica da criança ou do adolescente – não pode ser *banalizada* pelo Poder Judiciário.[134-135]

As crianças e adolescentes, que vivenciam altos níveis de beligerância entre seus pais, especialmente em decorrência da separação conjugal, do divórcio e da dissolução da união estável, têm maior risco de desenvolver uma série de problemas como: alteração no sono e/ou no apetite; apatia; isolamento, retraimento e dificuldade de relacionamento social; distração e baixo rendimento escolar; falta de confiança nas pessoas; redução da autoestima e da autoconfiança; manifestações de insegurança e sentimento de culpa; revolta e agressividade contra si e/ou contra o outro; maior conflituosidade com figuras de autoridade; conflito de lealdade com os genitores; problemas no sono e na alimentação; depressão, transtornos de desenvolvimento, ansiedade e outras doenças psicossomáticas e psiquiátricas.[136]

Na disputa judicial da guarda entre os pais ou na regulamentação do convívio familiar, a criança ou o adolescente é submetida a *conflito de lealdade*, quando estiver constantemente forçado ou manipulado pelos pais - direta ou indiretamente - a acreditar nas suas crenças e opiniões, a tomar partido e a escolher apenas um lado, para proteger um dos genitores e renegar, afastar-se e acusar o outro, sendo induzido a pensar (inclusive pela implantação de *falsas memórias*[137]) que um dos genitores é, totalmente, bom e o outro, necessariamente, mau.[138] O *conflito de lealdade* é altamente prejudicial aos filhos, porque aumenta o nível de conflituosidade, alimenta o ciclo de violências intrafamiliares, possibilita a prática de atos de alienação parental, induz o filho a se afastar de um dos genitores e, principalmente, prejudica o desenvolvimento integral infantojuvenil, porque faz crescer no infante um sentimento de culpa e de impotência, gera sentimentos

---

134. TJPR – 12ª Câmara Cível – 0029021-97.2023.8.16.0000 – Campina Grande do Sul – Rel.: Eduardo Augusto Salomão Cambi – J. 06.09.2023.
135. "Inauguramos um tempo em que as palavras têm sido esvaziadas. Como órgãos, peles e músculos, palavras também se gastam com o uso indevido e excessivo. Nada mais distante da liberdade, por exemplo, do que o uso perverso que se faz da palavra quando se invoca o direito à liberdade para ofender e odiar. Nada mais distante do amor do que o uso da palavra ´amor´ para significar poder e possessão. Não são as leis, nem as palavras sozinhas, que mudam o mundo. A importância simbólica de dar nome às coisas, a relevância de se falar em alienação parental não podem ser suplantadas pela banalização com que os processos são ajuizados para inventar tragédias inexistentes" (PACHÁ, Andréa. *A vida não é justa*. Rio de Janeiro: Intrínseca, 2022. p. 36).
136. Cf. Cartilha do Divórcio para os pais, do Conselho Nacional de Justiça. Disponível em: https://www.cnj.jus.br/wp-content/uploads/conteudo/destaques/arquivo/2015/06/f26a21b21f109485c159042b-5d99317e.pdf. Acesso em: 14 mar. 2024.
137. DIAS, Maria Berenice. *Manual de Direito das Famílias*. 12. ed. São Paulo: Ed. RT, 2017. p. 573.
138. TJPR – 12ª Câmara Cível - 0053465-97.2023.8.16.0000 – Pinhais – Rel.: Eduardo Augusto Salomão Cambi – J. 13.03.2024.

contraditórios de rejeição e desamparo, fortalece afetos negativos e promove intenso sofrimento que prejudicam e podem destruir os vínculos parentais, mas também eleva a chance das crianças ou dos adolescentes de apresentarem desajustes, como graus elevados de depressão, ansiedade e outros problemas de comportamento (agressividade, mentira, rebeldia e delinquência), bem como pode causar baixa autoestima e desempenho escolar e social inferiores.[139]

Havendo indícios da prática de alienação parental, o Estado-Juiz deve determinar, inclusive de ofício, com fundamento nos artigos 2º, 5º e 8º-A da Lei n. 12.318/2010, e 370 e 699 do Código de Processo Civil, a realização de perícia técnica ou biopsicossocial, por profissional ou equipe multidisciplinar habilitados, e, na medida do possível, ouvir a criança/adolescente, acompanhado por especialista, na forma da Lei n. 13.431/2017, inclusive para evitar a sua revitimização pelos sistema de justiça.[140]

Nesse sentido, consta do Enunciado Doutrinário n. 28 do Instituto Brasileiro de Direito de Família (IBDFAM): "Havendo indício de prática de ato de alienação parental, devem as partes ser encaminhadas ao acompanhamento diagnóstico, na forma da Lei, visando ao melhor interesse da criança. O magistrado depende de avaliação técnica para avaliar a ocorrência ou não de alienação parental, não lhe sendo recomendado decidir a questão sem estudo prévio por profissional capacitado, na forma do § 2º do art. 5º da Lei 12.318/2010, salvo para decretar providências liminares urgentes".[141]

O Estado-Juiz, na aplicação dos Direitos das Famílias e para a mais efetiva proteção do melhor interesse das crianças e dos adolescentes, deve adotar *postura processual proativa* para buscar apurar e coibir condutas que se enquadrem na categoria da *parentalidade tóxica*, consistente em todo e qualquer comportamento ou na prática que se revele prejudicial, abusiva ou disfuncional ao bem-estar e ao desenvolvimento integral (físico, mental, moral, espiritual e social) dos filhos,

---

139. TEYBER, Edward. *Ajudando as crianças a conviver com o divórcio*. Trad. Carmen Youssef. São Paulo: Nobel, 1995. p. 147; MOTTA, Maria Antonieta Pisano. A síndrome da alienação parental. *Síndrome da alienação parental e a tirania do guardião*: aspectos psicológicos, sociais e jurídicos. Organizado pela Associação de Pais e Mães Separados. Porto Alegre: Equilíbrio, 2007. p. 52.
140. "(...) não somente nas ações penais é possível o relato da violência por meio da escuta protetiva; à primeira menção de violência, em qualquer de suas formas, pode a magistrada e o magistrado submeter a criança e o adolescente ao depoimento especial, meio de prova oral e pericial que poderá ser utilizado em todos os processos a eles relacionados, inclusive para o fim de evitar indevida revitimização" (BRASIL. Conselho Nacional de Justiça. *Protocolo para julgamento com perspectiva de gênero*. Brasília: Conselho Nacional de Justiça, 2021. p. 96).
141. ANDRADE, Gustavo. In: EHRHARDT JÚNIOR, Marcos (Coord.). *Enunciados doutrinários do IBDFAM* – 2022/2023 [Livro Eletrônico]. Belo Horizonte: Instituto Brasileiro de Direito de Família, 2022. p. 51.

como a manipulação psicológica constante e reiterada do infante para atender às necessidades do pai ou da mãe, em detrimento da convivência familiar saudável.[142]

Crianças e adolescentes são pessoas em desenvolvimento, têm necessidades e direitos diferenciados e merecem especial proteção das famílias, da sociedade e do Estado. Cabe ao Poder Judiciário, diante de indícios de alienação parental, que coloquem em risco a formação ou a integridade psicológica da criança ou do adolescente, mas também o seu direito fundamental à convivência familiar saudável, de ofício ou a requerimento das partes (artigo 370 do Código de Processo Civil), incidentalmente ou em ação autônoma, determinar a realização de perícia psicológica ou biopsicossocial para apurar, com a máxima urgência, os atos de alienação parental. Uma vez contatada a alienação parental, é dever do juiz – sem prejuízo da apuração de outras responsabilidades (civis, penais ou processuais) – sancionar a prática ou o comportamento parental tóxico, de forma cumulativa ou não, dependendo da gravidade da conduta, com a aplicação do artigo 6º da Lei n. 12.318/2010.

A Lei de Alienação Parental protege o direito fundamental à convivência familiar de crianças e adolescentes. Não está voltada a punir mais as mulheres que os homens. A leitura da Lei n. 12.310/2010, pelas lentes de gênero, impede que a mulher seja revitimizada, pelo Sistema de Justiça, por ser a genitora quem fica, com maior frequência, encarregada com os trabalhos inerentes à concretização do dever de cuidado dos filhos. Por isso, a rigorosa apuração dos atos de alienação parental, pela atuação proativa do Poder Judiciário, serve para evitar a estratégia, usada por parte dos homens, de fazer denúncias de violências sem fundamentos e, com isso, inibir pedidos indevidos ou abusivos de guarda unilateral da criança e do adolescente.

6.3.5 Responsabilidade civil por abandono afetivo

O Direito das Famílias deve ser compreendido a partir da dimensão da *ética da responsabilidade*, porque as entidades familiares se colocam como um *locus* de afetividade e coexistencialidade, voltado à busca da felicidade, em que cada membro da família é responsável pelo outro.[143] Isto porque a decisão de ser mãe, de ser pai, de casar, de unir-se em união estável, de descasar, de dissolver a união, *sempre repercute no outro*. O exercício dos deveres e dos direitos, dentro

---

142. TJPR – 12ª Câmara Cível – 0053465-97.2023.8.16.0000 – Pinhais – Rel.: Eduardo Augusto Salomão Cambi – J. 13.03.2024.
143 SANCHES, Fernanda Karam de Chueiri. A responsabilidade no Direito de Família brasileiro contemporâneo: do jurídico à ética. *Dissertação de Mestrado*. Curitiba: Universidade Federal do Paraná, 2013. p. 77, 81 e 184.

da família, se opera de *forma coexistencial*. Aliás, a solidariedade familiar decorre da necessidade do ser humano coexistir. Dessa forma, a família tem um *fim instrumental* de assegurar a existência digna e o desenvolvimento integral (físico, mental, moral, espiritual e social) de seus membros, ligados por vínculos de afetividade, solidariedade e responsabilidade.

Nas relações paterno/materno-filiais, o pai, a mãe ou ambos os genitores são responsáveis civilmente pelo pagamento de danos extrapatrimoniais, quando, pela falta de interesse de convivência familiar com o(s) filho(s), ficar configurada situação *de abandono afetivo* – evidenciada pelo descumprimento dos deveres humanos de cuidado, criação e educação, relacionados à parentalidade responsável (artigo 226, § 7º, da Constituição Federal) – e que resulte em prejuízos ao desenvolvimento integral e à personalidade da criança ou do adolescente.[144]

A quebra dos vínculos de afetividade a ensejar a responsabilidade civil por *abandono afetivo* não decorre da ausência de amor paterno ou materno-filial (ou do simples desgostar ou mesmo do desafeto; expressões carregadas de subjetivismo), porque ninguém é obrigado a amar outrem, mas da falta do dever jurídico e objetivo de cuidado (incluída a assistência moral ou psíquica) inerente ao exercício das funções e das responsabilidades parentais,[145] que resultam no não atendimento aos princípios do melhor interesse e da proteção integral dos direitos fundamentais da criança ou do adolescente, e, por isso, comprometem o seu desenvolvimento pleno e sadio como ser humano.[146]

A falta de convívio familiar, pela omissão de um ou de ambos os genitores, no exercício das responsabilidades paternais, resultante do afastamento intencional do pai e/ou da mãe, em relação à criança, adolescente ou jovem, ao gerar danos psicológicos e comprometer o desenvolvimento saudável do(s) filho(s), é passível de responsabilização civil por *abandono afetivo* para a compensação pelos prejuízos extrapatrimoniais causados.

---

144. STJ, REsp 1.887.697/RJ, relatora Ministra Nancy Andrighi, Terceira Turma, julgado em 21.09.2021, DJe de 23.09.2021.
145. PORÍFIRIO, Danilo. Definição e natureza jurídica do princípio da afetividade. *Revista de Direito de Família e das Sucessões*, v. 3, mar./abr. 2015, p. 39-55; PEREIRA, Rodrigo da Cunha. *Direito das Famílias*. 4. ed. Rio de Janeiro: Forense, 2023. p. 396; FARIAS, Cristiano Chaves de; ROSA, Conrado Paulino da. *Teoria geral do afeto*. 4. ed. São Paulo: JusPodivm, 2023. p. 217.
146. Posicionamento jurisprudencial contrário, assevera, por exemplo: a) "Ao Poder Judiciário não é dada a incumbência de tutelar o amor ou o desafeto, numa perspectiva da jurisdicionalização dos sentimentos que são incontroláveis pela sua própria essência" (TJ/SC, Apelação Cível, rel. Des. Jorge Luis Costa Beber, j. 26.07.2012); b) "a afetividade não é dever jurídico (...) a convivência e o afeto devem corresponder a sentimentos naturais, espontâneos, genuínos, com todas as características positivas e negativas de cada indivíduo e de cada família. Não é – nem deve ser – o cumprimento de dever jurídico, imposto pelo Estado, sob pena de punição (ou indenização punitiva)" (STJ, REsp. 1.579.021/RS, rel. Min. Maria Isabel Gallotti, Quarta Turma, julgado em 19.10.2017, DJe de 29.11.2017).

A reparação desses danos possui fundamento jurídico próprio e não pode ser afastada pela possibilidade da perda do poder familiar, ainda que a causa de pedir, em ambas as hipóteses, tenha relação com o descumprimento pelos pais do dever jurídico de exercer a parentalidade de maneira responsável.[147]

A responsabilidade civil por abandono afetivo depende da *demonstração* dos pressupostos da responsabilidade civil: i) conduta do pai, da mãe ou de ambos; ii) a existência de danos; iii) o nexo de causalidade (isto é, que da conduta parental comissiva ou omissiva decorra o fato danoso). Logo, nos parâmetros traçados pela jurisprudência do Superior Tribunal de Justiça, não se trata de dano *in re ipsa*, cabendo ao demandante satisfazer o ônus da prova do fato constitutivo de seu direito (artigo 373, inc. I, do Código de Processo Civil). Tal compreensão não implica, contudo, em impor um ônus diabólico à criança ou ao adolescente abandonados afetivamente, a ponto de consagrar a injustiça da não reparação dos danos. Nesse sentido, é possível mitigar o rigor do ônus da prova da conduta ilícita geradora da responsabilidade civil (isto é, a omissão do dever de cuidado), sendo possível admitir a comprovação indireta, por meio de indícios e presunções.

Aliás, não se pode confundir dano *in re ipsa* com dano presumido. Este diz respeito à comprovação da conduta ilícita, por meio de indícios (fatos secundários) dos quais se extrai a presunção (raciocínio judicial em que o magistrado, com base em um indício provado – e valendo-se das máximas da experiência comum – conclui pela ocorrência do fato principal) dos prejuízos ocorridos. Por outro lado, o dano *in re ipsa*, também denominado de dano-evento, é caracterizado pela mera violação de um interesse juridicamente protegido. Há, pois, uma coincidência entre a ofensa e o prejuízo que gera o dever de indenizar.[148]

O abandono parental, que gera lesão extrapatrimonial, é geralmente causado pela omissão do pai ou da mãe no cumprimento dos deveres objetivos de cuidado inerentes ao exercício da função parental (artigos 1.634 do Código Civil, 4º e 22 do Estatuto da Criança e do Adolescente),[149] que configura um ilícito e enseja a responsabilização civil pela violação do dever humano ao cuidado.[150]

---

147. STJ, REsp n. 1.887.697/RJ, relatora Ministra Nancy Andrighi, Terceira Turma, julgado em 21.09.2021, DJe de 23.09.2021.
148. SOARES, Flaviana Rampazzo. Dano presumido e dano in re ipsa – distinções necessárias. *Revista IBERC*. n. 1, jan/abr. 2023, p. IV-X.
149. DIAS, Maria Berenice. *Manual de Direito das Famílias*. 14. ed. Salvador: JusPodivm, 2021. p. 405; COSTA, Maria Isabel Pereira da. Responsabilidade civil dos pais pela omissão do afeto na formação da personalidade dos filhos. *Revista jurídica*: doutrina, legislação, jurisprudência, v. 56, n. 368, jun. 2008, p. 45-69.
150. TJPR – 11ª C.Cível – 0001207-08.2020.8.16.0165 – Telêmaco Borba – Rel.: Desembargador Sigurd Roberto Bengtsson – J. 22.08.2022; TJPR – 11ª Câmara Cível – 0000796-03.2021.8.16.0044 – Apucarana – Rel.: Desembargador Fabio Haick Dalla Vecchia – J. 18.10.2023.

A propósito, a Lei Modelo Interamericana de Cuidados, da Organização dos Estados Americanos (OEA), prevê no artigo 3º o princípio da corresponsabilidade social e a necessidade de uma nova organização social dos cuidados: "La corresponsabilidad social de los cuidados es la responsabilidad compartida de todos los actores de la sociedad de crear las condiciones para que todas las personas se inserten en redes de cuidados y de sostenibilidad de la vida suficientes, adecuadas y libremente elegidas, que les permitan alcanzar su mayor realización espiritual y material posible. *La corresponsabilidad social de los cuidados impone* al Estado, los gobiernos locales, el sector privado, la comunidad, *a los hombres y mujeres al interior de las familias* y a las generaciones entre sí, *proveer y contribuir equitativa y solidariamente a la provisión de cuidados, de manera que permitan proteger a la familia y las personas, fomentar su desarrollo integral y promover la autonomía de todos sus miembros, y en especial, de las mujeres*".[151]

O princípio da corresponsabilidade social busca a construção de um novo paradigma jurídico e ético, ao situar os cuidados como bem público fundamental, em que homens e mulheres, no desempenho de suas obrigações familiares, distribuem o trabalho doméstico não remunerado (com destaque para aqueles voltados para as crianças, adolescentes, idosos, pessoas doentes e com deficiências, e os diários indispensáveis à organização do lar) por meio de práticas e costumes que respeitem e valorizem a equidade de gênero.

Com efeito, o abandono afetivo, no contexto do Julgamento com Perspectiva de Gênero, está intimamente relacionado à divisão sexual do trabalho e à imposição social (naturalização/normalização) do papel de cuidado às mulheres, com a reprodução histórica de padrões culturais (estereótipos, preconceitos e discriminações) androcêntricos (oriundos do patriarcado e do machismo estrutural) que causam desigualdades de gênero, uma vez que a maior parte das famílias monoparentais no Brasil são compostas por *mães solo* e, consequentemente, a maioria das demandas indenizatórias para a responsabilidade civil por abandono afetivo são direcionadas em face da figura paterna.[152]

---

151. Cf. Ley Modelo Interamericana de Cuidados. Disponível em: https://www.oas.org/es/cim/docs/LeyModeloCuidados-ES.pdf. Acesso em: jan. 2024.
152. Conforme Paula Gabriela Barbieri, "ainda que com pouca utilização em comparação com o número de abandonos paternos constatados pelas certidões de registro civil, os pedidos de indenização por abandono afetivo que chegam ao judiciário quase sempre têm polos previamente definidos: filhos que buscam indenização de seus pais. Neste cenário, resta evidente a existência de um padrão que paira sobre as relações familiares em que há abandono afetivo: mulheres mães são cuidadoras dos filhos abandonados pelos homens e, assim, arcam com o ônus duplo dos deveres de cuidado dos filhos. Reproduzem-se, desse modo, estereótipos de gênero decorrentes da divisão sexual do trabalho, que tem repercussões na garantia de direitos das mulheres" (Dever jurídico de cuidado e manutenção de desigualdades de gênero: efeitos do abandono afetivo paterno na garantia de direitos das mulheres.

A análise da responsabilidade civil por abandono afetivo, pela dimensão do julgamento com perspectiva de gênero, serve para romper com a neutralidade epistêmica e não banalizar a discussão jurídica de modo a evitar a mera reprodução do padrão da *irresponsabilidade privilegiada* dos pais (homens) que, pela tradição cultural, normalmente praticam o abandono afetivo e ficam impunes, gerando a sobrecarga no dever humano de cuidado dos filhos comuns para as mães (mulheres).

Caso contrário (isto é, o entendimento de que o abandono afetivo não gera a responsabilidade civil), haveria a consagração de uma forma de *discriminação indireta* em prejuízo das mulheres. Afinal, tal entendimento causa um *impacto desproporcional* para as mães solo que assumem as responsabilidades nas famílias monoparentais. Isso porque, normalmente, quem abandona os filhos é o pai e quem se torna *cuidadora primária* das crianças e dos adolescentes é a mulher.[153]

O conceito de *abandono afetivo*, para fins de responsabilidade civil nas relações familiares, pode abranger os danos ao *projeto de vida* da vítima abandonada, pois o desemparo, material e imaterial, e a rejeição parental, sobretudo quando o desprezo perdura por longos anos da vida da criança e/ou do adolescente, dificulta a autorrealização da pessoa negligenciada e causas graves prejuízos (como os de natureza mental, emocional e psicológica) ao seu desenvolvimento integral do ser humano. O abandono afetivo, potencializado pelos danos ao projeto de vida, viola o direito humano à *vida digna*, uma vez que a rejeição do filho, pela omissão grave do dever de cuidado, frustra diversas expectativas legítimas de desenvolvimento pessoal e familiar e, portanto, impõe a responsabilidade (civil) parental.

Na hipótese de configuração de abandono afetivo, os danos extrapatrimoniais sofridos não têm *mensurabilidade pecuniária*, de forma que cabe ao Poder Judiciário arbitrar o valor da compensação com razoabilidade e bom senso, a fim de evitar argumentos como o do não cabimento de indenização pela dor emocional sofrida. Isso porque a lesão psicológica causada pela violação do dever humano de cuidado paterno impacta na formação e desenvolvimento integral da pessoa, frustra o projeto de vida pessoal e familiar, bem como vai além dos danos patrimoniais causados pela falta de assistência material durante os anos de desenvolvimento da criança ou do adolescente, uma vez que a lesão à integridade psíquica é um dos mais importantes direitos da personalidade.[154]

Orientadora: Ana Carla Harmatiuk Matos. *Trabalho de Conclusão de Curso* (Graduação). Curso de Direito, Universidade Federal do Paraná, Curitiba, 2022. p. 20 e 21).
153. BRASIL. Conselho Nacional de Justiça. *Protocolo para julgamento com perspectiva de gênero*. Brasília: Conselho Nacional de Justiça, 2021. p. 53.
154. LÔBO, Paulo. *Direito Civil: famílias*. 8. Ed. São Paulo: Saraiva Educação, 2018. v. 5, p. 224.

6.3.6 Entrega voluntária do filho recém-nascido pela mãe para adoção (art. 19-A do Estatuto da Criança e do Adolescente)

A proteção da maternidade tem como premissa a tutela do direito à *vida digna* das crianças e dos adolescentes, devendo o Estado, a família e a sociedade, para fins de assegurar a primazia do princípio da superioridade e do melhor interesse infantojuvenil, assegurar às mulheres atenção e cuidados especiais, durante o período de gestação, parto e período de amamentação.[155] Na concretização do princípio da superioridade e do melhor interesse das crianças, em especial na primeira infância, deve ser reconhecida, pois, a *função social da maternidade*.

A gestante ou a parturiente – antes ou logo após o nascimento da criança – pode manifestar interesse em entregar seu filho à adoção (perante hospitais, maternidades, unidades de saúde, conselhos tutelares, Centros de Referência de Assistência Social, Centros de Referência Especializada de Assistência Social, instituições de ensino ou demais órgãos do Sistema de Garantia de Direitos).

Nesta hipótese, a mulher, antes ou logo após o nascimento, será encaminhada, sem constrangimento, à Vara da Infância e Juventude, a fim de que seja formalizado o devido procedimento judicial (que tramitará com prioridade e segredo de justiça, inclusive, em relação aos membros da família extensa e do pai indicado) e seja designado atendimento pela equipe interprofissional, seguida da intervenção do Ministério Público (artigos 13, § 1º, e 19-A do Estatuto da Criança e do Adolescente, 1º, § 1º, 3º, § 1º, e 5º da Resolução 484/2023 do Conselho Nacional de Justiça).

O objetivo do atendimento da gestante ou da parturiente pela equipe interprofissional é o de prestar acolhimento e assistência à mulher, bem como investigar se a opção pela entrega é livre de pressões externas, para evitar qualquer vício de

---

155. Nesse sentido, já decidiu a Corte Interamericana de Direitos Humanos, no *Caso Comunidad Indígena Sawhoyamaxa Vs. Paraguay*: "177. En materia de derecho a la vida de los niños, el Estado tiene, además de las obligaciones señaladas para toda persona, la obligación adicional de promover las medidas de protección a las que se refiere el artículo 19 de la Convención Americana, el cual dispone que: "[t]odo niño tiene derecho a las medidas de protección que su condición de menor requieren por parte de su familia, de la sociedad y del Estado". Así, *por una parte, el Estado debe asumir su posición especial de garante con mayor cuidado y responsabilidad, y debe tomar medidas especiales orientadas en el principio del interés superior del niño. Lo anterior no puede desligarse de la situación igualmente vulnerable de las mujeres embarazadas de la Comunidad. Los Estados deben prestar especial atención y cuidado a la protección de este grupo y adoptar medidas especiales que garanticen a las madres, en especial durante la gestación, el parto y el período de lactancia, el acceso a servicios adecuados de atención médica*" (Sentença de 29 de Março de 2006. https://www.corteidh.or.cr/docs/casos/articulos/seriec_146_esp2.pdf. Acesso em 06 de junho de 2023) – Grifei.

consentimento. O atendimento psicológico não deve desestimular ou repreender a mulher por sua decisão, mas apenas verificar se a entrega voluntária da criança foi consciente e assistida. Eventuais adversidades causadoras da tomada de decisão podem ser contornadas com o encaminhamento a programas comunitários ou públicos de inclusão e assistência social. Todavia, o escopo do acompanhamento pela equipe interprofissional é, essencialmente, o de averiguar o consentimento livre da mulher, de modo a valorizar a sua autonomia, liberdade, privacidade e autodeterminação.[156]

A mãe pode se retratar do consentimento, antes ou durante a audiência judicial, ou exercer o direito ao arrependimento até 10 (dez) dias contado da prolação da sentença de extinção do poder familiar. O exercício do direito de retratação e de arrependimento deve ser realizado de forma simplificada e diversificada, inclusive mediante mera certidão cartorária ou informação à equipe técnica. Nas hipóteses em que a genitora se retrata ou se arrepende, a família deverá ser acompanhada por um período de 180 (cento e oitenta) dias.

Apenas se for ratificado em audiência judicial o desejo de entregar a criança recém-nascida para adoção, a autoridade judiciária homologará a entrega e declarará a extinção do poder familiar (artigo 166, § 1º, inc. II, do Estatuto da Criança e do Adolescente), preferencialmente na própria audiência.

Por outro lado, a retratação ou o arrependimento devem expressar a vontade livre e consentida da mulher. A pressão da família extensa, do suposto pai ou da sociedade para a mulher exercer a maternidade compulsória – após a gestante ou a parturiente ter manifestado o desejo de entregar voluntariamente a criança, se submetido ao processo legal e ter sido acompanhada por equipe interprofissional - viola a sua autonomia privada e não justifica a retratação ou o arrependimento posterior, ainda mais se já passado o prazo de 10 (dez) dias da prolação da sentença de extinção do poder familiar e o bebê já foi encaminhado para a adoção. Nestas hipóteses, salvo se houver demonstração de vício ou nulidade processual, o arrependimento não se revela um direito da genitora, devendo prevalecer o princípio da superioridade e do melhor interesse da criança, para que seja inserida em uma família que pretenda exercer o seu cuidado e protegê-la de forma integral, não o desejo de reparar eventuais transtornos causados à mulher pela quebra do sigilo ou pela revelação pública de sua atitude.[157]

---

156. CÂMARA, Hermano Victor Faustino; MATOS, Ana Carla Harmatiuk; SILVA, Fernando Moreira Freitas da. Adoção *intuito personae*: a tipicidade aberta e as tendências para o reconhecimento da entrega direta. *Civilistica.com*, n. 1, 2024, p. 11-12.
157. TJSP mantém entrega voluntária de bebê cuja genitora manifestou arrependimento por pressão familiar. Disponível em: https://ibdfam.org.br/noticias/11626/TJSP+mant%C3%A9m+entrega+-

O Poder Judiciário deve atuar para inibir e combater medidas e decisões que produzam efeitos discriminatórios às mulheres, em situação de vulnerabilidade social. Isso porque, em atenção à *teoria do impacto desproporcional*, certas regras jurídicas, políticas públicas, medidas administrativas ou decisões públicas ou privadas, embora detenham aparência de neutralidade, podem afetar negativa e desproporcionalmente determinados segmentos sociais, o que é incompatível com a equidade de gênero.[158] Dessa forma, da intepretação conjunta dos artigos 6º da Constituição Federal, 13, § 1º, 19-A, § 6º, 166 do Estatuto da Criança e do Adolescente e 3º, § 2º, da Resolução n. 485/2023 do Conselho Nacional de Justiça, conclui-se que, para que se possa efetivamente promover a proteção da maternidade e da infância, é indispensável a designação da audiência judicial, a fim da mãe confirmar a entrega voluntária da criança recém-nascida para adoção ou desistir da entrega voluntária, bem como verificar se a mulher reúne as condições necessárias para reaver o poder familiar.

O direito humano à saúde sexual e reprodutiva está intimamente ligado aos direitos civis e políticos que fundamentam a integridade física, psíquica e moral da mulher e sua autonomia, como o direito à vida digna, à liberdade e segurança pessoal, à privacidade e respeito pela vida familiar, e a não discriminação e igualdade. Refere-se, também, à liberdade de adotar decisões informadas, livres e responsáveis – isto é, sem violência, coação nem discriminação - sobre seu corpo e seu comportamento sexual e reprodutivo.

Nesse sentido, o Comitê de Direitos Econômicos e Culturais da Organização das Nações Unidas (ONU), em sua Recomendação Geral 22, definiu o direito à saúde sexual e reprodutiva da seguinte forma: "5. El derecho a la salud sexual y reproductiva implica um conjunto de libertades y derechos. *Entre las libertades figura el derecho a adoptar decisiones y hacer elecciones libres y responsables, sin violencia, coacción ni discriminación, con respecto a los assuntos relativos al propio cuerpo y la propia salud sexual y reproductiva.* Entre los derechos cabe mencionar el acceso sin trabas a toda una serie de establecimientos, bienes, servicios e información relativos a la salud, que asegure a todas las personas el pleno disfrute del derecho a la salud sexual y reproductiva en virtud del artículo 12 del Pacto. 6. La salud sexual y la salud reproductiva son distintas, aunque están estrechamente relacionadas. La salud sexual, según la definición de la

---

volunt%C3%A1ria+de+beb%C3%AA+cuja+genitora+manifestou+arrependimento+por+press%-C3%A3o+familiar. Acesso em 03.04.2024.

158. CANOTILHO, José Joaquim Gomes. *Direito Constitucional e Teoria da Constituição*. 6. ed. Coimbra: Almedina, 2002. p. 273. Verificar, ainda, entre outros precedentes: STF, ADPF 291, Relator(a): Roberto Barroso, Tribunal Pleno, julgado em 28.10.2015, Processo Eletrônico DJe-094 divulg 10.05.2016 public 11.05.2016.

Organización Mundial de la Salud (OMS), es "un estado de bienestar físico, emocional, mental y social en relación con la sexualidad". *La salud reproductiva, tal como se describe en el Programa de Acción de la Conferencia Internacional sobre la Población y el Desarrollo, se refiere a la capacidad de reproducirse y la libertad de adoptar decisiones informadas, libres y responsables. También incluye el acceso a una serie de información, bienes, establecimientos y servicios de salud reproductiva que permitan a las personas adoptar decisiones informadas, libres y responsables sobre su comportamiento reproductivo. [...] 10. El derecho a la salud sexual y reproductiva* también es indivisible e interdependiente respecto de otros derechos humanos. *Está íntimamente ligado a los derechos civiles y políticos que fundamentan la integridad física* y mental de las personas y su autonomía, como los derechos a la vida; a la libertad y la seguridad de la persona; a no ser sometido a tortura ni otros tratos crueles, inhumanos o degradantes; la privacidad y el respeto por la vida familiar; y la no discriminación y la igualdad. Por ejemplo, la falta de servicios de atención obstétrica de emergencia o la negativa a practicar abortos son causa muchas veces de mortalidad y morbilidad materna, que, a su vez, son una violación del derecho a la vida o la seguridad, y, en determinadas circunstancias, pueden constituir tortura o tratos crueles, inhumanos o degradantes" (Grifei).

O máximo respeito ao direito humano fundamental à intimidade e à vida privada – inclusive como meio de evitar proibições de proteção estatal insuficientes – é indispensável para o exercício da entrega voluntária do infante recém-nascido para adoção, enquanto desdobramento da autonomia individual e liberdade pessoal da mulher, para que as gestantes e as mães possam formular as escolhas de vida que levarão ao pleno exercício da sua personalidade e, ao mesmo tempo, possam preservar o melhor interesse das crianças, ao levarem a gravidez (mesmo as indesejadas ou aquelas que sejam resultante de violência sexual) a termo. Evita-se a interrupção da vida do nascituro e a prática de abortos clandestinos, que invariavelmente causam óbitos às gestantes ou prejuízos à saúde física e mental da mulher, além de impedir que as crianças sejam abandonadas, fiquem em situação de risco de morte e tenham a oportunidade de acolhimento por novas famílias.

Ademais, o instituto previsto no artigo 19-A do Estatuto da Criança e do Adolescente impede que a gestante ou a parturiente seja processada seja pelo crime de abandono de incapaz (artigo 133 do Código Penal), seja pela prática da adoção irregular – popularmente conhecida como "adoção à brasileira" – consistente na entrega de criança ou de adolescente, pela mãe, pai e/ou genitores biológicos, para que terceiras pessoas possam criá-los, sem a observância das exigências legais e um processo judicial prévio para a colocação em família substituta, culminando normalmente com o registro do infante. A conduta está descrita, como crime, no artigo 242 do Código Penal ("Dar parto alheio como próprio; registrar como seu filho de outrem; ocultar recém-nascido ou substituí-lo, suprimindo ou alterando direito inerente ao estado civil. Pena – reclusão, de dois a seis anos. Parágrafo único – Se o crime é praticado por motivo de reconhecida nobreza: Pena – detenção, de um a dois anos, podendo o juiz deixar de aplicar a pena"). Afinal, o devido processo legal de adoção inclui o pedido de cadastro e habilitação – em cada comarca ou foro regional e no Sistema Nacional de Adoção (artigos 50, *caput* e § 4º, do Estatuto da Criança e do Adolescente e Resolução n. 289/2019 do Conselho Nacional de Justiça), seguido de minuciosa entrevista inicial pela equipe especializada da área infanto-juvenil, com o intuito de colher o máximo de informações dos pretendentes.

Por todas essas razões, o instituto da entrega voluntária é uma forma de garantir a *eficácia horizontal dos direitos fundamentais* nas relações privadas, protegendo tanto os direitos da criança recém-nascida quanto os da mulher.

O sigilo – assegurado pelo artigo 19-A, §§ 5º e 9º, do Estatuto da Criança e do Adolescente – é amplo, e abarca não somente o direito de não declarar a identidade e demais informações dos parentes ou do suposto pai, especialmente quando a gravidez é produto de violência sexual. Também abrange o direito de a mãe de se opor a qualquer comunicação do nascimento, inclusive em relação aos membros da família extensa, que somente serão procurados caso a genitora renuncie expressamente ao seu direito ao sigilo (cf. artigo 5º, *caput*, da Resolução n. 485, de 18 de janeiro de 2023, do Conselho Nacional de Justiça).

Trata-se de uma decisão da gestante ou parturiente de entregar a criança ao Estado, antes do parto ou logo após o nascimento, que deve ser precedida da acolhimento e acompanhamento pela equipe interprofissional do Poder Judiciário ou, excepcionalmente, por servidor designado e qualificado da Vara com competência da Infância e Juventude ou, ainda, por perito escolhido pelo juízo na forma do artigo 151, parágrafo único, do Estatuto da Criança e do Adolescente ou por profissionais habilitados mediante convênios e parcerias entre o Poder Judiciário e entes públicos e privados (artigo 2º da Resolução n. 485, de 18 de janeiro de 2023, do Conselho Nacional de Justiça).

Tal deliberação é importante para evitar a revitimização da mulher pela própria família extensa, que, não raramente, abandonou ou não criou vínculos afetivos fortes com a gestante ou a parturiente, ou pelo próprio pai, que não assumiu a paternidade e não prestou nenhuma assistência no período da gravidez. A decisão da mulher de entregar voluntariamente à criança para adoção também inibe a perda de tempo na busca de outros parentes, com quem a criança ainda não tem vínculos afetivos, o que facilita a adoção da infante por uma família substituta. Caberá ao Estado-Juiz, com auxílio do relatório da equipe interprofissional, verificar se a manifestação da vontade da mulher foi livre e consentida (*v.g.*, não resultou do estado puerperal).

Nesse sentido, é a conclusão do Enunciado n. 17 do Fórum Nacional da Justiça Protetiva (FONJUP): "A busca pela família extensa nos casos de procedimento de entrega voluntária prevista no artigo 19-A, § 3º, do ECA, somente ocorrerá quando a genitora renunciar seu direito ao sigilo".

Aliás, integra o conceito de dignidade humana a possibilidade de todo ser humano se autodeterminar e escolher livremente as opções e circunstâncias que dão sentido à sua existência, de acordo com suas próprias escolhas e convicções.[159] Deve-se, pois, conferir proteção jurídica ao projeto de vida, como parte do conteúdo existencial da dignidade da pessoa.

Nesse sentido, vale destacar o voto do Juiz Antônio Cançado Trindade, julgado pela Corte Interamericana de Direitos Humanos, no *Caso Gutiérrez Soler versus Colômbia*):[160] "Todos vivemos no tempo, que termina por nos consumir. Precisamente por vivermos no tempo, cada um busca divisar seu projeto de vida. O vocábulo "projeto" encerra em si toda uma dimensão temporal. O projeto de vida tem, assim, um valor essencialmente existencial, atendo-se à ideia de realização pessoal integral. É dizer, no marco da transitoriedade da vida, a cada um cabe proceder às opções que lhe pareçam acertadas, no exercício da plena liberdade pessoal, para alcançar a realização de seus ideais. A busca da realização do projeto de vida desvenda, pois, um alto valor existencial, capaz de dar sentido à vida de cada um". Compreensão semelhante acerca da autonomia privada foi adotada pela Corte Interamericana de Direitos Humanos na Opinião Consultiva 24/17, sobre "identidade de gênero, igualdade e não discriminação a casais do mesmo sexo": "87. Por outro lado, o Tribunal especificou que a proteção do direito à vida privada não se limita ao direito à privacidade, uma vez que cobre uma série de fatores relacionados à dignidade da pessoa, incluindo, por exemplo, a capacidade de desenvolver sua própria personalidade, aspirações, determinar sua identidade e definir suas relações pessoais. *O conceito de vida privada engloba aspectos da identidade física e social, incluindo o direito à autonomia pessoal, o desenvolvimento pessoal e o direito de estabelecer e desenvolver relações com outros seres humanos e com o mundo exterior. A efetividade*

---

159. CORTE INTERAMERICANA DE DIREITOS HUMANOS. *Caso Pavez Pavez vs. Chile*. Sentença de 4 de fevereiro de 2022. Disponível em: https://corteidh.scjn.gob.mx/buscador/doc?doc=casos_sentencias/seriec_449_esp.pdf#CAPACHI_S1_PARR109. Acesso em: 29 mar. 2024. § 59.
160. CORTE INTERAMERICANA DE DIREITOS HUMANOS. https://www.corteidh.or.cr/docs/casos/articulos/seriec_132_esp.pdf. Acesso em: 12 jul. 2023. Grifei.

do exercício do direito à vida privada é decisiva para a possibilidade de exercer autonomia pessoal, no futuro curso de eventos relevantes para a qualidade de vida da pessoa. Da mesma forma, a vida privada inclui a forma como a pessoa se vê e como ela decide se projetar para com os outros, sendo esta condição indispensável para o livre desenvolvimento da personalidade. 88. Em vista disto, um aspecto central do reconhecimento da dignidade é *a possibilidade de todo ser humano se autodeterminar e escolher livremente as opções e circunstâncias que dão sentido à sua existência, de acordo com suas próprias escolhas e convicções*. Neste contexto, o *princípio da autonomia da pessoa* desempenha um papel fundamental, *o que veda toda ação estatal que procure a instrumentalização da pessoa, isto é, que o converta em um meio para fins alheios às escolhas sobre sua própria vida, seu corpo e o pleno desenvolvimento de sua personalidade*, dentro dos limites impostos pela Convenção. *Desta forma, de acordo com o princípio do livre desenvolvimento da personalidade ou autonomia pessoal, cada pessoa é livre e autônoma para seguir um modelo de vida de acordo com seus valores, crenças, convicções e interesses"* (Grifei).

Do mesmo modo, a Corte Interamericana de Direitos Humanos, ao julgar o *Caso Pavez Pavez vs. Chile*, asseverou:[161] "57. La Convención contiene una cláusula universal de protección de la dignidad, cuyo basamento se erige tanto en el principio de la autonomía de la persona como en la idea de que todas las personas deben ser tratadas como iguales, en tanto son fines en sí mismos según sus intenciones, voluntad y propias decisiones de vida. Además, la Convención Americana también reconoce la inviolabilidad de la vida privada y familiar, entre otras esferas protegidas. *Este ámbito de la vida privada de las personas, se caracteriza por ser un espacio de libertad exento e inmune a las injerencias abusivas o arbitrarias por parte de terceros o de la autoridad pública.* 58. Por otra parte, el Tribunal ha precisado que *la protección del derecho a la vida privada no se limita al derecho a la privacidad, pues abarca una serie de factores relacionados con la dignidad de la persona, incluyendo, por ejemplo, la capacidad para desarrollar su propia personalidad, aspiraciones, determinar su identidad y definir sus relaciones personales.* El concepto de vida privada engloba aspectos de la identidad física y social, incluyendo el derecho a la autonomía personal, desarrollo personal y el derecho a establecer y desarrollar relaciones con otros seres humanos y con el mundo exterior. La efectividad del ejercicio del derecho a la vida privada es decisiva para la posibilidad de ejercer la autonomía personal sobre el futuro curso de eventos relevantes para la calidad de vida de la persona. Asimismo, la vida privada comprende la forma en que la persona se ve a sí mismo y como

---

161. CORTE INTERAMERICANA DE DIREITOS HUMANOS. https://www.corteidh.or.cr/docs/casos/articulos/seriec_449_esp.pdf. Acesso em: 12 jul. 2023. Grifei.

decide proyectarse hacia los demás, siendo esto una condición indispensable para el libre desarrollo de la personalidad. 59. Ahora bien, un aspecto central del reconocimiento de la dignidad lo constituye la posibilidad de *todo ser humano de autodeterminarse y escoger libremente las opciones y circunstancias que le dan sentido a su existencia, conforme a sus propias opciones y convicciones*. En este marco juega um papel fundamental el principio de la autonomía de la persona, el cual *veda toda actuación estatal que procure la instrumentalización de la persona, es decir, que lo convierta en un medio para fines ajenos a las elecciones sobre su propia vida, su cuerpo y el desarrollo pleno de su personalidad, dentro de los límites que impone la Convención*. De esa forma, de conformidad con el principio del libre desarrollo de la personalidad o a la autonomía personal, cada persona es libre y autónoma de seguir un modelo de vida de acuerdo con sus valores, creencias, convicciones e intereses. 60. Por otra parte, y en ese orden de ideas, esta Corte ha interpretado en forma amplia el artículo 7.1 de la Convención Americana al señalar que éste incluye un concepto de libertad en un sentido extenso, el cual es entendido como la capacidad de hacer y no hacer todo lo que esté lícitamente permitido. En otras palabras, *constituye el derecho de toda persona de organizar, con arreglo a la ley, su vida individual y social conforme a sus propias opciones y convicciones. La libertad definida así, es un derecho humano básico, propio de los atributos de la persona, que se proyecta en toda la Convención Americana*".

Com efeito, a autonomia e a liberdade reprodutiva da mulher merecem proteção integral, especialmente contra determinações legais que as instrumentalizem para objetivos alheios às suas próprias vontades, como é o caso da decisão judicial que despreza o sigilo solicitado pela genitora para determinar a busca da família extensa ou do suposto pai para exercício da guarda.[162]

6.3.7 Conjugalidades

6.3.7.1 Divórcio e dissolução da união estável

A Constituição Federal de 1988 rompeu com o modelo institucionalizado da família nuclear, matrimonializada, hierarquizada e patriarcal, tendo adotado a concepção sociocultural, funcional, pluralista, democrática e eudemonista, caracterizada pelo afeto recíproco, a consideração e o respeito mútuo, estando voltada à plena realização e felicidade de seus membros.

---

162. TJPR – 12ª Câmara Cível – 0039788-97.2023.8.16.0000 – Curitiba – Rel.: Eduardo Augusto Salomão Cambi – J. 17.07.2023.

Conforme dados do Instituto Brasileiro de Geografia e Estatística (IBGE), são as mulheres que entram com mais pedidos de divórcio.[163] Há várias razões pelas quais isto acontece. Dentre elas, destaca-se a maior independência financeira que as mulheres conquistaram, nas últimas décadas, quando ingressaram em maior número no mercado de trabalho, podendo se sustentar por sua própria conta. A crescente busca por equidade de gênero nem sempre é observada na dinâmica interna dos casamentos, em que o homem continua com maior poder de decisão e controle financeiro. Isso pode levar às mulheres a quererem sair de relacionamentos insatisfatórios ou abusivos. A falta de apoio adequado do marido, especialmente quando as mulheres estão sobrecarregadas com duplas jornadas de trabalho, tendo que realizar a maior parte das tarefas domésticas não remuneradas (como o cuidado do preparo dos alimentos, limpeza da casa e realização de tarefas com os filhos), também leva gera o desejo de buscar o divórcio. Além disso, diferente de outras épocas em que o homem era o provedor econômico da família, as mulheres são mais propensas a pedir o divórcio quando descobrem a infidelidade conjugal do parceiro ou quando não se sentem suficientemente amadas e valorizadas por ele. A insatisfação emocional e sexual, que incluem a falta de comunicação adequada, intimidade ou incompatibilidade de gênios, faz com que as mulheres também peçam mais o fim dos casamentos ou a dissolução das uniões estáveis que os homens.

Diante da insuportabilidade da vida conjugal, qualquer um dos cônjuges ou companheiros pode requerer uma tutela provisória de urgência (*v.g.*, separação de corpos) ou de evidência.

6.3.7.1.1 Separação de corpos

Sobrevindo por parte de um dos cônjuges ou companheiros o desejo de romper o vínculo conjugal, é dever do Estado respeitar o direito subjetivo que têm as pessoas de voltarem a ficarem a sós e/ou de refazerem as suas vidas afetivas, como forma de assegurar a liberdade individual e dignidade pessoal. Não é legítimo ao Estado-Juiz restringir a autonomia da vontade dos cônjuges/companheiros que pretendem se separar,[164] nem, muito menos, adentrar na

---

163. IBGE. *Brasileiro se divorcia mais, mas volta a casar com mais frequência.* Disponível em: https://agenciadenoticias.ibge.gov.br/agencia-sala-de-imprensa/2013-agencia-de-noticias/releases/13214-a-si-brasileiro-se-divorcia-mais-mas-volta-a-casar-com-maior-frequencia. Acesso em: 18 mar. 2024.
164. "Dignidade é única, é valor absoluto de cada pessoa, não sendo função do Estado tarifá-lo, como deixa bem claro o art. 1.513 do Código Civil. Cada cidadão constrói e estabelece ao longo de sua existência o conteúdo de sua dignidade, podendo concretizar a sua felicidade em certa passagem da vida, talvez pelo ninho do casamento, quem sabe pela formação de uma união estável, com igual proteção da lei. *O lar geralmente é o refúgio da felicidade familiar, mas também pode ser o refúgio da liberdade pessoal quando o amor termina.* A casa é o espaço físico essencial à promoção da felicidade de dois, como

esfera discricionária da avaliação particular do grau de insuportabilidade do convívio conjugal.[165]

A medida de separação de corpos serve para que um dos cônjuges ou companheiros seja, coercitivamente, afastado do lar. Deve-se dar preferência pela manutenção, na residência da família, do consorte ou do companheiro que é vítima de violência doméstica ou familiar, está residindo junto com os filhos menores ou, supletivamente, tem menos condições financeiras para se afastar da residência. Dessa forma, confere-se prioridade à tutela do direito fundamental à moradia da parte em situação de maior vulnerabilidade socioeconômica na relação jurídico-familiar.[166]

O direito fundamental à moradia é direito social intrinsecamente ligado a outros direitos humanos e que não deve ser interpretado em sentido estrito ou restritivo, pois não se restringe ao direito a buscar um abrigo ou um teto sobre a cabeça. Na verdade, o direito à moradia deve ser entendido como o direito humano de viver em habitação adequada, em segurança, paz e dignidade.[167] As políticas

---

deve ser o espaço físico da felicidade de um, dependendo sempre da estabilidade do amor. (...) *Findo o amor, a consideração, a admiração e sobrevindo o desejo de romper pela separação judicial, é dever do Estado respeitar o direito que tem a pessoa de voltar a ficar só e de refazer a sua vida em nova dimensão de sua dignidade pessoal*" (MADALENO, Rolf. *A separação de corpos e o direito de estar só*. Disponível em: https://www.rolfmadaleno.com.br/web/artigo/a-separacao-de-corpos-e-o-direito-de-estar-so. Acesso em: 14 jan. 2023).

165. "(...) requerido o afastamento do lar conjugal, deve o juiz deferi-lo, pois não lhe é dado substituir as partes na avaliação de insuportabilidade do convívio entre os cônjuges" (TJPR, 12ª Câmara Cível, Agravo de Instrumento 1.633.747-2, Relator Dr. Antonio Domingos Ramina Junior, julgado em 30.08.2018, publicado em 06.09.2018).

166. Conforme Rolf Madaleno, "convém manter no lar desfeito o consorte com menos condições financeiras para se afastar" (*Direito de família*. 8. Ed., rev., atual. e ampl. Rio de Janeiro: Forense, 2018. p. 223). Verificar, também: TJPR– 12ª C.Cível – 0043262-81.2020.8.16.0000 – Curitiba – Rel.: Desembargador Fernando Wolff Bodziak – J. 25.11.2020.

167. Conforme o Alto Comissariado das Nações Unidas para os Direitos Humanos (ACNUDH), por meio da Observação Geral n. 4: "4. Embora a comunidade internacional reafirme frequentemente a importância do pleno respeito ao direito à habitação adequada, permanece uma lacuna preocupante entre as normas estabelecidas no artigo 11, parágrafo 1, do Pacto e a situação prevalecente em muitas regiões do mundo. Embora estes problemas costumam ser especialmente graves em alguns países que enfrentam graves limitações em termos de recursos, entre outros, o Comitê observa que também existem consideráveis problemas de falta de moradia e de moradias inadequadas em algumas das sociedades mais desenvolvidas economicamente. (...). 7. Na opinião do Comitê, o direito à habitação não deve ser interpretado num sentido estrito ou restritivo, que o equipare, por exemplo, ao abrigo que resulta do simples fato de ter um teto sobre a cabeça ou o considere exclusivamente como um conforto. Pelo contrário, deveria ser visto como o direito de viver em segurança, paz e dignidade em algum lugar. E assim deve ser por, pelo menos, duas razões. Em primeiro lugar, *o direito à habitação está inteiramente ligado aos outros direitos humanos* e aos princípios fundamentais que servem de premissa ao Pacto. (...). Em segundo lugar, a referência no n. 1 do artigo 11º não deve ser entendida no sentido de simples habitação, mas de habitação adequada. (...). 11. *Os Estados Partes devem dar a devida prioridade aos grupos sociais que vivem em condições desfavoráveis, concedendo-lhes atenção especial. As políticas e a legislação, portanto, não devem ter como objetivo beneficiar grupos sociais já favorecidos em detrimento*

sociais de moradia devem ter uma abordagem interseccional e não discriminatória, dando prioridade aos grupos sociais mais vulnerabilizados e marginalizados, e devem ser adaptadas para garantir o objetivo geral de moradia acessível para todas as pessoas.[168] Por isso, cabe ao Estado, inclusive ao Poder Judiciário, dar atenção especial aos grupos sociais em condições socioeconômicas mais desfavoráveis.

Ressalte-se que a concessão da tutela provisória de urgência, relativa a pleito de separação de corpos, não está condicionada à discussão do arbitramento de aluguel, do ressarcimento pelo uso exclusivo de bem integrante do patrimônio comum do casal ou do direito de propriedade ser de apenas uma das partes. Tais questões não integram o escopo protetivo da medida cautelar e que podem ser objeto de discussão e julgamento posterior no curso do processo judicial.

Para tornar efetiva a tutela do direito humano fundamental à moradia de meninas e mulheres, grupo social e historicamente vulnerabilizado (minorias não hegemônicas), é importante analisar o pedido de tutela provisória de urgência (pleito liminar de separação de corpos) – em conjunto com as demais particularidades do caso concreto – a partir da dimensão do constitucionalismo feminista multinível. Este método de compreensão do direito possibilita a recontextualização da realidade a partir das injustiças sociais, e empodera juízas e juízes - comprometidos com a equidade de gênero - na busca por soluções jurídicas que diminuam as relações assimétricas de poder entre mulheres e homens, inclusive para reduzir a cultura da violência estrutural causada pela misoginia, pelo machismo e pelo patriarcado.

A separação de corpos, em sede de tutela provisória de urgência, deve ser deferida de forma imediata e efetiva. O Estado-Juiz, embora sem a pretensão de substituir as partes na avaliação de insuportabilidade do convívio familiar, precisa avaliar, no contexto de cada caso concreto, quem deve deixar provisoriamente o lar conjugal, porque não é razoável manter no mesmo espaço físico duas pessoas que não conseguem mais conviverem juntas, em face da crise ou do término da relação afetiva/familiar.

---

de outros. (...)" – (ACNUDH. Observación General 4. El derecho a una vivienda adecuada (párrafo 1 del artículo 11 del Pacto), (Sexto período de sesiones, 1991). Disponível em: https://www.acnur.org/fileadmin/Documentos/BDL/2005/3594.pdf. Acesso em: 13 mar. 2024. Grifei).

168. Conforme o relatório "La vivienda adecuada como elemento integrante del derecho a un nivel de vida adecuado, y el derecho de no discriminación a este respecto – Nota del Secretario General", do ACNUDH, publicado em 15 de agosto de 2023: "66. Não discriminação. As políticas sociais e de moradia devem manter uma abordagem não discriminatória, *dando prioridade aos grupos mais marginalizados*, e devem ser adaptadas para garantir o objetivo geral de uma moradia acessível para todos. (...)" – Grifei. ACNUDH. Relatório Temático A/78/192: La vivienda adecuada como elemento integrante del derecho a un nivel de vida adecuado, y el derecho de no discriminación a este respecto – Nota del Secretario General. 15 ago. 2023. Disponível em: https://documents.un.org/doc/undoc/gen/n23/240/72/pdf/n2324072.pdf?token=PgkG5C2mSXJKk6K1yb&fe=true. Acesso em: 13 mar. 2024.

Não se pode criar obstáculos processuais desnecessários que impeçam a efetivação dos direitos da mulher para que o Poder Judiciário não incorra na *revitimização institucional*. A mulher tem direito à máxima proteção dos direitos humanos - incluindo o respeito à dignidade inerente à sua pessoa e a de seus filhos, assim como o direito de ser livre de violência, tanto na esfera pública como na privada (abrangendo todo e qualquer ato ou conduta baseada no gênero, que cause morte, danos, patrimoniais ou extrapatrimoniais, ou sofrimentos físicos, morais, sexuais ou psicológicos),[169] -a ser efetivado na tutela judicial do direito fundamental à moradia.

Os magistrados e Tribunais, no exercício de sua atividade interpretativa, devem atribuir primazia à norma (interna ou internacional) que se revele mais favorável à dignidade da pessoa humana (interpretação *pro persona*), garantindo-lhe a mais ampla proteção jurídica. O Poder Judiciário, nesse processo hermenêutico, deve extrair a máxima eficácia das declarações internacionais de direitos humanos e das proclamações constitucionais de direitos fundamentais, como forma de viabilizar o acesso à ordem jurídica justa dos indivíduos e dos grupos sociais, notadamente os mais expostos às situações de vulnerabilidade (interpretação do artigo 29 da Convenção Americana de Direitos Humanos).[170]

---

169. TJPR – 12ª Câmara Cível – 0078177-54.2023.8.16.0000 – Sarandi – Rel.: Eduardo Augusto Salomão Cambi – J. 13.12.2023.
170. Nesse sentido, vale destacar precedentes do Supremo Tribunal Federal: "(...) – Os magistrados e Tribunais, no exercício de sua atividade interpretativa, especialmente no âmbito dos tratados internacionais de direitos humanos, devem observar um princípio hermenêutico básico (tal como aquele proclamado no Artigo 29 da Convenção Americana de Direitos Humanos), consistente em atribuir primazia à norma que se revele mais favorável à pessoa humana, em ordem a dispensar-lhe a mais ampla proteção jurídica. – O Poder Judiciário, nesse processo hermenêutico que prestigia o critério da norma mais favorável (que tanto pode ser aquela prevista no tratado internacional como a que se acha positivada no próprio direito interno do Estado), deverá extrair a máxima eficácia das declarações internacionais e das proclamações constitucionais de direitos, como forma de viabilizar o acesso dos indivíduos e dos grupos sociais, notadamente os mais vulneráveis, a sistemas institucionalizados de proteção aos direitos fundamentais da pessoa humana, sob pena de a liberdade, a tolerância e o respeito à alteridade humana tornarem-se palavras vãs. – Aplicação, ao caso, do Artigo 7º, n. 7, c/c o Artigo 29, ambos da Convenção Americana de Direitos Humanos (Pacto de São José da Costa Rica): um caso típico de primazia da regra mais favorável à proteção efetiva do ser humano" (HC 91361, Relator(a): Celso de Mello, Segunda Turma, julgado em 23.09.2008, DJe-025 Divulg 05.02.2009 Public 06.02.2009 Ement vol-02347-03 pp-00430 RTJ vol-00208-03 pp-01120); "(...) nada mais nocivo, perigoso e ilegítimo do que elaborar uma Constituição sem a vontade de fazê-la cumprir integralmente ou, então, do que promulgar com o intuito de apenas executá-la com o propósito subalterno de torná-la aplicável somente nos pontos que se mostrarem convenientes aos desígnios dos governantes ou de grupos majoritários, em detrimento dos interesses maiores dos cidadãos ou, muitas vezes, em frontal desrespeito aos direitos das minorias, notadamente daquelas expostas a situações de vulnerabilidade" (ADO 26, Relator(a): Celso de Mello, Tribunal Pleno, julgado em 13.06.2019, Processo Eletrônico DJe-243 Divulg 05.10.2020 Public 06.10.2020).

Por razões sociais, culturais e históricas, o rompimento do vínculo conjugal costuma ser mais difícil para grande parte das mulheres brasileiras, não apenas devido ao agravamento do risco de violência doméstica e familiar, na sua compreensão ampla (que abarca a violência física, psicológica, sexual, patrimonial e moral), mas também porque, neste momento, as hipóteses de vulnerabilidade e de hipossuficiência ficam mais evidentes, a exigir a adoção de padrões de justiça diferenciados para a adequada, célere e efetiva tutela jurídica dos seus direitos fundamentais, o que permite a incidência do Protocolo de Julgamento na Perspectiva de Gênero (Recomendação n. 128/2022 e n. Resolução 492/2023 do Conselho Nacional de Justiça).[171]

Não é necessária a demonstração prévia e efetiva da certeza da ocorrência de violência doméstica e familiar para que seja determinado o afastamento provisório do lar, uma vez que o pedido de separação de corpos está baseado em um juízo de probabilidade e possui natureza inibitória; isto é, destina-se a preservação física, moral, sexual, psicológica e patrimonial de cada um dos cônjuges/companheiros envolvidos na crise ou no término da relação afetiva.[172] Havendo indícios da prática de violência doméstica e familiar, e com base na palavra da vítima, o juiz poderá, de imediato, afastar o agressor do lar, domicílio ou local de convivência com a ofendida, independentemente da tipificação penal da violência, do ajuizamento de ação penal ou cível, da existência de inquérito policial ou do registro de boletim de ocorrência (artigos 19, § 1º, e 24, inc. II, e § 5º, da Lei 11.340/2006). Nesse sentido, destaca-se o Enunciado n. 45 do Fórum Nacional de Juízas e Juízes de Violência Doméstica e Familiar Contra a Mulher (FONAVID) ["As medidas protetivas de urgência previstas na Lei 11.340/2006 podem ser deferidas de forma autônoma, apenas com base na palavra da vítima, quando ausentes outros elementos probantes nos autos"].

O descumprimento da decisão judicial que defere a medida protetiva de urgência de afastamento do agressor do lar configura o crime tipificado no artigo 24-A da Lei Maria da Penha, independentemente da competência (cível ou criminal) do juiz que deferiu a proteção.

Por meio de técnicas processuais adequadas, céleres e efetivas (como a concessão de tutelas provisórias e de medidas protetivas de urgência), deve-se admitir todos os meios necessários para não apenas assegurar a dissolução da sociedade e do vínculo conjugal ou a ruptura da união estável, tal como a medida de separação de corpos em casos de violência (física, psicológica, sexual, patri-

---

171. TJPR – 12ª Câmara Cível – 0086421-69.2023.8.16.0000 – Curitiba – Rel.: Eduardo Augusto Salomão Cambi – J. 30.01.2024.
172. TJPR – 12ª Câmara Cível – 0103913-74.2023.8.16.0000 – Curitiba – Rel.: Eduardo Augusto Salomão Cambi – J. 13.03.2024.

monial e/ou moral) no âmbito doméstico e familiar (Interpretação dos artigos 5º, incs. XXXV e LXXVIII, e 226, § 8º, da Constituição Federal).

6.3.7.1.2 Divórcio liminar

Independentemente dos motivos que levam um dos cônjuges a pedir a dissolução do vínculo conjugal, é certo que, com a Constituição Federal de 1988, surgiu a possibilidade de *divórcio imotivado*, mantendo-se, contudo, a obrigatoriedade de demonstração de tempo de separação de fato ou de separação judicial. Nesse contexto, o cônjuge demandado tinha, como meio de defesa, apenas a possiblidade de demonstrar a ausência do requisito temporal objetivo.

Com a vigência da Emenda à Constituição n. 66/2010, que alterou a redação do artigo 226, § 6º, da Constituição Federal, foram suprimidos os requisitos temporais. Assim, a pretensão de divórcio passou a ser um *direito potestativo e incondicional*,[173] decorrente do exercício legítimo da sua autonomia privada, não sendo mais admitido nenhum meio de defesa por parte do outro cônjuge, bastando a ruptura do afeto (*affectio maritalis*).[174] Nesse sentido, por exemplo, a regra do artigo 1.573 do Código Civil (ao elencar possíveis motivos para o divórcio) ou a discussão da culpa pelo fim do casamento (por meio da imputação ao outro de qualquer ato que importe grave violação dos deveres do casamento e torne insuportável a vida em comum, como prevê o artigo 1.572 do Código Civil), por revelarem uma postura subjetivista e conservadora, afrontam a concepção constitucional de família – enfatizada na redação atribuída ao artigo 226, § 6º, pela Emenda n. 66/2010 - como espaço ético da realização da afetividade, *locus* de promoção da dignidade humana e de exercício de responsabilidades, em que se respeitam as tomadas de decisões pessoais, seja na liberdade para estabelecer a vida em comum na forma matrimonializada, seja na dissolução do casamento. Portanto, para a decretação do divórcio, basta a vontade das partes, ou de apenas uma das partes.

---

173. DIAS, Maria Berenice. *Manual do Direito das Famílias*. 14. ed. Salvador: JusPodivm, 2021. p. 570.
174. TARTUCE, Fernanda. *Processo Civil no Direito de Família: Teoria e Prática*. 4. ed. São Paulo: Editora Método, 2019. p. 347-348. TJSP; Agravo de Instrumento 2182813-58.2023.8.26.0000; Relator (a): Jair de Souza; Órgão Julgador: 10ª Câmara de Direito Privado; Foro Central Cível – 10ª Vara da Família e Sucessões; Data do Julgamento: 30.08.2023; Data de Registro: 30.08.2023; TJ/RJ – 0001241-67.2024.8.19.0000 – Agravo de Instrumento. Des(a). Maria Luiza de Freitas Carvalho – Julgamento: 15.01.2024 – Décima Primeira Câmara de Direito Privado (antiga); TJDFT – Acórdão 1796812, 07402531720238070000, Relator: Robson Teixeira de Freitas, 8ª Turma Cível, data de julgamento: 05.12.2023, publicado no DJE: 15.12.2023. P.: Sem Página Cadastrada); TJPR – 12ª Câmara Cível – 0038302-14.2022.8.16.0000 – Maringá –Rel.: Desembargador Rogério Etzel – J. 27.03.2023.

O direito de casar – porque voltado para a constituição de uma comunhão de vida – e, da mesma forma, o direito de manter-se casado e de extinguir o casamento – porque o amor é uma ação que somente pode ser exercida na liberdade – é um *direito individual potestativo*, que decorre da autonomia privada no âmbito das relações familiares, que, ao fim e ao cabo, abrange o direito de escolher, manter e extinguir a entidade familiar.[175-176] O Estado não pode, por meio da técnica processual, constranger ninguém nem a se casar nem, tampouco, a se manter casado contra a sua vontade manifesta. O divórcio liminar confere máxima efetivação dos direitos de personalidade, produz imediato alívio psicológico ao demandante e não gera nenhum prejuízo ao demandado.

Não é prudente que o Estado-Juiz mantenha unido um casal, em que um dos cônjuges quer se divorciar, impondo-lhe um *duplo sofrimento*: os que já decorrem das próprias circunstâncias da vida, decorrentes da frustração de um projeto conjugal comum, e mais a punição trazida pelo processo judicial que, mesmo diante da manifesta falta de *affectio maritalis*, impõe a manutenção do casamento, quando o divórcio poderia ser determinado *in limine litis*, por se tratar de um direito potestativo.[177]

Com efeito, ante a impossibilidade de oposição de defesa juridicamente viável pelo consorte demandado, é cabível a concessão de tutela provisória da evidência, a fim de decretar o divórcio *inaudita altera pars*, isto é, mesmo antes da citação do ex-cônjuge. Tal conclusão decorre da interpretação conforme do artigo 311, inciso IV, do Código de Processo Civil,[178] com os artigos 5º, incisos

---

175. TJPR – 12ª Câmara Cível – 0076124-03.2023.8.16.0000 – Maringá – Rel.: Desembargador Gil Francisco De Paula Xavier Fernandes Guerra – Rel.Desig. p/ o Acórdão: Eduardo Augusto Salomão Cambi – J. 11.04.2024.
176. Conforme Erich Fromm, "(...) o amor é uma ação, a prática de um poder humano, que só pode ser exercido na liberdade (...)" (*A arte do amor* [Livro Eletrônico]. São Paulo: Martins Fontes, 2020). Da mesma forma, Guilherme Nogueira da Gama afirma que "o princípio da liberdade (...), no âmbito das relações familiares, se associa à autonomia privada no seguimento da liberdade de escolha, de manutenção e de extinção da entidade familiar" (*Princípios constitucionais de direito de família*. São Paulo: Atlas, 2008. p. 75). Além disso, no RE 1.167.478, que fixou o Tema n. 1.053 ["Após a promulgação da EC 66/2010, a separação judicial não é mais requisito para o divórcio nem subsiste como figura autônoma no ordenamento jurídico. Sem prejuízo, preserva-se o estado civil das pessoas que já estão separadas, por decisão judicial ou escritura pública, por se tratar de ato jurídico perfeito (art. 5º, XXXVI, da CF)"], vale ressaltar o voto do Min. Luiz Edson Fachin: "Casar é um ato de liberdade. É uma escolha. É um ato que constitui uma comunhão de vida. Manter-se casado também deve ser um ato de liberdade".
177. TJPR – 12ª Câmara Cível – 0110614-51.2023.8.16.0000 – Curitiba –Rel.: Desembargadora Ivanise Maria Tratz Martins– Rel. Desig. p/ o Acórdão: Eduardo Augusto Salomão Cambi – J. 18.03.2024.
178. "Agravo de instrumento – Ação de divórcio litigioso c/c partilha de bens – Decisão que indeferiu pedido liminar de divórcio e regulamentação da posse dos imóveis – Recurso – *Pedido de divórcio – Direito potestativo – Artigo 226, § 6º, da Constituição – Possibilidade de deferimento da tutela da evidência independentemente de citação – Artigo 311, IV, do CPC – Regulamentação da posse dos imóveis na pendência*

XXXV e LXXVIII, da Constituição Federal. Aliás, a concessão do divórcio liminar permite a inversão razoável do ônus de suportar o tempo do processo, pois tal providência judicial privilegia o detentor do direito evidente.

Na dimensão biopolítica, o processo deve servir a vida, não a vida ao processo,[179] sob pena de não se tutelar adequadamente a dignidade da pessoa humana, tornando a técnica jurídica refém do positivismo e do formalismo exacerbados. Logo, não se pode ignorar a força criativa dos fatos sociais, os quais ganham *normatividade*, a partir da concretização dos princípios e das garantias constitucionais (como a do acesso à ordem jurídica justa e da razoável duração do processo), e, portanto, maior *operabilidade*, já que as sociedades contemporâneas exigem formas mais eficientes de solucionar conflitos, inclusive para evitar a eternização de incertezas.[180]

Os direitos evidentes merecem tratamento processual diferenciado;[181] por isso, as situações autorizadoras para o deferimento de tutela da evidência não estão adstritas ao disposto no mencionado artigo 311 do Código de Processo Civil, cujo rol é *meramente exemplificativo*. Afinal, há diversas outras situações – fora do artigo 311 do Código de Processo Civil - nas quais é possível lançar mão da tutela da evidência, a exemplo da decisão liminar em ação possessória de força nova (artigo 562 do Código de Processo Civil), da decisão liminar de despejo (artigo 59, § 1º, da Lei 8.245/1991) e da decisão liminar em demanda monitória (artigo 701 do Código de Processo Civil).[182]

Portanto, por ser a decretação do divórcio um direito humano, potestativo e incondicional do cônjuge que não pretende mais manter o vínculo conjugal, obrigá-lo a aguardar a solução final do processo, suportando sozinho os ônus do tempo de tramitação processual, sabendo-se que o demandado não terá

---

da partilha – Estado de mancomunhão – Competência da vara da família que apenas se encerra com a partilha de bens – Existência de dois imóveis a serem divididos – Possibilidade de deferimento da posse exclusiva de um imóvel para cada cônjuge até a realização da partilha – Analogia ao artigo 647, parágrafo único, do CPC que trata de inventário – medida que previne enriquecimento sem causa por parte de um dos cônjuges – Tutela de urgência deferida – Decisão reformada – recurso conhecido e provido" (TJPR – 12ª C.Cível – 0010899-70.2022.8.16.0000 – Pinhais – Rel.: Desembargadora Rosana Amara Girardi Fachin – J. 08.06.2022) – Grifei.

179. GAGLIANO, Pablo Stolze. *Divórcio Liminar*. Disponível em: http://jus.com.br/artigos/28187/divorcio-liminar#ixzz3k8kqLQgY. Acesso em: 9 ago. 2023.
180. TJPR – 12ª Câmara Cível – 0008917-84.2023.8.16.0000 – Ponta Grossa – Rel.: Desembargador Gil Francisco de Paula Xavier Fernandes Guerra – Rel.Desig. p/ o Acórdão: Eduardo Augusto Salomão Cambi – J. 15.02.2024.
181. *Tutela da evidência*. Probabilidade, defesa frágil e o dever de antecipar a tempo. São Paulo: Ed. RT, 2020. p. 307-309.
182. TJPR – 12ª Câmara Cível – 0051491-25.2023.8.16.0000 – Maringá – Rel.: Eduardo Augusto Salomão Cambi – J. 23.10.2023.

razões jurídicas para se opor ao pedido, é uma solução judicial não razoável, desproporcional, inefetiva e inadequada, seja da perspectiva do direito processual, seja a do direito material.[183] Em outras palavras, é inadmissível a criação de obstáculos processuais não razoáveis para a manutenção do casamento contra a vontade da parte.

Em caso de desistência da ação pela parte demandante, após a concessão do divórcio liminar e antes da citação da parte demandada, a tutela de evidência deve ser revogada, porque o mérito da causa não foi julgado de forma definitiva, e depende da formação da relação jurídica processual. O não prosseguimento do processo, pela parte beneficiária da tutela de evidência, levará perda da eficácia do provimento jurisdicional, com o cancelamento da averbação no registro de casamento efetuado e o retorno do demandante ao *status quo* anterior, já que, neste caso, haverá a resolução do caso concreto sem o julgamento do mérito (artigo 485, inc. VIII, do Código de Processo Civil).

Além disso, quando a mulher é vítima de violência doméstica e familiar, a apresentação de indícios precisos, graves e concordantes é *standard* de prova suficiente para que a mulher não seja submetida a um processo de *revitimização institucional*, pelo Poder Judiciário, propiciado pela criação de obstáculos processuais não razoáveis para a manutenção do casamento contra a sua vontade livre e consentida, agravada por violências preteritamente sofridas.[184]

6.3.7.1.3 *Divórcio post mortem*

Outro tema importante, decorrente da promulgação da Emenda Constitucional n. 66/2010, é o do divórcio *post mortem*. Apesar de a ação de divórcio possuir natureza personalíssima, a morte de um dos cônjuges no curso do processo não acarreta a perda do objeto nem tampouco a resolução do processo sem julgamento de mérito, porque é cabível o reconhecimento do divórcio *post mortem* quando uma das partes, já tendo exercido o direito de ação, falece antes do julgamento do divórcio.[185]

---

183. FARIAS, Cristiano Chaves de; ROSA, Conrado Paulino da. *Teoria geral do afeto*. 4. ed. São Paulo: JusPodivm, 2023. p. 354-355.
184. TJPR – 12ª Câmara Cível – 0084983-08.2023.8.16.0000 – Londrina – Rel.: Eduardo Augusto Salomão Cambi – J. 15.12.2023.
185. STJ – Recurso Especial 2007285 – MG (2022/0172895-2), Decisão Monocrática, Relator: Ricardo Villas Bôas Cueva, Data de Publicação: 14.04.2023; TJMG – AI: 10000200777423004 MG, Relator: Dárcio Lopardi Mendes, Data de Julgamento: 05.08.2021, Câmaras Cíveis / 4ª Câmara Cível, Data de Publicação: 06.08.2021; TJSP – AC: 10002887020208260311 SP 1000288-70.2020.8.26.0311, Relator: Mary Grün, Data de Julgamento: 02.10.2020, 7ª Câmara de Direito Privado, Data de Publicação: 02.10.2020;

Afinal, os efeitos jurídicos do casamento devem valer até a separação de fato do casal; depois de um dos cônjuges pedir o divórcio em juízo, seria um apego excessivo à formalidade ignorar a sua vontade, pelo fato da parte ter morrido no curso do processo.[186]

Por ser a decretação do divórcio um direito humano, potestativo e incondicional do cônjuge, que não pretende mais manter o vínculo conjugal, obrigá-lo ou seus herdeiros a suportar a manutenção dos efeitos patrimoniais e sucessórios da perpetuação do casamento (artigos 1.829 e 1.832 do Código Civil), mesmo após exercido de forma efetiva o direito de ação, e sabendo-se que o demandado não teria razões jurídicas para se opor ao pedido, é uma solução judicial não razoável, desproporcional, inefetiva e inadequada, seja da perspectiva do direito processual, seja a do direito material.

6.3.7.2 Famílias simultâneas

A Constituição Federal de 1988 superou o modelo romano-canônico da família tradicional (matrimonializada, patriarcal, assimétrica, hierárquica, indissolúvel e heterossexual).

Antes da Constituição Federal de 1988, os vínculos afetivos constituídos fora do casamento não eram considerados família. Eram tratados como concubinatos ou, no máximo, tinham efeitos jurídicos assegurado pelo Direito das Obrigações, sendo enquadrados na categoria das sociedades de fato.

Tal construção jurídica reproduzia a misoginia e o machismo estrutural, porque, pelos valores sociais hegemônicos, o homem – enquanto provedor econômico da família – detinha privilégios nas relações jurídicas privadas. Tolerava-se a infidelidade masculina, em detrimento do comportamento sexual feminino, pautado com maior rigor pelo dever de fidelidade. O artigo 1.566, inc. I, do Código Civil, embora tratasse a monogamia, como um princípio estruturante do casamento, prejudicava muito mais a mulher que o homem, ainda mais quando o divórcio era proibido ou, depois da sua aprovação em 1977, quando se discutia

---

TJPR – 12ª Câmara Cível – 0002779-84.2022.8.16.0017 – Maringá – Rel.: Substituta Renata Estorilho Baganha – Rel. Desig. p/ o Acórdão: Eduardo Augusto Salomão Cambi – J. 23.10.2023.

186. "Deixar de se decretar o divórcio, quando uma, ou mesmo ambas as partes falecem no curso do processo, seja consensual ou litigioso é fazer da lei (regra jurídica) um fetiche, é inverter a relação sujeito/objeto, e apegar-se excessivamente à formalidade jurídica em detrimento de sua essência. Afinal, se o casamento já havia acabado, os seus efeitos jurídicos devem se dar à partir da separação de fato do casal, associado a intenção de não mais voltarem ao casamento. Após a EC 66/2010, o único requisito para o divórcio é a vontade das partes, ou de apenas uma das partes. Atribuir o estado civil de viuvez a quem já tinha se manifestado, e até tentando concretizar o divórcio pela via judicial é perverter o espírito maior da lei, que deve sempre ser interpretada em consonância com outras fontes do Direito" (PEREIRA, Rodrigo da Cunha. *Direito das Famílias*. 4. ed. Rio de Janeiro: Editora Forense, 2023. p. 239).

a culpa pelo fim do casamento, até a promulgação da Emenda Constitucional n. 66/2010.

Com a revolução sexual, especialmente com a descoberta das pílulas anticoncepcionais, a influência dos movimentos feministas e a maior participação das mulheres nas Universidades e no mercado de trabalho, a monogamia como requisito para a caracterização da entidade familiar (antes entendida apenas como unidade econômica e de reprodução) passou a ser objeto de contestação pelas teorias crítica dos Direitos de Famílias, marcado pela pluralidade, eudemonismo e afetividade.

O afeto passou a ser um elemento nuclear da concepção moderna de família. Afinal, as pessoas se *conjugam* para a satisfação do desejo de ficarem juntas e de estabelecerem uma comunhão de vidas. A família-instituição foi substituída pela família-instrumento, isto é, existe para contribuir para o desenvolvimento da personalidade de seus integrantes.[187]

A família, mais que uma construção jurídica, é uma categoria sociocultural, voltada a satisfação das necessidades e da busca da felicidade de cada um dos componentes dessa comunidade de afeto. Com efeito, as espécies de entidades familiares, previstas explicitamente na Constituição Federal, não são taxativas, mas exemplificativas,[188] como reconheceu o Supremo Tribunal Federal, ao equiparar as uniões homoafetivas às uniões heteroafetivas para fins de família.[189]

Além disso, devido à evolução dos costumes, à amplitude da liberdade sexual e à expansão da fluidez das relações afetivas (ou seja, de "amor líquido" ou da "cultura da gratificação instantânea e descartável"),[190] inclusive do sexo virtual, tornou-se ainda mais difícil distinguir o mero namoro, do namoro qualificado e da união estável.[191]

Relacionamentos afetivos, antes clandestinos e marginalizados, passaram a ser reconhecidos e aceitos socialmente, apesar de não encontrarem respaldo suficiente do Direito de Família mais tradicional e, especialmente, de encontrar

---

187. DIAS, Maria Berenice. Multiconjugalidades. *Revista IBDFAM* – Famílias e Sucessões, v. 59, set./out. 2023, p. 35.
188. LÔBO, Paulo. Entidades familiares constitucionalizadas: para além do numerus clausus. https://ibdfam.org.br/artigos/128/Entidades+familiares+constitucionalizadas:+para+al%2525252525C3%2525252525A9m+do+numerus+clausus. Acesso em: 28 abr. 2023.
189. ADI 4277, Relator(a): Ayres Britto, Tribunal Pleno, julgado em 05-05-2011, DJe-198 Divulg 13.10.2011 Public 14.10.2011 Ement vol-02607-03 pp-00341 RTJ vol-00219-01 pp-00212.
190. BAUMAN, Zygmunt. *44 Cartas do Mundo líquido moderno*. Trad. Vera Pereira. Rio de Janeiro: Zahar, 2011. p. 28-29.
191. TJPR – 12ª Câmara Cível – 0036195-86.2021.8.16.0014 – Londrina – Rel.: Eduardo Augusto Salomão Cambi – J. 13.12.2023.

resistência no Congresso Nacional, formado majoritariamente por homens, brancos, heterossexuais, cisgêneros e proprietários.

O conservadorismo da maioria dos legisladores mantém no Código Civil a expressão "concubinato" e seus efeitos jurídicos, como a cessão do dever de prestar alimentos (artigo 1.708) e o impedimento do reconhecimento das famílias simultâneas (artigo 1.727).[192]

A monogamia, como princípio estrutural do Direito das Famílias, também é afirmada pelo Supremo Tribunal Federal, nos Temas de Repercussão Geral n. 526, que proíbe o concubinato de gerar efeitos previdenciário ("É incompatível com a Constituição Federal o reconhecimento de direitos previdenciários [pensão por morte] à pessoa que manteve, durante longo período e com aparência familiar, união com outra pessoa casada, porquanto o concubinato não se equipara, para fins de proteção estatal, às uniões afetivas resultantes do casamento e da união estável"), e n. 529, que impede união estável e relação homoafetiva concomitantes para fim de rateio de pensão por morte ("A preexistência de casamento ou de união estável de um dos conviventes, ressalvada a exceção do artigo 1.723, § 1º, do Código Civil, impede o reconhecimento do novo vínculo referente ao mesmo período, inclusive para fins previdenciários, em virtude da consagração do dever de fidelidade e da monogamia pelo ordenamento jurídico-constitucional brasileiro").

A inércia do Poder Legislativo, aliada ao posicionamento conservador do STF, não pode impedir que a literatura e a jurisprudência evoluam para buscar o reconhecimento jurídico das famílias simultâneas, inclusive para evitar a consagração de situações injustas, especialmente com as mulheres que, de boa-fé, convivem de forma pública, contínua e duradoura com alguém já casado, quando é inequívoco o *animus familiae*.

A realidade das famílias simultâneas reclama uma atenção especial do Poder Judiciário, com um viés mais sensível à dinâmica da sociedade, já que a compreensão da pluralidade e da heterogeneidade das famílias se modifica com a complexidade dos fatos sociais, que também possuem força criadora (normativa) de direitos, como emerge da máxima *ex factis jus oriutur*. Caso contrário, o Direito não se comunicaria com a realidade social, pois as injustiças somente podem ser percebidas no domínio da experiência ordinária da vida, que, além de impregnada de consensos, condiciona o agir social e jurídico.[193]

---

192. CAMBI, Eduardo Augusto Salomão; GARCEL, Adriane. Reconhecimento de efeitos jurídicos às famílias simultâneas – a monogamia como valor ético-social relevante. *Revista IBDFAM: Famílias e Sucessões*, v. 57, maio/jun. 2023. p. 45.
193. BITTAR, Eduardo Carlos Bianca. *Introdução ao Estudo do Direito*. 3. ed. São Paulo: Saraiva, 2021. p. 35.

O mundo da vida e a experiência social, como já asseverado, devem ser percebidos e acolhidos pelo Direito, notadamente pela jurisprudência, que, por ser também fonte jurídica, permite que os fatos relevantes retroalimentem a constante evolução na intepretação e na aplicação do Direito, voltada à construção de uma hermenêutica que consagre o princípio da primazia da realidade, a promoção dos valores éticos e a máxima proteção dos direitos humanos fundamentais, denominada pelo Min. Edson Fachin de *Virada de Copérnico*.[194]

No contexto da interpretação extensiva e não reducionista do rol (meramente exemplificativo) do artigo 226 da Constituição Federal, e baseado no princípio da boa-fé objetiva, devem ser reconhecidos efeitos jurídicos aos *arranjos familiares* não monogâmicos presentes em famílias paralelas ou simultâneas, a partir da compreensão da monogamia como um valor sociocultural relevante, e não como um princípio jurídico estruturante do Direito das Famílias.[195]

Nesse sentido, o Enunciado Doutrinário n. 4 do Instituto Brasileiro de Direito de Família (IBDFAM) estabelece: "A constituição de entidade familiar paralela pode gerar efeito jurídico".

De acordo com a jurisprudência da Corte Interamericana de Direitos Humanos (Corte IDH), que precisa ser levada em consideração pelos juízes latino-americanos (cf. artigos 4º, parágrafo único, e 5º, § 2º, da Constituição Federal e 1º, inc. II, da Resolução n. 123/2022 do Conselho Nacional de Justiça, bem como pela jurisprudência do Supremo Tribunal Federal – *v.g.*, ADPF 635-MC/RJ), a dinâmica da vida não pode ser compreendida restritivamente. A visão do direito à vida abrange uma dimensão positiva que atribui aos Estados, integrantes do Sistema Interamericano de Direitos Humanos, a necessidade de adotar medidas adequadas para conferir a máxima proteção ao direito fundamental à *vida digna*. Também é dever jurídico dos Estados-partes conferir aplicação progressiva aos direitos humanos sociais (exegese do artigo 26 da Convenção Americana de Direitos Humanos).

No Caso Associação Nacional de Desempregados e Aposentados da Superintendência Nacional de Administração Tributária (ANCEJUB-SUNAT) vs. Peru,[196] a Corte IDH considera que os direitos à seguridade social e a uma vida

---

194. Código Civil: vinte anos depois, regras e princípios atestam resiliência. Disponível em: https://www.conjur.com.br/2022-jan-10/luiz-edson-fachin-codigo-civil-vinte-anos-depois. Acesso em: 27 abr. 2023.
195. TJPR – 12ª Câmara Cível – 0001361-85.2022.8.16.0058 – Campo Mourão – Rel.: Eduardo Augusto Salomão Cambi – J. 17.04.2023.
196. Corte IDH. Caso Associação Nacional de Desempregados e Aposentados da Superintendência Nacional de Administração Tributária (ANCEJUB-SUNAT) *vs.* Peru. Exceções preliminares, mérito, reparações e custas. Sentença de 21.11.2019.

digna estão interligados, situação que se acentua no caso dos idosos. A Corte IDH indicou que a ausência de recursos econômicos, causada pelo não pagamento das pensões de aposentadoria, gera diretamente no idoso um comprometimento de sua dignidade, porque nesta fase de sua vida a pensão constitui a principal fonte de recursos econômicos para resolver suas necessidades primárias e elementares como ser humano. Deste modo, a afetação do direito à seguridade social pela falta de pagamento dos referidos reembolsos implica angústia, insegurança e incerteza quanto ao futuro de um idoso devido à eventual falta de recursos econômicos para a sua subsistência, uma vez que a privação de uma renda acarreta intrinsecamente restrições no avanço e desenvolvimento de sua qualidade de vida e de sua integridade pessoal. A Corte IDH afirma, ainda, que o direito à vida digna é fundamental na Convenção Americana, pois sua salvaguarda depende da realização dos demais direitos. Ao não respeitar este direito, todos os outros direitos desaparecem.

Ressalta-se que o artigo 1º, inc. II, Recomendação n. 123/2022 do Conselho Nacional de Justiça (CNJ) aconselha aos órgãos do Poder Judiciário brasileiro a observância dos tratados e convenções internacionais de direitos humanos e o uso da jurisprudência da Corte Interamericana de Direitos Humanos. Ademais, o Supremo Tribunal Federal, na ADPF 635-MC/RJ, conforme consta do voto do Min. Edson Fachin, asseverou o caráter vinculante e obrigatório das decisões da Corte Interamericana de Direitos Humanos: "(...) a Corte Interamericana de Direitos Humanos, *cujas decisões são vinculantes para o Estado brasileiro*, nos termos do artigo 68.1 do Pacto de São José da Costa Rica, ratificado em 25.09.1992 e promulgado pelo Decreto 678, de 6 de novembro de 1992 (...)".

Famílias simultâneas ou paralelas se caracterizam pela circunstância de uma pessoa que, ao mesmo tempo, se coloca como membro de duas ou mais entidades familiares. Todavia, o reconhecimento jurídico destas famílias – resultantes da coexistencialidade, e desde que fundadas na estabilidade, ostensibilidade, continuidade e publicidade – não se confundem com a situação dos relacionamentos clandestinos, nem com as relações afetivas casuais, livres, descomprometidas, sem comunhão de vida, atentatórias da dignidade, desonestas ou desprovidas de boa-fé em sentido objetivo.[197]

Portanto, o patrimônio, construído na constância da coexistencialidade das famílias simultâneas, deve ser partilhado com a mulher (*v.g.*, que tenha demonstrado ter trabalhado, por longo período de tempo, em uma das empresas do

---

197. TJPR – 12ª Câmara Cível – 0001361-85.2022.8.16.0058 – Campo Mourão – Rel.: Eduardo Augusto Salomão Cambi – J. 17.04.2023.

companheiro, sendo reconhecida pelos funcionários como "gerente" e "proprietária"). Afinal, o não reconhecimento do esforço – direto e indireto – comum da companheira daria ensejo ao enriquecimento sem causa (artigo 884 do Código Civil), razão pela qual, mesmo que afastada a configuração de entidades familiares simultâneas, *ad argumentandum tantum*, ensejaria a justa partilha dos bens amealhados com seu trabalho (tanto na empresa quanto doméstico não remunerado), por força da irrefutável caracterização da *sociedade de fato*. Nesse sentido, o Supremo Tribunal Federal editou a Súmula n. 380 ("Comprovada a existência de sociedade de fato entre os concubinos, é cabível a sua dissolução judicial, com a partilha do patrimônio adquirido pelo esforço comum"), que tem sido aplicada tanto por influência da doutrina[198] quanto em precedentes do Superior Tribunal de Justiça.[199]

Comprovada a concomitância de entidades familiares, o patrimônio amealhado, durante o respectivo período de convivência, deve ser dividido entre as partes que contribuíram, direta ou indiretamente, com a aquisição dos bens.[200]

Por fim, a despeito de a Tese fixada pelo Supremo Tribunal Federal no Tema n. 529 (Repercussão Geral) – produto de julgamento de recursos extraordinários repetitivos – ostentar caráter vinculante (artigo 927, inc. III, do Código de Processo Civil), é possível que, excepcionalmente, o juiz ou o tribunal afaste o precedente obrigatório mediante a técnica conhecida como distinção ou *distinguishing*, ao explicitar, de maneira clara e precisa, a situação material relevante e diversa capaz de não incidir no caso a tese jurídica (*ratio decidendi*), conforme aplicação do artigo 14, *caput*, da Recomendação n. 134/2022 do Conselho Nacional de Justiça (CNJ).[201]

Do mesmo modo, *a contrario sensu*, é possível interpretar a regra contida no artigo 489, § 1º, inc. VI, do Código de Processo Civil: "Art. 489. São elementos

---

198. "(...) relações concomitantes são catalogadas como sociedades de fato e, conforme já prescrevia a Súmula 380 do STF, os que se veem prejudicados pelo ilícito enriquecimento e pelo acréscimo patrimonial do parceiro se socorrem do equilíbrio econômico proveniente do campo do Direito das Obrigações" (MADALENO, Rolf. *Direito de Família*. 12. ed. Rio de Janeiro: Forense, 2022. p. 1333).
199. REsp 1.916.031/MG, relatora Ministra Nancy Andrighi, Terceira Turma, julgado em 03.05.2022, DJe de 05.05.2022.
200. "(...) comprovada a concomitância do dúplice vínculo, impõe-se a divisão do patrimônio acrescido durante o período de sua mantença. Não é possível deixar de conceder tutela jurídica à entidade familiar que atende a todos os requisitos legais, pelo só fato de existir outra entidade, formalizada ou não pelo casamento" (DIAS, Maria Berenice. Multiconjugalidades. *Revista IBDFAM* – Famílias e Sucessões, v. 59, set./out. 2023, p. 42).
201. "Poderá o juiz ou tribunal, excepcionalmente, identificada distinção material relevante e indiscutível, afastar precedente de natureza obrigatória ou somente persuasiva, mediante técnica conhecida como distinção ou *distinguishing*".

essenciais da sentença: I - o relatório, que conterá os nomes das partes, a identificação do caso, com a suma do pedido e da contestação, e o registro das principais ocorrências havidas no andamento do processo; II – os fundamentos, em que o juiz analisará as questões de fato e de direito; III – o dispositivo, em que o juiz resolverá as questões principais que as partes lhe submeterem. § 1º Não se considera fundamentada qualquer decisão judicial, seja ela interlocutória, sentença ou acórdão, que: (...). *VI – deixar de seguir enunciado de súmula, jurisprudência ou precedente invocado pela parte, sem demonstrar a existência de distinção no caso em julgamento ou a superação do entendimento*".

É certo que os Temas fixados em Repercussão Geral pelo Supremo Tribunal Federal vinculam os juízes e os Tribunais. Porém, em hipóteses excepcionais, podem os juízes assumir o *ônus argumentativo* de distinguir o precedente das circunstâncias concretas do caso concreto, pois o fim último do Poder Judiciário é concretizar a justiça das decisões, sem ignorar a importância da segurança jurídica.[202]

A interpretação restritiva do artigo 226 da Constituição Federal não representa os anseios da democracia e da cidadania, já que famílias coexistentes são entidades voltadas à realização existencial de seus membros e, quando baseada na boa-fé objetiva, ingressam no cenário jurídico por meio da porosidade principiológica do sistema, produzem efeitos no mundo exterior e merecem a proteção do Estado.

O Poder Judiciário não pode desprezar o reconhecimento jurídico dos arranjos familiares inerentes à sociedade pluralista, devendo estar atento às peculiaridades das relações de famílias a fim de proteger os interesses legítimos de seus membros.[203]

Em um Estado Democrático de Direito, todas as formas de família devem coexistir, porque o conceito de entidade familiar não se restringe ao casamento, a heteroafetividade e a monogamia.[204] O não reconhecimento das famílias

---

202. CAMBI, Eduardo. *Neoconstitucionalismo e neoprocessualismo*. Direitos fundamentais, políticas públicas e protagonismo judiciário. 4. ed. Belo Horizonte: D´Plácido, 2023. p. 370-371.
203. A propósito, Nancy Fraser afirma que *as reivindicações de justiça social incluem a política de reconhecimento, cujo objetivo "es un mundo que acepte la diferencia, en que la integración en la mayoria o la asimilación de las normas culturales dominantes no sea ya el precio de un respecto igual"* (*La justicia social en la era de la politica de la identidad: Redistribución, reconocimiento y participación*. In: Redistribución o reconocimiento? Un debate político-filosófico. Madri: Ediciones Morata, 2003. p. 17). E, mais adiante, assevera que "En la perspectiva democrática, la justicia no es un requisito impuesto desde fuera, determinado por instancias superiores a las personas a quienes obliga. Por el contrario, sólo vincula en la medida en que sus destinatarios puedan también considerarse con razón como sus autores" (Idem, p. 48).
204. DIAS, Maria Berenice. Multiconjugalidades. *Revista IBDFAM – Famílias e Sucessões*, v. 59, set./out. 2023, p. 44.

simultâneas é, pois, muito mais uma questão de superação de preconceitos e discriminações, baseadas no padrão androcêntrico e no moralismo do intérprete da Constituição e do Código Civil, do que um argumento razoável para se negar a dignidade da pessoa humana, inerente à existência desses agrupamentos familiares.

6.3.7.3 Partilha de bens pelo esforço comum

A partilha dos bens amealhados durante a convivência conjugal, quando incide o regime da comunhão parcial de bens, decorre da presunção do esforço comum, que resulta da aplicação do princípio da solidariedade familiar, já que os cônjuges ou companheiros – apesar de manterem suas individualidades – se vinculam afetivamente com a finalidade de constituição de um mesmo objetivo, isto é, a formação de uma família, a qual se funda no apoio moral e material entre os seus membros, visando a promoção do desenvolvimento integral e a busca da felicidade de todos os seus integrantes.

O conceito de *esforço comum* não deve ser interpretado sob um viés meramente patrimonialista, mas deve abarcar também a contribuição afetiva, psicológica, moral e, inclusive, aquela relativa ao trabalho doméstico não remunerado.[205]

O esforço comum, quando aplicável o regime da comunhão parcial de bens, prescinde da demonstração de contribuição, direta ou indireta, de ambos os cônjuges ou companheiros, por ser uma presunção legal que visa facilitar a tutela do direito à meação do patrimônio amealhado pelo casal.

Tal interpretação, ao facilitar a partilha de bens pela mulher (especialmente, quando ela ganha menos que o marido ou o companheiro, ou exerce, majoritária ou integralmente, o trabalho doméstico não remunerado) se coaduna com a concretização, pelo Poder Judiciário, do Protocolo de Julgamento na Perspectiva de Gênero[206] e da Meta 5.4 do *Objetivo de Desenvolvimento Sustentável 5 da Organização das Nações Unidas* ("Eliminar a desigualdade

---

[205] TJPR – 12ª Câmara Cível – 0036195-86.2021.8.16.0014 – Londrina – Rel.: Eduardo Augusto Salomão Cambi – J. 13.12.2023.

[206] "Na partilha dos bens, a ideia preconceituosa e equivocada acerca da divisão sexual do trabalho, na qual homens são sempre os provedores e as mulheres cuidadoras, pode acarretar distorções indesejáveis. Sendo as mulheres ́incapazes ́ de performar no mundo dos negócios, durante o desenvolvimento do litígio, muitas vezes pode-se acreditar na impossibilidade de gerir aluguéis, de ter participação nos lucros em sociedades empresariais ou mesmo de administrá-las" (BRASIL. Conselho Nacional de Justiça. *Protocolo para julgamento com perspectiva de gênero*. Brasília: Conselho Nacional de Justiça, 2021. p. 97).

na divisão sexual do trabalho remunerado e não remunerado, inclusive no doméstico e de cuidados...").

Em outras palavras, a noção de esforço comum, na partilha de bens decorrentes do casamento ou da união estável, deve ser concretizada a partir da perspectiva de gênero para superar o padrão cultural androcêntrico que, a pretexto de consagrar a neutralidade jurídica, concebe o homem como "sujeito jurídico universal e abstrato", o que compromete a imparcialidade do julgamento, mantém as relações assimétricas de poder e consagra injustiças sociais.

Para que se afaste a presunção de esforço comum própria do regime da comunhão parcial de bens e evite a partilha, é imprescindível que a parte se desincumba do ônus de provar que a aquisição do bem litigioso foi pretérita ao casamento ou à união estável, ou que os recursos utilizados para a sua compra, ainda que realizada durante a constância da entidade familiar, são provenientes de fontes anteriores à constituição da família.

O bem sub-rogado fica excluído da partilha, desde que adquirido com valores pertencentes exclusivamente a um dos cônjuges ou companheiros.[207] A sub-rogação pode ser total ou parcial. Nesta hipótese, tendo a aquisição do bem – ocorrida durante o casamento ou da união estável – resultado de apenas parcela de valores pertencentes exclusivamente a um dos cônjuges ou companheiros, somente esta parte fica excluída da partilha, devendo a diferença ser dividida, na proporção de 50%, para cada um dos litigantes.

O reconhecimento da sub-rogação afasta a presunção de esforço comum na aquisição – e, consequentemente, partilha – de bens (artigo 1.659, inc. II, do Código Civil).[208]

Entretanto, a sub-rogação é exceção à regra da comunicabilidade patrimonial e, para que seja reconhecida, exige prova suficiente de quem alega (artigo 373, inc. I, do Código de Processo Civil); é imprescindível a demonstração segura do *encadeamento* entre alienação(ões) e aquisição(ões) do(s) bem(ns) supostamente sub-rogado(s) no(s) título(s) aquisitivo(s) e que, de fato, um bem substituiu o outro.[209]

---

207. VENOSA, Silvo de Salvo. *Código Civil interpretado*. São Paulo: Atlas, 2010. p. 1522.
208. FARIAS, Cristiano Chaves de; ROSENVALD, Nelson. *Curso de Direito Civil*. Famílias. 9. ed. São Paulo: JusPodivm, 2021. p. 449.
209. STJ, REsp 1.295.991/MG, relator Ministro Paulo de Tarso Sanseverino, Terceira Turma, julgado em 11.04.2013, DJe de 17.04.2013; STJ, AgInt no AREsp 1.380.822/DF, relatora Ministra Nancy Andrighi, Terceira Turma, julgado em 27.05.2019, DJe 29.05.2019; TJPR – 12ª Câmara Cível – 0008017-22.2020.8.16.0028 – Colombo – Rel.: Eduardo Augusto Salomão Cambi – J. 04.03.2024.

Nem o Código Civil nem o Código de Processo Civil estipulam a *forma* de reconhecimento jurídico da sub-rogação, cabendo ao Estado-Juiz verificar questões como a semelhança nos valores dos bens, a imediaticidade nas transações e outros documentos ou provas, ainda que indiretas, que possam confirmar, ou não, que o segundo bem foi adquirido, total ou parcialmente, com recursos oriundos da alienação de patrimônio pessoal anterior à constituição da entidade familiar.[210]

Como a sub-rogação é exceção à regra da comunicabilidade patrimonial, o depoimento da testemunha indireta ou de ouvir dizer, desacompanhado de outras provas convincentes, é insuficiente para demonstrar o encadeamento entre alienação(ões) e aquisição(ões) do(s) bem(ns) supostamente sub-rogado(s) no(s) título(s) aquisitivo(s) e que, de fato, um bem substituiu o outro, não tendo *força probante* necessária para retirar a eficácia da presunção do esforço comum na aquisição do patrimônio litigioso.[211]

6.3.7.4 Fixação de aluguel pelo uso exclusivo de imóvel comum até a partilha

O ex-cônjuge ou companheiro, que permanece na posse de imóvel integrante do patrimônio comum do casal, usufruindo do bem com exclusividade, sujeita-se ao pagamento de aluguel, à título de indenização, em favor do outro cônjuge/companheiro, conforme a sua cota parte, para resguardar o direito real de propriedade do coproprietário e impedir o *enriquecimento sem causa* (artigos 884 e 1.319 do Código Civil).[212]

Para a fixação do aluguel, contudo, é preciso que a propriedade seja comum do casal. Situação diferente ocorre quando o imóvel é adquirido em prestações, por estar financiado por uma instituição financeira. Nesta hipótese, a propriedade adquirida por meio de financiamento com alienação fiduciária é resolúvel, de modo que o credor fiduciário é proprietário legítimo do bem até perder esse *status*, quando sobrevinda a condição resolutiva, qual seja, o pagamento integral da dívida.[213]

---

210. TJPR – 11ª Câmara Cível – 0002927-97.2018.8.16.0191 – Curitiba – Rel.: Sergio Luiz Kreuz – J. 05.12.2022.
211. TJPR – 12ª Câmara Cível – 0004241-72.2022.8.16.0083 – Francisco Beltrão – Rel.: Eduardo Augusto Salomão Cambi – J. 08.04.2024.
212. DIAS, Maria Berenice. *Manual de Direito das Famílias*. 4. ed. São Paulo: Ed. RT, 2007. p. 296; STJ, Terceira Turma, AgInt no REsp 1849360/SP, Rel. Min. Nancy Andrighi, J. 29.06.2020; STJ, AgInt no Agr em REsp 1.562.192/SP. Rel. Min. Raul Araújo. DJ 16.08.2022.
213. RIBEIRO, Moacyr Petrocelli de Ávila. *Alienação fiduciária de bens imóveis* [Livro Eletrônico]. 2. ed. São Paulo: Thomson Reuters Brasil, 2022.

Dessa forma, como não há condomínio sobre o imóvel adquirido mediante financiamento com alienação fiduciária, não é possível a fixação de aluguéis por uso exclusivo, diante da compreensão de que não se trata de bem comum, mas sim de propriedade da instituição financeira (credor fiduciário). Em outras palavras, quando o imóvel está financiado, especialmente se apenas um dos cônjuges ou companheiros está pagando as prestações do contrato de financiamento, não é cabível a fixação de aluguéis pelo uso exclusivo do bem, mas sim a partilha dos direitos decorrentes das parcelas pagas durante o casamento ou a união estável.[214] Para evitar prejuízos para o cônjuge ou o companheiro, que pagou determinadas prestações do imóvel financiado, mas a posse, uso e fruição forem exclusiva do outro cônjuge ou companheiro, é possível aplicar os artigos 2.019 do Código Civil e 649 do Código de Processo Civil para facilitar a partilha do bem comum; isto é, o imóvel pode ser alienado judicialmente, se não houver acordo para a adjudicação do bem entre as partes, e o valor apurado dividido conforme as parcelas pagas durante o casamento ou a união estável.[215]

Além disso, o fato gerador da obrigação reparatória (aluguéis) consiste no uso exclusivo do imóvel comum por um dos ex-cônjuges; contudo, quando permanece no imóvel quem faz jus a alimentos – seja o ex-cônjuge, sejam os filhos –, os aluguéis não são compulsórios, podendo ser considerados alimentos *in natura*.[216]

Apesar de haver jurisprudência no sentido da fixação do aluguel por parte do ex-cônjuge, que permanece na residência do casal, tal entendimento não se aplica aos casos em que o Estado afasta o ex-marido da residência, por medida judicial protetiva (*distinguishing*; artigo 489, § 1º, inc. VI, do Código de Processo Civil), o que importaria em atribuir à mulher o ônus financeiro do cumprimento da decisão judicial, inclusive como forma de proteção da dignidade humana (artigo 1º, inc. III, da Constituição Federal) e como meio do Estado coibir a violência intrafamiliar (artigo 226, § 8º, da Constituição Federal).

---

214. TJPR – 11ª Câmara Cível – 0038026-22.2019.8.16.0021 – Cascavel – Rel.: Desembargadora Lenice Bodstein – J. 10.05.2021; TJPR – 12ª Câmara Cível – 0000955-15.2020.8.16.0000 – Londrina – Rel.: Desembargador Luciano Carrasco Falavinha Souza – J. 03.08.2020.
215. "(...) a partilha deve guardar sempre que possível uma igualdade qualitativa, contendo as meações, se viável, bens do mesmo tipo e em igual proporção, formando lotes ou meações homogêneas, ainda que em certas circunstâncias algum bem seja indivisível ou se deprecie muito com a sua divisão. Neste caso, o bem poderá então ser adjudicado a um dos divorciados e abonando o outro sua meação com dinheiro, acaso não opte qualquer um dos meeiros pela venda pública ou privativa do bem, como sugere o artigo 2.019 do Código Civil, ao dispor que os bens insuscetíveis de divisão cômoda e que não couberem na meação do consorte (sobrevivente), serão vendidos judicialmente, partilhando-se o valor apurado e neste mesmo sentido o artigo 649 do Código de Processo Civil brasileiro ao estabelecer que, os bens insuscetíveis de divisão cômoda que não couberem na parte do cônjuge ou companheiro supérstite serão licitados entre os interessados ou vendidos judicialmente, partilhando-se o valor apurado" (MADALENO, Rolf. O juízo verbal de partilha. *Revista IBDFAM* – Famílias e Sucessões, v. 59, set./out. 2023, p. 18).
216. DIAS, Maria Berenice. *Manual de Direito das Famílias*. 14. ed. Salvador: JusPodivm, 2021. p. 731-732.

A manutenção da ofendida do imóvel do casal e a não fixação de alugueres pelo uso exclusivo da moradia pode ocorrer quando há elementos probatórios, ainda que indiretos, de violência doméstica e familiar (*v.g.*, física e verbal) por parte do ex-cônjuge ou o ex-companheiro, em especial quando deferida tutela provisória de urgência, com base nos artigos 300 e 301 do Código de Processo Civil (*v.g.*, concessão de medida cautelar de separação de corpos) ou medida protetiva fundada na Lei Maria da Penha (*v.g.*, afastamento do lar, domicílio ou local de convivência com a ofendida; artigo 22, inc. III, da Lei 11.340/2006), determinando retirada do cônjuge varão ou do companheiro da moradia conjugal, circunstância que revela a desproporcionalidade da pretensão indenizatória pretendida pelo suposto agressor, para não causar proteção estatal insuficiente à vítima da violência intrafamiliar.[217]

Tal compreensão decorre também da aplicação do Protocolo de Julgamento na Perspectiva de Gênero (Recomendação n. 128/2022 e Resolução n. 492/2023) do Conselho Nacional de Justiça (CNJ).[218]

Portanto, é possível a mitigação do dever de indenização pelo uso exclusivo de bem comum, seja quando a parte usufruinte é vítima de violência doméstica e familiar perpetrada pelo coproprietário privado do bem, seja quando um dos ex-cônjuges/companheiros (coproprietários) reside no imóvel acompanhado da prole do casal, provendo o seu sustento.[219]

6.3.8 Violência doméstica e familiar

6.3.8.1 Introdução

O direito humano da mulher de ser livre de violência, tanto na esfera pública como na privada, abrange todo e qualquer ato ou conduta baseada no gênero, que cause morte, danos (patrimoniais ou extrapatrimoniais) ou sofrimentos (físicos, morais, sexuais ou psicológicos) à mulher [artigos 5º, inc. I e § 2º, e 226, § 8º, da Constituição Federal, 1º, 2º, "a", 3º e 4º "e" da Convenção Interamericana para Prevenir, Punir e Erradicar a Violência contra a Mulher ("Convenção de Belém do Pará") e 5º, 6º, 7º e 9º, § 4º, da Lei 11.340/2006 (Lei Maria da Penha)].

---

217. STJ, REsp 1.966.556/SP, relator Ministro Marco Aurélio Bellizze, Terceira Turma, julgado em 08.02.2022, DJe de 17.02.2022; TJPR – 12ª Câmara Cível – 0015654-06.2023.8.16.0000 – Mandaguari – Rel.: Eduardo Augusto Salomão Cambi – J. 19.06.2023.
218. STJ, REsp 1966556/SP, Rel. Ministro Marco Aurélio Bellizze, Terceira Turma, julgado em 08.02.2022, DJe 17.02.2022 REsp 1963348/SP (decisão monocrática), Rel. Ministro Ricardo Villas Bôas Cueva, Terceira Turma, julgado em 14.02.2023, publicado em 28.02.2023.
219. STJ, REsp 1.699.013/DF, relator Ministro Luis Felipe Salomão, Quarta Turma, julgado em 04.05.2021, DJe de 04.06.2021.

Aliás, os tratados de direitos humanos são *instrumentos vivos*, cuja interpretação deve acompanhar a evolução dos tempos e as condições de vida atuais. Os tratados internacionais de proteção aos direitos humanos, ratificados pelo Brasil, possuem eficácia imediata na ordem jurídica interna (artigo 5º, § 1º, da Constituição Federal) e *efeito paralisador* das normas internas menos benéficas, até que sejam revogadas ou que sejam interpretadas e aplicadas em conformidade com as normas internacionais internalizadas. Os tratados de direitos humanos passam a integrar o *bloco de constitucionalidade* (artigo 5º, § 2º, da Constituição Federal), constituindo fonte normativa para que o intérprete possa aplicar a norma (interna e/ou internacional) mais favorável à pessoa (princípio *pro persona*), de modo a harmonizar os sistemas jurídicos interno e internacional.[220]

A violência doméstica e familiar resulta de uma sociedade desigual, hierárquica e autoritária, caracterizada pelo patriarcado, machismo estrutural, misoginia e sexismo, que ainda fomentam preconceitos, estereótipos e discriminações (diretas, indiretas e múltiplas) que mantém, historicamente, as mulheres em uma situação de subordinação ou inferiorização em relação aos homens, a exigir do Estado-Juiz – bem como de todo o sistema de justiça – a efetivação dos Direitos Humanos, com a observância do Protocolo de Julgamento na Perspectiva de Gênero (Recomendação n. 128/2022 e da Resolução n. 492/2023 do Conselho Nacional de Justiça).

A Corte Interamericana de Direitos Humanos, no Caso *Barbosa de Souza e outros Vs. Brasil*, também asseverou:[221] "142. En el ámbito interamericano, *la Convención de Belém do Pará señala en su preámbulo que la violencia contra la mujer es "una manifestación de las relaciones de poder históricamente desiguales entre mujeres y hombres" y, además, reconoce que el derecho de toda mujer a una vida libre de violencia incluye el derecho a ser libre de toda forma de discriminación*".

É necessário assegurar a proteção judicial suficiente à mulher, no âmbito das relações familiares, a fim de combater a violência doméstica e familiar e otimizar a tutela da dignidade humana. Isso porque a violência estrutural contra as mulheres, por serem mulheres ou por afetarem desproporcionalmente as mulheres, é uma forma de discriminação, e uma manifestação do desequilíbrio

---

220. MAZZUOLI, Valerio de Oliveira. *O controle jurisdicional da convencionalidade das leis*. 3. ed. São Paulo: Ed. RT, 2013. p. 36.
221. CORTE INTERAMERICANA DE DIREITOS HUMANOS. Disponível em: https://corteidh.scjn.gob.mx/buscador/doc?doc=casos_sentencias/seriec_435_esp.pdf#CABARSO_S1_PARR110. Acesso em: 21 mar. 2024.

histórico entre mulheres e homens, baseada na cultura androcêntrica e sexista da dominação e da opressão de gênero.[222]

A violência doméstica e/ou familiar é toda a ação ou omissão que prejudique o bem-estar, a integridade física, psicológica ou a liberdade e o direito ao pleno desenvolvimento de outra pessoa da família.

Dessa forma, o rol do artigo 7º da Lei Maria da Penha – ao prever as violências física, psicológica, sexual, patrimonial e moral - é meramente exemplificativo, podendo contemplar outras formas de violência, como a política, a obstétrica e a processual.

A violência intrafamiliar, que atinge a mulher no ambiente privado, é mais grave, porque a família deve ser o núcleo afetivo de proteção e cuidado, de apoio e de acolhimento, não espaço de agressões e opressões, já que atinge a pessoa no seu espaço mais íntimo e particular de vulnerabilidade.[223]

Nos casos de Direito das Famílias, envolvendo violência doméstica e familiar contra a mulher, não se pode desprezar ou recusar a aplicação da Lei Maria da Penha (11.340/2006), da qual se extrai a necessidade de se adotar providências para preservar a saúde física e mental da vítima, bem como o seu aperfeiçoamento moral, intelectual e social (inclusive com a adoção de medidas protetivas de urgência), mediante, por exemplo, a proibição ao acusado de determinadas condutas, como a aproximação da ofendida ou da manutenção de contato com ela.

Aliás, é importante estender o conceito de violência doméstica e familiar, para além do âmbito penal, para fazer incidir a aplicação concreta do constitucionalismo feminista multinível, por intermédio da noção de *bloco de constitucionalidade* (artigo 5º, § 2º, da Constituição Federal), com a ampliação da esfera

---

222. "§ 207. La Corte estima que *la* violencia *basada en el género, es decir la* violencia *dirigida contra una mujer por ser mujer o la* violencia *que afecta a la mujer de manera desproporcionada, es una forma de discriminación en contra de la mujer,* tal como han señalado otros organismos internacionales de protección de derechos humanos, como el Tribunal Europeo de Derechos Humanos y el CEDAW[311]. Tanto la Convención de Belém do Pará (preámbulo y artículo 6) como el CEDAW (preámbulo) han reconocido el vínculo existente entre la *violencia* contra las mujeres y la discriminación. En el mismo sentido, el Convenio del Consejo de Europa sobre prevención y lucha contra la *violencia* contra las mujeres y la *violencia* doméstica (Estambul, 2011) afirma que 'la violencia *contra las mujeres es una manifestación de desequilibrio histórico entre la mujer y el hombre que ha llevado a la dominación y a la discriminación de la mujer por el hombre, privando así a la mujer de su plena emancipación*', así como que *'la naturaleza estructural de la* violencia *contra las mujeres está basada en el género'*" (CORTE INTERAMERICANA DE DIREITOS HUMANOS. *Caso Veliz Franco y otros Vs. Guatemala.* Excepciones Preliminares, Fondo, Reparaciones y Costas. Sentencia de 19 de mayo de 2014. Serie C n. 277. Disponível em: https://corteidh.scjn.gob.mx/buscador/doc?doc=casos_sentencias/seriec_277_esp.pdf#CAVEFRA_S1_PARR207. Acesso em: 30 jun. 2023) – Grifei.
223. TJPR – 12ª Câmara Cível – 0003622-24.2018.8.16.0200 – Curitiba – Rel.: Eduardo Augusto Salomão Cambi – J. 23.08.2023.

jurídica protetiva dos direitos das mulheres decorrente do Direito Internacional dos Direitos Humanos. Nesse sentido, cabe ao Poder Judiciário brasileiro interpretar e aplicar diplomas internacionais, como a Convenção para a Eliminação de Todas as Formas de Discriminação contra a Mulher, a Convenção de Belém do Pará, e a Recomendação 33 e 35 do Comitê para a Eliminação de Todas as Formas de Discriminação contra a Mulher da ONU. Além disso, a compreensão de que a Lei Maria da Penha possui *natureza híbrida* (penal e cível) e que, portanto, pode e deve ser aplicada nas Varas de Família, sempre que a medida seja mais favorável equidade de gênero (*v.g.*, para enfatizar o dever do agressor prestar alimentos provisórios ou provisionais à mulher vítima de violência doméstica – contido no artigo 22, inciso V, da Lei 11.340/2006 –, ou para fazer incidir as medidas de violência patrimonial do artigo 24 da Lei Maria da Penha), bem como o conceito de violência doméstica e familiar, trazido no artigo 7º da Lei 11.340/2006, permitem ampliar as hipóteses de julgamento com perspectiva de gênero no Direito das Famílias para, por exemplo, admitir a categoria da *violência processual*, pela interpretação extensiva da Lei Maria da Penha, em conjunto com a Lei Mariana Ferrer – Lei 14.443/2022.

Vale destacar que o Superior Tribunal de Justiça já reconheceu a natureza híbrida da Lei Maria da Penha, ao decidir pela *possibilidade* de concessão de medidas protetivas de urgência por magistrados e magistradas que exercem a judicatura em Varas de Família, desde que ainda não tenha sido instalado o Juizado Especial de Violência Doméstica na respectiva comarca e não seja o caso de demandar junto ao Juízo Criminal (*v.g.*: atos praticados no bojo de um processo de divórcio). Concluiu-se, pois, pela interpretação teleológica do artigo 33 da Lei Maria da Penha.[224]

---

224. "Recurso especial. Ação de divórcio. Contexto de violência doméstica e familiar contra a mulher. Juízo cível que deferiu a liminar para estabelecer a guarda e os alimentos provisórios, além de determinar o imediato afastamento do réu do domicílio da autora e a proibição de contato de qualquer natureza. Discussão acerca da competência para o deferimento das medidas protetivas. Ausência de instalação do juizado especial de violência doméstica e familiar, previsto no art. 14 da Lei 11.340/2006, na respectiva comarca. Juízo cível que possui competência para deferir as medidas necessárias à segurança da mulher. Interpretação teleológica do art. 33 da lei maria da penha. Acórdão recorrido mantido na íntegra. Recurso desprovido. 1. O propósito recursal consiste em saber se é possível ao Juízo Cível aplicar medidas protetivas previstas na Lei Maria da Penha, tendo em vista a ausência de instalação do Juizado Especial de Violência Doméstica na respectiva comarca, a teor do que dispõe o art. 33 da Lei 11.340/2006. 2. A Lei 11.340/2006, chamada "Lei Maria da Penha", visando dar cumprimento ao comando constitucional do art. 226, § 8º, da Carta Magna, trouxe diversos mecanismos para coibir a violência doméstica e familiar contra a mulher, dentre os quais está a previsão de instalação, no âmbito dos Estados e do Distrito Federal e Territórios, dos Juizados de Violência Doméstica e Familiar, que terão competência híbrida (criminal e cível), nos termos do art. 14 da referida lei. 3. O art. 33 da Lei Maria da Penha, por sua vez, estipula que: "Enquanto não estruturados os Juizados de Violência Doméstica e Familiar contra a Mulher, as varas criminais acumularão as competências cível e criminal para conhecer e julgar as causas decorrentes da prática de violência doméstica e familiar contra a mulher,

Além disso, a aplicação da Lei Maria da Penha independe da prova da motivação do agressor. Basta que a vítima seja mulher e que a violência tenha sido cometida em ambiente doméstico, familiar ou em relação de intimidade ou afeto entre agressor e agredida.[225]

6.3.8.2 Credibilidade da palavra da menina ou da mulher ofendida ou testemunha de violência doméstica e familiar

A violência doméstica e familiar contra meninas e mulheres ocorre, em razão de uma situação de assimetria de poder estrutural, que cria condições materiais, culturais e ideológicas desiguais e propícias à manutenção da cultura androcêntrica.

Por isso, o Poder Judiciário deve atuar, em casos de violência doméstica e familiar, de forma atenta e combativa aos estereótipos de gênero, que levam à descredibilização dos relatos de meninas e mulheres, compreendendo-as como grupo vulnerabilizado e que merece adequada e efetiva tutela jurisdicional.

A maior vulnerabilidade de meninas e mulheres, em situação de violência doméstica e familiar, é fundamento para a criação de mecanismos jurídicos contrários a reprodução de preconceitos e discriminações de gênero, cujo enfrentamento não constitui mera faculdade do Estado-Juiz, mas dever imprescindível à adequada prestação jurisdicional.

A atitude proativa e sensível do julgador, em casos de violência de gênero, traz consequências diretas na forma como os serviços especializados são dispensados às mulheres em situação de violência, pois o agir com comprometimento, conhecimento e humanidade, na condução dos processos e na articulação com

---

observadas as previsões do Título IV desta Lei, subsidiada pela legislação processual pertinente". 4. Justamente para se ter um tratamento uniforme e célere nas situações de violência doméstica e familiar contra a mulher, é que o legislador previu a cumulação de competências (cível e criminal) aos Juizados de Violência Doméstica e Familiar contra a Mulher, quando instalados (art. 14), e às Varas Criminais, enquanto ainda não estruturados os respectivos Juizados (art. 33). 5. Dessa forma, na hipótese de ainda não ter sido instalado o Juizado Especial de Violência Doméstica na respectiva comarca e não sendo caso de demandar junto ao Juízo Criminal, como no presente feito, em que se trata de ação de divórcio, o Juízo Cível será competente para processar e julgar a demanda, cabendo decidir sobre as medidas protetivas necessárias, adotando providências compatíveis com a jurisdição cível, a fim de garantir, por meio do mesmo Juízo, a integridade física, psíquica, sexual, moral e patrimonial da vítima, resguardando-se, assim, a finalidade da lei de regência. 6. Com efeito, deve-se proceder a uma interpretação teleológica do art. 33 da Lei Maria da Penha, permitindo-se ao Juízo Cível a concessão de medidas protetivas nessa hipótese, a fim de proteger o bem jurídico tutelado pela norma, que é justamente prevenir ou cessar a violência praticada no âmbito doméstico e familiar contra a mulher, de maneira célere e uniforme. 7. Recurso especial desprovido" (REsp 2.042.286/BA, relator Ministro Marco Aurélio Bellizze, Terceira Turma, julgado em 08.08.2023, DJe de 15.08.2023).

225. STJ, REsp 1.977.124/SP, relator Ministro Rogerio Schietti Cruz, Sexta Turma, julgado em 05.04.2022, DJe de 22.04.2022.

as redes de proteção às meninas e mulheres, diminui os riscos aos quais estão expostas as vítimas da violência de gênero.

Para tornar mais efetiva a proteção dos direitos humanos de meninas e mulheres, grupo social e historicamente vulnerabilizado (minorias não hegemônicas), é importante – quando há relatos e indícios de violência doméstica e familiar contra as mulheres e as meninas – analisar o pedido de tutela provisória de urgência – pela dimensão do *constitucionalismo feminista multinível*, que, ao possibilitar a recontextualização da realidade a partir das injustiças sociais, empodera juízas e juízes, comprometidos com a equidade de gênero – na busca por soluções jurídicas que reduzam a cultura da violência estrutural, causada pela misoginia, pelo machismo e pelo patriarcado.[226]

Especialmente nos casos de violência sexual, comumente praticados às ocultas, a palavra da vítima possui especial relevância, desde que esteja em consonância com as demais provas que instruem o processo. Isso porque os abusos sexuais geralmente não deixam vestígios materiais, além de serem comumente cometidos, em ambiente privado e sem a presença de testemunhas.[227]

Aliás, a violência sexual, contra meninas e mulheres, pode apresentar *diversos graus*, de acordo com as circunstâncias do caso concreto, e ser entendida como qualquer conduta, de natureza sexual, cometida contra uma pessoa e sem o seu consentimento: que a constranja ou a induza a presenciar relação sexual (conjunção carnal ou outro ato libidinoso) não desejada, mediante intimidação, ameaça, coação ou uso da força; que a induza a comercializar ou a utilizar, de qualquer modo, a sua sexualidade;[228] que a impeça de usar qualquer método con-

---

226. TJPR – 12ª Câmara Cível – 0103913-74.2023.8.16.0000 – Curitiba –Rel.: Eduardo Augusto Salomão Cambi – J. 13.03.2024.
227. "As declarações da vítima qualificam-se como meio de prova, de inquestionável importância quando se discute violência de gênero, realçada a hipossuficiência processual da ofendida, que se vê silenciada pela impossibilidade de demonstrar que não consentiu com a violência, realçando a pouca credibilidade dada à palavra da mulher vítima, especialmente nos delitos contra a dignidade sexual, sobre ela recaindo o difícil ônus de provar a violência sofrida. Faz parte do julgamento com perspectiva de gênero a alta valoração das declarações da mulher vítima de violência de gênero, não se cogitando de desequilíbrio processual. O peso probatório diferenciado se legitima pela vulnerabilidade e hipossuficiência da ofendida na relação jurídica processual, qualificando-se a atividade jurisdicional, desenvolvida nesses moldes, como imparcial e de acordo com o aspecto material do princípio da igualdade (art. 5º, inciso I, da Constituição Federal)" (BRASIL. Conselho Nacional de Justiça. *Protocolo para julgamento com perspectiva de gênero*. Brasília: Conselho Nacional de Justiça, 2021. p. 85).
228. "§ 101. (...). A violência sexual configura-se com ações de natureza sexual cometidas contra uma pessoa sem o seu consentimento, que além de compreenderem a invasão física do corpo humano, podem incluir atos que não envolvam penetração ou mesmo qualquer contato físico" (CORTE INTERAMERICANA DE DIREITOS HUMANOS. *Caso Angulo Losada Vs. Bolivia*. Excepciones Preliminares, Fondo y Reparaciones. Sentencia de 18 de noviembre de 2022. Serie C No. 475, §162. Disponível em: https://www.corteidh.or.cr/docs/casos/articulos/seriec_475_esp.pdf. Acesso em: 18 mar. 2024).

traceptivo ou que a force ao casamento, à gravidez, ao aborto ou à prostituição, mediante coação, chantagem, suborno ou manipulação; que limite ou anule o exercício de seus direitos sexuais e reprodutivos; ou mesmo que inclua atos que não envolvam qualquer contato físico.

Muitas vezes, tal violência ocorre no âmbito da família, unidade doméstica, domicílio ou residência da vítima. Nestes casos, o Estado, em especial o Poder Judiciário, tem a obrigação reforçada de atuar com devida diligência e adotar medidas redobradas de proteção.

Além disso, as investigações e os processos devem ser dirigidos com perspectiva de gênero (e enfoque infantojuvenil, quando a vítima for criança ou adolescente), para permitir a apuração e análise mais precisa dos fatos, da gravidade das violações e de suas implicações, bem como compreender e evitar mecanismos de revitimização institucional pela repetição de padrões discriminatórios. Os julgamentos não podem ser contaminados por *inferências epistêmicas* que considerem a injusta expectativa de que a ofendida se comporte conforme um ideal de "vítima perfeita", que resiste – até a morte – a violência sexual.[229]

Dessa forma, a responsabilização pela violência doméstica e familiar deve se fundar na palavra da vítima, que esteja em consonância com as demais provas (diretas ou indiretas) produzidas nos autos. Na compreensão racionalista da prova, não se enquadram na categoria da "dúvida razoável" as conclusões extraídas a partir da aplicação de estereótipos de gênero.[230] Assim, a palavra da vítima, em conjunto com os laudos periciais, forma um conjunto suficiente para superar qualquer dúvida razoável, não fazendo preponderar, por exemplo, em hipótese de estupro de vulnerável, nem o comportamento da vítima (de voltar à casa do réu), nem o depoimento da esposa do acusado (negando veementemente o fato).

A ineficácia judicial em relação a casos individuais de violência contra as mulheres propicia um ambiente de impunidade que facilita e promove a repetição de atos de violência em geral e envia uma mensagem de que a violência contra as mulheres pode ser tolerada e aceita.[231] Tal situação favorece a sua perpetuação e a aceitação social do fenômeno da violência, gera sentimento persistente de insegurança nas mulheres e uma desconfiança contínua no sistema de admi-

---

[229]. STJ, REsp n. 2.005.618/RJ, relatora Ministra Laurita Vaz, relator para acórdão Ministro Rogerio Schietti Cruz, Sexta Turma, julgado em 21.11.2023, DJe de 1º.12.2023.

[230]. STJ, REsp n. 2.005.618/RJ, relatora Ministra Laurita Vaz, relator para acórdão Ministro Rogerio Schietti Cruz, Sexta Turma, julgado em 21.11.2023, DJe de 1º.12.2023.

[231]. CORTE INTERAMERICANA DE DIREITOS HUMANOS. *Caso Angulo Losada Vs. Bolivia*. Excepciones Preliminares, Fondo y Reparaciones. Sentencia de 18 de noviembre de 2022. Serie C n. 475. Disponível em: https://www.corteidh.or.cr/docs/casos/articulos/seriec_475_esp.pdf. Acesso em: 18 mar. 2024.

nistração da justiça. Essa ineficácia ou indiferença constitui em si uma forma de discriminação contra as mulheres no acesso à justiça.

Por exemplo, o artigo 10-A da Lei Maria da Penha prevê o direito da mulher, em situação de violência doméstica e familiar, ao atendimento policial e especializado, ininterrupto e prestado por servidores – preferencialmente do sexo masculino – previamente capacitados. Também, na inquirição da ofendida ou de testemunha de crime contra a mulher, deve ser assegurado a integridade (física, psíquica e emocional) da depoente (considerada a sua condição peculiar de pessoa em situação de violência doméstica e familiar), o não contato com investigados ou suspeitos e pessoas a eles relacionadas, bem como a não revitimização (como sucessivas inquirições sobre o mesmo fato, nos âmbitos criminal, cível e administrativo, ou questionamentos sobre a vida privada). Além disso, tal inquirição deve ser feito em recinto especialmente projetado para esse fim (com equipamentos próprios e adequados à idade da mulher ou testemunha e à gravidade da violência sofrida), ser intermediada, quando for o caso, por profissional especializado em violência doméstica e familiar (designado pela autoridade judiciária ou policial) e ser o depoimento registrado, em meio eletrônico ou magnético, devendo a degravação e a mídia integrar o inquérito.

Além disso, a Lei n. 14.550/2023 incluiu o § 5º no artigo 19 da Lei Maria da Penha para afirmar que as medidas protetivas de urgência podem ser concedidas impendentemente da tipificação penal da violência, do ajuizamento de ação penal ou cível, da existência de inquérito policial ou do registro do boletim de ocorrência. A Lei n. 14.550/2023 também acrescentou os §§ 4º e 6º ao artigo 19 da Lei n. 11.340/2006 para que as medidas protetivas de urgência fossem concedidas apenas com o depoimento da ofendida perante a autoridade policial ou com a apresentação de suas alegações escritas;[232] o suposto agressor será ouvido posteriormente e poderá apresentar sua versão dos fatos; ainda, por tais modificações, as medidas urgentes não tem um prazo determinado para vigorarem, perdurando enquanto houver risco à integridade física, psicológica, sexual, patrimonial ou moral da ofendida ou de seus dependentes. Além disso, a Lei n. 14.541/2023 criou o Programa de Prevenção e Auxílio Sexual, à Violência Sexual e aos demais Crimes contra a Dignidade Sexual, e determinou a criação e o funcionamento ininterrupto de Delegacias Especializadas no Atendimento à Mulher, o que pode ampliar a rede de atendimento à mulher, para que funcio-

---

232. No mesmo sentido, depreende-se do Enunciado 45 do Fórum Nacional de Juízas e Juízes de Violência Doméstica e Familiar contra a Mulher (FONAVID): "As medidas protetivas de urgência previstas na Lei 11.340/2006 podem ser deferidas de forma autônoma, apenas com base na palavra da vítima, quando ausentes outros elementos probantes nos autos".

nem 24 (vinte e quatro) horas por dia, sete dias por semana, sendo um fator de redução, inclusive, do número de feminicídios.

Outro exemplo, a Lei n. 14.245/2021, também conhecida como Lei Mariana Ferrer, foi sancionada com o objetivo de coibir práticas de atos atentatórios à dignidade de vítimas e testemunhas no curso processual. Deve ser aplicada a proteção jurídica, contida nos artigos 400-A e 474-A do Código Penal e 81, § 1º-A, da Lei dos Juizados Especiais e Criminais, aos casos de violência doméstica e familiar com repercussões cíveis, a fim de se resguardar a integridade psíquica das vítimas, na hipótese de virem a participar da audiência de conciliação ou de mediação. Isto para impedir manifestações sobre circunstâncias ou elementos alheios aos fatos controvertidos, bem como para vedar a utilização de linguagem, informações ou materiais que possam ofender a dignidade da mulher.

Por fim, para evitar a revitimização institucional da ofendida pelo sistema de justiça, é importante aplicar a técnica contida na produção antecipada de prova, independentemente da presença da urgência da situação, nos termos do artigo 381, inc. III, do Código de Processo Civil. Os supostos agressores devem ser citados (artigo 382, § 1º, do Código de Processo Civil), para garantir o contraditório e a ampla defesa, embora o magistrado não se pronuncie sobre a ocorrência ou a inocorrência do fato, nem sobre as respectivas consequências jurídicas (artigo 382, § 2º, do Código de Processo Civil). A produção antecipada de prova visa a tomada do depoimento uma única vez, o que evita que a vítima de violência doméstica e familiar seja ouvida na Delegacia de Polícia, no Ministério Público e em juízos diversos (criminal e cível).

Quando criança e da adolescente for vítima de violência doméstica e familiar, devem ser observadas as regras contidas na Lei n. 13.431/2017 (artigo 12 da Lei n. 14.344/2022), valendo destacar: i) o resguardo de qualquer contato, ainda que visual, com o suposto autor ou acusado, ou com outra pessoa que represente ameaça, coação ou constrangimento (artigo 9º); ii) a realização em local apropriado e acolhedor, com infraestrutura e espaço físico que garantam a privacidade da criança ou do adolescente vítima ou testemunha de violência (artigo 10º); iii) será regido por protocolos e, sempre que possível, realizado uma única vez, em sede de produção antecipada de prova judicial, garantida a ampla defesa do investigado (artigo 11); iv) a audiência será mediada por profissionais especializados, que poderão adaptar as perguntas à linguagem de melhor compreensão da criança e do adolescente, bem como será gravada em áudio e vídeo (artigo 12). Também em casos de alienação parental o artigo 8º-A da Lei n. 12.318/2010 afirma que as crianças e os adolescentes serão ouvidos nos termos da Lei n. 13.431/2017, sob pena de nulidade processual.

O artigo 6º da Resolução n. 299/2019 do Conselho Nacional de Justiça, ao dispor sobre o sistema de garantia de direitos da criança e do adolescente vítima ou testemunha de violência, afirma que os tribunais estaduais deverão regulamentar a forma de *compartilhamento* de provas, entre distintas jurisdições, que possam vir a tomar decisões a partir dos mesmos fatos, notadamente varas criminais, de família, da infância e da juventude, evitando a necessidade de repetição da prova e causação de violência institucional.

Com o intuito de melhor efetivar os direitos humanos, a produção antecipada da prova – embora seja obrigatória para crianças com menos de sete anos ou em casos de violência sexual (artigo 11, § 1º, da Lei n. 13.431/2007) - deve estendida a todas as mulheres vítimas de violência doméstica e familiar, com fundamento na regra geral contida no artigo 381, inc. III, do Código de Processo Civil. Aliás, tal conclusão pode ser extraída *a contrario sensu* do tipo penal inserido no artigo 15-A da Lei n. 13.869/2019 (que dispõe sobre os crimes de abuso de autoridade), ao punir a submissão da vítima de infração penal ou da testemunha de crimes violentos a procedimentos desnecessários, repetitivos ou invasivos, que a leve a reviver, sem necessidade, a situação de violência ou outras situações potencialmente geradoras de sofrimento ou estigmatização.

Portanto, dar credibilidade à palavra da menina ou da mulher ofendida ou testemunha de violência doméstica e familiar – seja pela relevância do depoimento em si e pela sua valoração no contexto probatório – seja por meio da adoção de técnicas processuais mais céleres, adequadas e efetivas (como a produção antecipada de provas e o depoimento especial) é uma forma de promover julgamento com perspectiva de gênero para o Direito das Famílias, mas também para os demais ramos do Direitos (como o Criminal ou da Criança e do Adolescente), quando os mesmos fatos repercutem de forma mais abrangente.

6.3.8.3 *Vulnerabilidade probatória da mulher*

Quem alega têm o ônus de provar. O *onus probandi*, em sentido subjetivo, é distribuído, pelo artigo 373, incs. I e II, do Código de Processo Civil. O legislador levou em consideração a *posição das partes*, o *interesse no reconhecimento do fato a ser provado* e a *natureza dos fatos*.[233]

O artigo 373, inc. I, afirma que cabe ao autor demonstrar os fatos constitutivos de seu direito, e o inc. II, ao réu, os fatos impeditivos, modificativos ou extintivos.

---

233. CAMBI, Eduardo; DOTTI, Rogéria; PINHEIRO, Paulo Eduardo d´Arce; MARTINS, Sandro Gilbert; KOZIKOSKI, Sandro Marcelo. *Curso de Processo Civil completo*. 3. ed. São Paulo: Thomson Reuters, 2022. p. 675.

Não se pode atribuir valor probatório às *meras narrativas processuais*, pois, para a formação da persuasão racional do magistrado - necessária à fundamentação da decisão judicial (artigos 370 e 489 do Código de Processo Civil) –, o fato alegado e não provado equivale a fato inexistente.[234]

O Estado-Juiz tem o dever de julgar, ainda que a prova dos autos seja insuficiente para esclarecer os fatos controvertidos (artigos 141, 370, 373, inc. I, do Código de Processo Civil). A parte que alega o fato, mas não o demonstra ou a prova sobre ele produzida é insuficiente, assume o risco de o julgamento ser contrário à sua pretensão. Nestas hipóteses, o magistrado pode distribuir os riscos, com a aplicação do ônus da prova (em sentido objetivo) como regra de julgamento.

A distribuição do ônus da prova, prevista no art. 373, I e II, do CPC, é *estática*, levando-se em consideração a *posição da parte em juízo* e a *espécie do fato* a ser provado.[235] Tal forma de distribuição do *onus probandi* está muito mais preocupada com a decisão judicial – aliás, com qualquer decisão (já que se veda o *non liquet*; artigo 140 do Código de Processo Civil) – do que com a *tutela* do direito substancial lesado ou ameaçado de lesão.

Assim, se o demandante não demonstrou o fato constitutivo, julga-se improcedente o pedido. Ao contrário, se o demandado não conseguiu provar os fatos extintivos, impeditivos ou modificativos, tendo o autor se desincumbido do seu *onus probandi*, julga-se integralmente procedente o pedido, sem qualquer consideração com a *dificuldade* ou a *impossibilidade* da parte ou do fato serem demonstrados em juízo.

Perceba-se que essa forma de distribuição pode revelar-se *diabólica*,[236] isto é, inviabilizar a tutela dos direitos lesados ou ameaçados.

O neoprocessualismo está fundado na construção de técnicas processuais resolutivas.[237] A inversão do ônus da prova, como forma de proteção do direito material, pela técnica da teoria da distribuição dinâmica do ônus da prova, encontra respaldo imediato na *dimensão objetiva* do direito fundamental à tutela jurisdicional adequada e efetiva (artigo 5º, inc. XXXV, da Constituição Federal).

---

234. TJPR – 12ª Câmara Cível - 0109003-63.2023.8.16.0000 – Cianorte – Rel.: Eduardo Augusto Salomão Cambi – J. 08.04.2024.
235. CAMBI, Eduardo; DOTTI, Rogéria; PINHEIRO, Paulo Eduardo d'Arce; MARTINS, Sandro Gilbert; KOZIKOSKI, Sandro Marcelo. *Curso de Processo Civil completo*. 3. ed. São Paulo: Thomson Reuters, 2022. p. 679.
236. . MACÊDO, Lucas Buril de; PEIXOTO, Ravi Medeiros. *Ônus da prova e sua dinamização*. Salvador: JusPodivm, 2014. p. 164-174.
237. CAMBI, Eduardo. *Neoconstitucionalismo e neoprocessualismo. Direitos fundamentais, políticas públicas e protagonismo judiciário*. 4. ed. Belo Horizonte: D'Plácido, 2023.

Afinal, como sustenta Francesco Carnelutti, o direito substancial pode realizar-se mediante o processo somente se é *"vestido pela prova"*.[238]

A exemplo do artigo 6º, inc. VIII, do Código de Processo Civil, que conferiu poderes de inversão do ônus da prova ao juiz, respeitando-se as peculiaridades do caso concreto e a observância dos critérios legais (da verossimilhança da alegação ou da hipossuficiência do consumidor), o Código de Processo Civil de 2015 adotou expressamente a teoria da distribuição dinâmica do ônus da prova. O artigo 373, § 1º, do Código de Processo Civil permite que, nos casos previstos em lei ou diante de peculiaridades da causas relacionadas à impossibilidade ou à excessiva dificuldade de cumprir o encargo na forma do artigo 373, incisos I e II, do CPC ou, ainda, à maior dificuldade de obtenção da prova do fato contrário, o juiz pode atribuir o ônus da prova de modo inverso, desde que o faça por decisão fundamentada, caso em que deverá dar à parte a oportunidade de se desincumbir do ônus que lhe foi atribuído.

A distribuição dinâmica do ônus da prova (artigo 373, § 1º, do Código de Processo Civil) pode ser aplicada para a efetivação dos Direitos das Famílias.[239]

Por exemplo, em função do *status* econômico e social das crianças e adolescentes, presumem-se as suas necessidades de recebimento de alimentos, por serem pessoas vulneráveis e em desenvolvimento a merecer especial proteção da família, do Estado e da sociedade.[240] Afinal, quando se presumem as necessidades dos infantes em receber alimentos, está se assegurando a efetividade da tutela jurisdicional na perspectiva jusfundamental, uma vez que, conforme Robert Alexy, os direitos à organização e ao procedimento integram os direitos fundamentais prestacionais.[241]

A presunção das necessidades de crianças e adolescentes à percepção de alimentos é, pois, uma técnica processual de facilitação da prova e de persuasão racional do juiz na promoção dos direitos fundamentais, para o desenvolvimento humano integral dos infantes.[242]

Porém, são presumidas apenas as necessidades alimentares *básicas* das crianças e adolescentes, porque envolvem os recursos materiais indispensáveis

---

238. CARNELUTTI, Francesco. *La prova civile*. Milão: Giuffrè, 1992. p. 3.
239. CAMBI, Eduardo; SGARIONI, Clarissa Lopes. Dinamização do ônus da prova quanto à condição econômico-financeira do devedor de alimentos. *Revista de Direito Privado*, v. 81, set. 2017, p. 119-148.
240. TJPR – 12ª Câmara Cível – 0054346-74.2023.8.16.0000 – Altônia – Rel.: Eduardo Augusto Salomão Cambi – J. 08.04.2024.
241. *Teoria de los derechos fundamentales*. Madri: Centro de Estudios Constitucionales, 1997. p. 458.
242. TJPR – 12ª Câmara Cível – 0040770-14.2023.8.16.0000 – São José dos Pinhais – Rel.: Eduardo Augusto Salomão Cambi – J. 27.11.2023.

à realização do *mínimo existencial* e à sua sobrevivência digna.[243] Por outro lado, incumbe aos alimentandos, quando insatisfeitos quanto ao valor da pensão alimentícia fixado pelo juiz, o *ônus da argumentação* (isto é, de alegar e comprovar), pelo menos, em relação às despesas indispensáveis para viver de modo compatível com sua condição social, além de apresentar indícios suficientes da capacidade contributiva do alimentante, sob pena de o magistrado considerar, por dedução lógica, apenas os gastos cotidianos presumidos (indispensáveis à satisfação do *mínimo existencial*), em cotejo com a *provável* capacidade financeira do alimentante.[244]

A teoria da distribuição dinâmica do ônus da prova (artigo 373, § 1º, do Código de Processo Civil) pode favorecer a tutela dos direitos de família da mulher, fazendo incidir o Protocolo de Julgamento com Perspectiva de Gênero (Recomendação n. 128/2022 e Resolução n. 492/2023) do Conselho Nacional de Justiça, quando demonstrada a sua *vulnerabilidade probatória*, como um meio eficiente para prevenir ou para reprimir situações de violência (doméstica e familiar) patrimonial.

O rompimento do vínculo conjugal, como já asseverado, é mais difícil para grande parte das mulheres brasileiras. Isso ocorre não apenas em razão de agravamento do risco do risco de violência doméstica e familiar na sua compreensão ampla (que abarca a violência física, psicológica, sexual, patrimonial e moral), mas também porque é neste momento que as hipóteses de vulnerabilidade e de hipossuficiência ficam mais evidentes, a exigir a adoção de padrões de justiça diferenciados para a efetiva tutela jurídica dos seus direitos fundamentais.

Cabe ao Poder Judiciário, pois, prevenir e combater as discriminações e avaliações baseadas em estereótipos misóginos, sexistas e machistas, que estruturam a sociedade patriarcal, contribuem para injustiças sociais e causam violações sistemáticas dos direitos humanos das mulheres.

Após a dissolução do vínculo conjugal, havendo indícios concretos de situação de vulnerabilidade da mulher, porque os bens comuns do casal se encontravam sob a administração exclusiva do cônjuge varão, é necessário aplicar a perspectiva interseccional de gênero na distribuição do ônus da prova, visando mitigar um possível ônus probatório diabólico e inibir a reprodução de obstáculos jurídicos que dificultem o adequado e efetivo acesso da mulher à justiça (*v.g.*, efetivação do direito à partilha de bens comuns).

---

243. CAHALI, Yussef Said. *Dos alimentos*. 8. ed. São Paulo: Ed. RT, 2013. p. 331.
244. TJPR – 12ª Câmara Cível – 0001710-94.2020.8.16.0208 – Paranaguá – Rel.: Eduardo Augusto Salomão Cambi – J. 04.03.2024.

Por exemplo, em caso em que a ex-esposa ajuizou ação de sobrepartilha de um imóvel e um automóvel, o juízo determinou a emenda da petição inicial, para que fosse comprovada a propriedade dos bens. A documentação (contratos de gaveta) encontra-se, segundo a autora, na posse exclusiva do ex-marido. Constatou-se que a demandante estava em situação de *vulnerabilidade probatória*, uma vez que o demandado é (e sempre foi) o responsável pela administração do patrimônio comum, de forma que foi necessária a atuação do Poder Judiciário com perspectiva interseccional de gênero para modificar a distribuição do ônus probatório. O Tribunal de Justiça do Paraná aplicou a teoria da distribuição dinâmica do ônus da prova para cassar a decisão recorrida e determinar que, observada a vulnerabilidade probatória da autora e adotados os meios necessários para eliminá-la, os autos retomem seu curso regular perante o juízo de origem, inclusive para que se possa verificar a hipótese de exibição de documentos na forma dos artigos 396 a 404 do Código de Processo Civil.[245]

Outra possibilidade de aplicação da teoria da distribuição dinâmica da prova (artigo 373, § 1º, do Código de Processo Civil) é para a fixação de alimentos em favor de ex-cônjuge (virago), quando os bens do casal são administrados exclusivamente pelo cônjuge varão e há indícios de confusão patrimonial entre os bens pessoais e os das empresas nas quais o alimentante é sócio, impondo-se o *onus probandi* ao ex-marido com a finalidade dele demonstrar a sua real capacidade contributiva.[246]

Ademais, o Estado-Juiz pode usar os poderes instrutórios, previstos no artigo 370 do Código de Processo Civil, para promover a igualdade substancial entre as partes e assegurar a equidade de gênero nos processos afetos ao Direito das Famílias. O juiz não é mero espectador do drama processual. A imparcialidade do magistrado não fica comprometida quando, com serenidade e consciência da necessidade de instruir-se para melhor julgar, o juiz supre, com iniciativas próprias, as deficiências probatórias das partes.[247] Por exemplo, as juízes e juízes, em atenção às desigualdades estruturais, ao constatarem indícios de violência intrafamiliar, devem determinar a realização de prova pericial, de ofício, ou, quando menos, cuidar para que a escolha do perito recaia sobre profissional qualificado para perceber e tentar neutralizar as disparidades de gênero, ou para definir o objeto da perícia de modo a apurar as situações que evidenciam

---

245. TJPR – 12ª Câmara Cível – 0005144-90.2023.8.16.0045 – Arapongas – Rel.: Eduardo Augusto Salomão Cambi – J. 04.03.2024.
246. TJPR – 12ª Câmara Cível – 0026241-87.2023.8.16.0000 – Maringá – Rel.: Eduardo Augusto Salomão Cambi – J. 06.12.2023.
247. CAMBI, Eduardo; DOTTI, Rogéria; PINHEIRO, Paulo Eduardo d'Arce; MARTINS, Sandro Gilbert; KOZIKOSKI, Sandro Marcelo. *Curso de Processo Civil completo*. 3. ed. São Paulo: Thomson Reuters, 2022. p. 698.

violência doméstica ou familiar. O magistrado também pode formular quesitos necessários ao esclarecimento da causa (artigo 470, inc. II, do Código de Processo Civil), bem como pedir esclarecimentos após a entrega do laudo pericial ou, ainda, fazer quesitos complementares.

O Estado-Juiz ainda precisa adotar uma postura ativa ao examinar os laudos periciais.[248] Deve verificar se o laudo preenche adequadamente os requisitos do artigo 473 do Código de Processo Civil (isto é, a exposição do objeto da perícia, a análise técnica ou científica, a indicação do método utilizado e a resposta conclusiva aos requisitos apresentados pelo juízo, pelas partes e pelo Ministério Público).

O magistrado não está adstrito ao conteúdo do laudo pericial. Deve formar o seu convencimento com base na análise integral de todas as provas produzidas nos autos (artigos 371 e 479 do Código de Processo Civil). Na hipótese de laudo ser insuficiente para apurar a violência doméstica e familiar, o juiz, a pedido da parte ou de ofício, pode determinar a realização de uma nova perícia (artigo 480 do Código de Processo Civil).

6.3.8.4 Não obrigatoriedade de participação da vítima de violência doméstica e familiar nas audiências de conciliação e de mediação

Nos processos afetos ao Direito das Famílias, a audiência de conciliação ou de mediação configura, *em regra*, ato processual obrigatório, como forma de favorecer a solução consensual da controvérsia (artigos 3º, § 2º, 694 e 695 do Código de Processo Civil, e 1º, parágrafo único, da Resolução n. 125/2010 do Conselho Nacional de Justiça).[249]

A obrigatoriedade da realização de audiência de conciliação ou de mediação, nos processos relativos à aplicação do Direito das Famílias, deve ser *mitigada* nos casos envolvendo violência doméstica e familiar contra a mulher, inclusive a impor a adoção, por todos que atuam no processo e que integram o sistema de justiça (até mesmo dos servidores públicos), de uma postura com "neutralidade empática".

O exame da conveniência e da oportunidade da realização das audiências de conciliação ou de mediação em casos de violência doméstica e familiar encontra fundamentos no Protocolo para Julgamento com Perspectiva de Gênero (Recomendação n. 128/2022 e Resolução n. 495/2023), devendo o Poder Judiciário

---

248. BRASIL. Conselho Nacional de Justiça. *Protocolo para julgamento com perspectiva de gênero*. Brasília: Conselho Nacional de Justiça, 2021. p. 47.
249. NEVES, Daniel Amorim Assumpção. *Novo Código de Processo Civil Comentado*. Salvador: JusPodivm, 2016. p. 1.098-1.099.

estar atento para evitar que as desigualdades estruturais sejam reproduzidas pelo sistema de justiça.[250]

Nesse sentido, o Fórum Permanente de Processualistas Civis, ao editar o Enunciado n. 639, dispôs sobre a possibilidade excepcional de o Estado-Juiz "dispensar a audiência de mediação ou conciliação nas ações de família, quando uma das partes estiver amparada por medida protetiva". Do mesmo modo, essa preocupação já constava do Enunciado n. 187 do mesmo Fórum Permanente de Processualistas Civis ("No emprego de esforços para a solução consensual do litígio familiar, são vedadas iniciativas de constrangimento ou intimidação para que as partes conciliem, assim como as de aconselhamento sobre o objeto da causa").

Também é importante destacar o item 32.b da Recomendação n. 35 da Convenção para a Eliminação de todas as Formas de Discriminação contra Mulher (CEDAW) ["*Garantir que a violência de gênero contra as mulheres não seja obrigatoriamente encaminhada a procedimentos alternativos de resolução de litígios, incluindo mediação e conciliação*. O uso desses procedimentos deve ser rigorosamente regulado e permitido *apenas quando avaliação prévia de uma equipe especializada assegurar o consentimento livre e esclarecido da vítima/da sobrevivente afetada e que não há indicadores de novos riscos para a vítima/a sobrevivente ou seus familiares*. Esses procedimentos devem empoderar as vítimas/as sobreviventes e ser oferecidos por profissionais treinados especialmente para compreender e intervir adequadamente nos casos de violência de gênero contra as mulheres, garantindo proteção adequada dos direitos das mulheres e das crianças, bem como intervenção sem estereótipos ou revitimização das mulheres. *Procedimentos alternativos não devem constituir obstáculo ao acesso das mulheres à Justiça formal*"].

Além disso, a Lei n. 14.321, de 31 de março de 2022 – ao alterar a Lei n. 13.869/2019 –, passou a tipificar o crime de violência institucional, justamente para criminalizar a conduta da autoridade pública que submete a vítima de infração penal ou a testemunha de crimes violentos a procedimentos desnecessários, repetitivos ou invasivos, que a levem a reviver – sem a estrita indispensabilidade

---

250. "Em casos que envolvem desigualdades estruturais, a audiência é um ponto nevrálgico, na medida em que, se não conduzida com perspectiva de gênero, pode se tornar um ambiente de violência institucional de gênero – exposta na Parte I, Seção 2.d. A situação de subordinação de um grupo pode gerar um sentimento de desconfiança por parte de autoridades públicas que, muitas vezes, ocupam posições sociais diferentes das vítimas e, por conta disso, têm maior dificuldade de se colocar no lugar daquela pessoa que tem experiências de vida diferentes das suas. Em vista dessa situação, o(a) julgador(a) atento(a) a gênero é aquele(a) que percebe dinâmicas que são fruto e reprodutoras de desigualdades estruturais presentes na instrução do processo e que age ativamente para barrá-las" (BRASIL. Conselho Nacional de Justiça. *Protocolo para julgamento com perspectiva de gênero*. Brasília: Conselho Nacional de Justiça, 2021. p. 47).

– a situação de violência ou outras situações potencialmente geradoras de sofrimento ou estigmatização.[251]

Aliás, o Comitê Para Eliminação de Todas as Formas de Discriminação Contra a Mulher (CEDAW) da Organização das Nações Unidas (ONU) já havia assegurado, no supracitado item 32.b da Recomendação Geral n. 35 sobre violência de gênero contra as mulheres, que a violência de gênero contra as mulheres não seja obrigatoriamente encaminhada a procedimentos alternativos de resolução de litígios, incluindo mediação e conciliação, condicionado o uso da autocomposição apenas após avaliação prévia de uma equipe especializada, com o objetivo de garantir o consentimento livre e esclarecido da vítima, bem como quando não houver indicadores de novos riscos para a vítima ou seus familiares.[252]

Atente-se, ademais, a preocupação da Corte Interamericana de Direitos Humanos na efetivação da equidade de gênero pelo combate à violência doméstica e familiar, resultante de um processo histórico de injustiças sociais marcados pela inferiorização e subordinação das mulheres pelos homens.[253]

---

251. "Art. 1º Esta Lei tipifica o crime de violência institucional. Art. 2º A Lei 13.869, de 5 de setembro de 2019, passa a vigorar acrescida do seguinte art. 15-A: 'Violência Institucional. Art. 15-A. Submeter a vítima de infração penal ou a testemunha de crimes violentos a procedimentos desnecessários, repetitivos ou invasivos, que a leve a reviver, sem estrita necessidade: I – a situação de violência; ou II – outras situações potencialmente geradoras de sofrimento ou estigmatização: Pena: detenção, de 3 (três) meses a 1 (um) ano, e multa. § 1º Se o agente público permitir que terceiro intimide a vítima de crimes violentos, gerando indevida revitimização, aplica-se a pena aumentada de 2/3 (dois terços). § 2º Se o agente público intimidar a vítima de crimes violentos, gerando indevida revitimização, aplica-se a pena em dobro'. Art. 3º Esta Lei entra em vigor na data de sua publicação".

252. "C) Proteção. 31. O Comitê recomenda que os Estados Partes implementem as seguintes medidas protetivas: a) Adotar e implementar medidas efetivas para *proteger e assistir mulheres autoras e testemunhas de denúncias relacionadas à violência de gênero, antes, durante e após o processo legal*, incluindo: (...). D) Processo e punição. 32. O Comitê recomenda que os Estados Partes implementem as seguintes medidas no que se refere ao processo e à punição para a violência de gênero contra as mulheres: a) Garantir o acesso efetivo das vítimas às cortes e aos tribunais e que as autoridades respondam adequadamente a todos os casos de violência de gênero contra as mulheres, até mesmo por meio da aplicação do direito penal e, quando apropriado, julgamento *ex officio* para levar os supostos autores a julgamento de maneira justa, imparcial, oportuna e célere e impondo penalidades adequadas. As taxas e as custas judiciais não devem ser impostas às vítimas/às sobreviventes; b) *Garantir que a violência de gênero contra as mulheres não seja obrigatoriamente encaminhada a procedimentos alternativos de resolução de litígios, incluindo mediação e conciliação*. O uso desses procedimentos deve ser rigorosamente regulado e permitido apenas quando avaliação prévia de uma equipe especializada *assegurar o consentimento livre e esclarecido da vítima/da sobrevivente afetada e que não há indicadores de novos riscos para a vítima/sobrevivente ou seus familiares*. Esses procedimentos devem empoderar as vítimas/as sobreviventes e ser oferecidos por profissionais treinados especialmente para compreender e intervir adequadamente nos casos de violência de gênero contra as mulheres, garantindo proteção adequada dos direitos das mulheres e das crianças, bem como intervenção sem estereótipos ou revitimização das mulheres. Procedimentos alternativos não devem constituir obstáculo ao acesso das mulheres à Justiça formal" – Grifei.

253. Destaque-se, dentre outros, os seguintes julgados: 1) *Caso Veliz Franco y otros Vs. Guatemala*. Excepciones Preliminares, Fondo, Reparaciones y Costas. Sentencia de 19 de mayo de 2014: "207. La Corte estima que la violencia basada en el género, es decir la violencia dirigida contra una mujer por ser mujer

Portanto, infere-se que a obrigatoriedade da realização de audiência de conciliação ou de mediação, nos processos afetos ao Direito das Famílias, deve ser *mitigada* nos casos envolvendo violência doméstica e familiar contra a mulher ou, quando menos, deve ser conduzida com a *perspectiva de gênero*, justamente para não reproduzir desigualdades estruturais, presentes na adoção de estereótipos, preconceitos e discriminações (diretas, indiretas ou múltiplas), decorrentes do patriarcado, sexismo, misoginia e machismo estrutural historicamente presentes nas práticas androcêntricas – conscientes ou inconscientes – na sociedade brasileira, que dificultam ou comprometem os direitos humanos das mulheres por meio da reprodução de valores culturais que se perpetuam em um ambiente de violência processual, respaldada pelas instituições do sistema de justiça e, especialmente, pelo Poder Judiciário.[254]

Até porque, para a efetiva proteção dos direitos humanos e do constitucionalismo feminista multinível, a promoção de empoderamento, atuação e voz das mulheres implica na implementação de medidas judiciais efetivas para

---

o la violencia que afecta a la mujer de manera desproporcionada, es una forma de discriminación en contra de la mujer, tal como han señalado otros organismos internacionales de protección de derechos humanos, como el Tribunal Europeo de Derechos Humanos y el CEDAW. Tanto la Convención de Belém do Pará (preámbulo y artículo 6) como el CEDAW (preámbulo) han reconocido el vínculo existente entre la violencia contra las mujeres y la discriminación. En el mismo sentido, el Convenio del Consejo de Europa sobre prevención y lucha contra la violencia contra las mujeres y la violencia doméstica (Estambul, 2011) afirma que *"la violencia contra las mujeres es una manifestación de desequilibrio histórico entre la mujer y el hombre que ha llevado a la dominación y a la discriminación de la mujer por el hombre, privando así a la mujer de su plena emancipación"*, así como que *"la naturaleza estructural de la violencia contra las mujeres está basada en el género"*; 2) Caso González y otras ("Campo Algodonero") Vs. México. Excepción Preliminar, Fondo, Reparaciones y Costas. Sentencia de 16 de noviembre de 2009: "396. El Tribunal Europeo de Derechos Humanos declaró en el caso Opuz vs. Turquía que *"la falla del Estado de proteger a las mujeres contra la violencia doméstica viola el derecho de ellas a igual protección de la ley y esta falla no necesita ser intencional". La Corte Europea consideró que aunque la pasividad judicial general y discriminatoria en Turquía no era intencional, el hecho de que afectaba principalmente a las mujeres permitía concluir que la violencia sufrida por la peticionaria y su madre podía considerarse violencia basada en género, lo cual es una forma de discriminación en contra de las mujeres*. Para llegar a esta conclusión, el Tribunal aplicó el principio según el cual una vez que se demuestra que la aplicación de una regla lleva a un impacto diferenciado entre mujeres y hombres, el Estado debe probar que se debe a factores objetivos no relacionados con la discriminación. La Corte Europea constató que en el lugar en que vivía la peticionaria se presentaba el número más alto de víctimas de violencia doméstica, que las víctimas eran todas mujeres, que la mayoría de las víctimas eran del mismo origen y, además, que las mujeres víctimas enfrentaban problemas cuando denunciaban la violencia, como el hecho que los policías no investigaban los hechos sino que asumían que dicha violencia era un "tema familiar" – Grifamos. No mesmo sentido, conferir, dentre outros precedentes: (i) Caso Angulo Losada Vs. Bolivia. Excepciones Preliminares, Fondo y Reparaciones. Sentencia de 18 de noviembre de 2022, § 104; (ii) Caso Valencia Campos y otros Vs. Bolivia. Excepción Preliminar, Fondo, Reparaciones y Costas. Sentencia de 18 de octubre de 2022, § 273; (iii) Caso Fernández Ortega y otros Vs. México. Excepción Preliminar, Fondo, Reparaciones y Costas. Sentencia de 30 de agosto de 2010, § 205.

254. TJPR – 12ª Câmara Cível – 0084983-08.2023.8.16.0000 – Londrina – Rel. Desembargador Eduardo Augusto Salomão Cambi – J. 15.12.2023.

protegê-las antes, durante e após o devido processo legal/convencional, por meio de profissionais treinados especificamente para compreender e intervir adequadamente nos casos de violência de gênero, com a finalidade de evitar a *violência processual*, a *reexperimentação* da experiência traumática cada vez que a vítima tenha que se recordar ou declarar sobre o ocorrido e, portanto, inibir a *revitimização* institucional pelo Sistema de Justiça.

Por meio do indispensável controle judicial de convencionalidade das regras dos artigos 334, § 8º, e 694 do Código de Processo Civil – em face das normas de Direitos Humanos, em especial em relação à Convenção Interamericana para Prevenir, Punir e Erradicar a Violência contra a Mulher ("Convenção de Belém do Pará"; artigo 7º, "f"), à Convenção sobre a Eliminação de Todas as Formas de Discriminação contra a Mulher (artigo 2º, "c") e da Recomendação 35 do Comitê *CEDAW* ("Comitê para a eliminação de todas as formas de discriminação contra a mulher") da Organização das Nações Unidas (artigos 31, "a", e 32, "b") –, revela-se imprescindível, nos casos envolvendo violência doméstica e familiar contra a mulher, oportunizar à vítima a escolher uma entre três alternativas seguintes: (i) *ser agendada a audiência de conciliação*, da qual ela participará, espontânea e voluntariamente; e, nesta hipótese, ser assegurado à mulher a participação de profissionais que possam garantir a proteção adequada aos seus direitos, para evitar a reprodução estereótipos ou a revitimização institucional (artigo 32, letra "b", da Recomendação n. 35 da CEDAW); (ii) *ser designado o ato conciliatório*, oportunidade em que ela estará representada por pessoa de sua livre indicação e plena confiança (artigo 334, § 10, Código de Processo Civil); (iii) *não ser realizada a audiência*, sem nenhuma cominação da multa prevista no artigo 334, § 8º, do Código de Processo Civil.

A consulta da mulher, nessas circunstâncias, deve ocorrer – sobretudo pela rápida, e cada vez mais acelerada, mutação dos convívios sociais, em especial no âmbito das famílias – de maneira direta (leia-se, não por intermédio do seu advogado ou da Defensoria Pública, os quais, é claro, ela pode e deve buscar orientações), cabendo à vítima a escolha de uma das três opções (*supra* descritas), cuja decisão deverá ser acolhida em observância à autonomia da sua vontade, podendo sua manifestação ser precedida de avaliação prévia de uma equipe especializada para que seja assegurado o seu consentimento livre e esclarecido, bem como de que não há indicadores de novos riscos de revitimização (Artigo 32, letra "b", da Recomendação n. 35 da CEDAW).

6.3.8.5 *Violência patrimonial – Tentativa de fraude na partilha de bens*

A violência patrimonial contra a mulher abrange qualquer conduta que configure retenção, subtração, destruição parcial ou total de seus objetos, instrumentos de trabalho, documentos pessoais, bens, valores e direitos ou recursos econômicos (Exegese do artigo 7º, inciso IV, da Lei Maria da Penha).

No âmbito civil, especialmente no Direito das Famílias, a apropriação de bens, valores, recursos financeiros ou direitos da mulher, pelo cônjuge ou companheiro, pode ocorrer de diversas formas, como quando o cônjuge/companheiro meeiro toma para si o quinhão dos bens móveis que deveria passar para a esposa ou companheira, quando subtrai os dividendos da sociedade empresarial, bem como quando recebe a integralidade dos alugueres dos bens imóveis comuns e não divide com a mulher ou adota qualquer outro expediente para fraudar a partilha, ou, ainda, quando se vale de subterfúgios para não pagar os alimentos, convencionados ou arbitrados judicialmente, sendo agravada quando os recursos se destinam à promoção da vida digna (a começar pela subsistência) da alimentanda (cônjuge ou da companheira).

Em outras palavras, quando um dos cônjuges ou companheiros, durante a comunhão ou nas vésperas da dissolução do casamento ou da união estável, adota práticas para desviar ou ocultar bens, direitos e valores pertencentes à sociedade conjugal (por exemplo, por meio da cessão de quotas ou ações, da realização de manobras contábeis, da celebração de contratos de empréstimos fictícios, da alteração societária envolvendo empresas *offshore*, fundos e fundações em paraísos fiscais, do substancial aumento do endividamento da empresa, da contratação de seguros de vida ou de previdência privada, investimentos em criptomoedas, entre outros expedientes ilícitos ou abusivos), para frustrar a meação do outro consorte, caracteriza-se a *fraude à futura partilha*.

Nesses casos, são aplicáveis as medidas protetivas de urgência previstas no artigo 24 da Lei Maria da Penha, bem como os princípios e as regras que tutelam qualquer espécie de partilha de bens, inclusive a pena de sonegados, cuja função é punitiva, pedagógica e social, além da responsabilização penal pelo crime de estelionato.[255]

O artigo 24 da Lei Maria da Penha possui natureza exemplificativa, o que não exclui a possibilidade de outras formas de tutelas provisórias de urgência (cautelar ou antecipada) ou de evidência, reguladas pelos artigos 294 e seguintes do Código de Processo Civil, como a inversão – total ou parcial – da posse e administração dos bens comuns para a mulher, com o intuito de facilitar a partilha, em casos de divórcio ou extinção da união estável. Entretanto, a aplicação das medidas protetivas, previstas no artigo 24 da Lei n. 11.340/2006, pelo juiz da Vara

---

255. CAMBI, Eduardo; PASTINA, Silvana Aparecida. Violência doméstica e familiar (patrimonial) contra a mulher na dimensão do constitucionalismo feminista e do Protocolo de Julgamento na Perspectiva de Gênero. *Revista dos Tribunais*, v. 1054, p. 63-80, 2023, p. 7 a 11.

de Família e/ou das Sucessões, possui uma eficácia maior que as tutelas provisórias de urgência do Código de Processo Civil, na medida em que o descumprimento da decisão judicial, pelo marido ou companheiro, resulta no crime previsto no artigo 24-A da Lei Maria da Penha.

Dessa forma, ressalta-se a importância da visualização de um *microssistema jurídico protetivo da mulher*, na dimensão do constitucionalismo feminista e do Protocolo de Julgamento na perspectiva de Gênero. Com isso, os Tratados de Direitos Humanos que o Brasil é signatário, por meio da realização do controle judicial de convencionalidade, e a Lei Maria da Penha, como legislação específica a ser aplicado em detrimento de regras gerais contidas nos Códigos (Civil e Processual Civil, Penal e Processual Penal), em conjunto com o Protocolo de Julgamento com Perspectiva de Gênero (Recomendação n. 128/2022 e Resolução n. 492/2023) do Conselho Nacional de Justiça (CNJ) podem potencializar a hermenêutica jurídica transformadora para a efetivação da igualdade substancial entre homens e mulheres.

Portanto, a imposição de dificuldades e óbices para que a mulher tenha acesso a patrimônio que lhe pertence, sobretudo em uma conjuntura de extinção da sociedade conjugal, deve ser compreendida, sob uma perspectiva de proteção jurídica multinível, como *violência patrimonial*, sobretudo porque toda a mulher tem o direito humano a uma vida livre de *qualquer* tipo de violência. Tal conclusão se extrai da interpretação sistemática dos artigos 5º, inc. I e § 2º, e 226, § 8º, da Constituição Federal, 3º da Convenção Interamericana para Prevenir, Punir e Erradicar a Violência contra a Mulher (Convenção de Belém do Pará) e 7º, inc. IV, da Lei Maria da Penha (Lei n. 11.340/2006).[256]

6.3.8.6 Assédio e violência processual – Lawfare de gênero

Nos processos de família, não raro, se quer silenciar ou diminuir a importância dos argumentos trazidos pelas mulheres, por meio da disseminação de estereótipos, preconceitos e discriminações que buscam desacreditar a sua palavra e diminuir ou inviabilizar a tutela jurídica dos seus direitos.

Luciana Brasileiro, na sua palestra "Triste, louca ou má – as mulheres e os processos judiciais", no XIV Congresso Brasileiro de Direito das Famílias e Sucessões do Instituto Brasileiro de Direito de Família (IBDFAM), em outubro de 2023, em Belo Horizonte, elucida alguns estereótipos de gênero. Mulheres "más"

---

256. CORTE IDH. Caso Barbosa de Souza y Otros *vs.* Brasil. Sentencia de 7 de septiembre de 2021. Disponível em: https://corteidh.scjn.gob.mx/buscador/doc?doc=casos_sentencias/seriec_435_esp.pdf#CABARSO_S1_PARR142. Acesso em: 19 jan. 2024; TJPR – 12ª Câmara Cível – 0098863-67.2023.8.16.0000 – Pinhais – Rel.: Eduardo Augusto Salomão Cambi – J. 06.03.2024.

são aquelas que decidem não exercer a guarda dos filhos, não realizar trabalho doméstico não remunerado para se dedicar à profissão, fazer um planejamento patrimonial e separar os seus bens do marido ou do companheiro. A mulher é "triste", quando não consegue dar conta do acúmulo de funções e quando evolui para um quadro de *burn out*. Já a mulher é "louca", quando descobre que foi traída é louca ou quando sofre de cólica menstrual mensal (cuja dor pode equivaler a um ataque cardíaco). Por outro lado, o homem que não exerce o trabalho doméstico não remunerado é ocupado, o que não paga pensão alimentícia é esperto, o que trai é másculo, o que bate foi provocado, o que ocupa cargos de poder na empresa ou na política é, naturalmente, um homem. Triste, louca ou má é a mulher que resiste à dominação masculina. Na compreensão do machismo estrutural, a ambição seria um lugar destinado aos homens; logo, uma mulher que busca informações sobre regime de bens, gestão de empresas familiares ou que ocupa espaços de poder praticam atos incompatíveis com os esperados por uma mulher de família. A sua maldade é a de querer ter vez, voz e poder. Isto porque um homem que tem voz e poder é, simplesmente, um homem. Já a mulher "não gosta de política", o lugar da mulher é dentro do ambiente doméstico, pois quando ela casa ela vira mulher (o celebrante diz: "Eu vos declaro homem e mulher"), mas, quando ela se separa, ela deixa de ser mulher: o homem vira ex-marido e ela vira ex-mulher.

Nos processos de aplicação do Direito das Famílias, a adoção de argumentos misóginos, machistas e sexistas (como a conduta sistemática e infundada de desvalorizar o trabalho de cuidado da ex-companheira ou da ex-esposa e a imputação de desvios de personalidade, baseados em estereótipos ligados à condição feminina, para procurar demonstrar a inabilidade da figura materna para educar os filhos) ou moralistas (como a exposição desnecessária da vida privada da mulher ou que impliquem em violação da sua liberdade sexual), bem como a criação de empecilhos e obstáculos processuais desarrazoados e desproporcionais (como o descumprimento reiterado de decisões judiciais, o prolongamento desnecessário do processo e a busca pela partilha minuciosa de objetos de valores ínfimos da residência) ao deslinde do processo judicial ofendem o princípio da boa-fé objetiva e caracterizam *violência processual* de gênero.

O conceito de violência processual de gênero pode ser construído a partir da intepretação dos artigos 5º e 8º do Código de Processo Civil, 7º da Lei Maria da Penha, 2º, "e", da Convenção sobre a Eliminação de Todas as Formas de Discriminação Contra a Mulher, e Item 26 da Recomendação Geral n. 33 do Comitê sobre a Eliminação da Discriminação contra as Mulheres (CEDAW) da Organização das Nações Unidas (ONU).

O *assédio processual* é uma das hipóteses de violência processual. Trata-se de espécie do gênero assédio moral, uma vez que visa causar abalo psicológico na parte contrária para obstar a efetivação de seus direitos. Caracteriza-se pela utilização abusiva do direito processual (*v.g.*, a dedução de argumentos preconceituosos, a prática de condutas discriminatórias, a propositura sucessiva de ações desprovidas de fundamentação, a provocação de incidentes ou de recursos manifestamente infundados ou protelatórios, e a utilização de estratégias antiéticas, como alterar a verdade dos fatos ou impor resistência injustificada ao andamento do processo). Revela-se como grave violação da garantia constitucional do acesso (e ao decesso) à justiça e, como modalidade de violência processual, precisa ser reconhecida de ofício pelo Estado-Juiz, que tem o dever de assegurar o direito fundamental ao *processo justo*, inibir o *lawfare* de gênero, promover o respeito pelos direitos humanos nas relações processuais e repreender toda e qualquer conduta que implique em litigância de má-fé.[257]

As sutilezas das narrativas que envolvem a *violência processual* de gênero não podem ocultar a má-fé nem confundir a percepção do Estado-Juiz quando verifica toda e qualquer conduta que afronta o *fair play* processual e à dignidade humana da mulher. O Julgamento na Perspectiva de Gênero tem por fundamento o respeito aos valores éticos do constitucionalismo feminista e permite a releitura dos princípios e regras jurídicas como meio de transformação da realidade social, por meio da prevenção e repreensão das desigualdades históricas e estruturais, enraizadas no Sistema de Justiça e reproduzidas – sem análise crítica – pela repetição de padrões misóginos, sexistas e machistas, envoltos na cultura patriarcal e androcêntrica que coloca o homem como sujeito universal dos direitos.

O Superior Tribunal de Justiça, por exemplo, afirmou ser admissível a condenação do advogado a reparar os danos morais causados à parte adversária em virtude do uso, em ação de investigação de paternidade, de ofensas gratuitas tendentes a desqualificar a conduta, a imagem e a reputação da mãe biológica, dissociadas de defesa técnica, por meio de um discurso odioso, sexista, machista e misógino.[258]

---

257. HEEMANN, Thimotie Aragon. Violência processual contra a mulher: conceito e formas de combate. Coluna Jota. 26 de junho de 2023. Disponível em: https://www.jota.info/opiniao-e-analise/colunas/direito-dos-grupos-vulneraveis/violencia-processual-contra-a-mulher-conceito-e-formas-de-combate-26062023. Acesso em: 30 ago. 2023.
258. "Civil. Processual civil. Ação de reparação de danos morais. Ofensas desferidas pelo advogado contra a mãe do autor em ação investigatória de paternidade preteritamente julgada procedente. Afirmação de que a mãe seria prostituta e teria mantido relações sexuais com inúmeras pessoas. Argumentação jurídica irrelevante e dissociada da defesa técnica. Ações de família que versam sobre vínculos biológicos que se desenvolvem, há mais de três décadas, com ênfase na prova técnica consubstanciada no exame de DNA. Absoluta irrelevância de elementos morais ou de conduta das partes. Dever do advogado de filtrar as informações recebidas de seu cliente, sob pena de responsabilização civil. Imunidade profissional que não é absoluta e não contempla ofensas desferidas em juízo contra a parte adversária, sobretudo quando irrelevantes à controvérsia e não comprovadas. Ausência de condenação criminal dos réus. Irrelevância. Independência entre as justiças cível e penal. Fato danoso que é incontroverso.

Também deve-se interpretar, com as lentes de gênero, os argumentos que procuram minimizar ou desprezar o trabalho da mulher no ambiente doméstico, com a finalidade de negar-lhe seus direitos de família, principalmente quando desenvolvido pela mãe e/ou esposa, que se dedicam ao cuidado e ao bem-estar do marido e dos filhos. Tal trabalho é desempenhado com grande esforço, disponibilidade de tempo, dedicação e esmero, tratando-se de atividade "invisível" aos olhos da sociedade, mas indispensável ao desenvolvimento dos integrantes da família, sobretudo à formação de crianças e adolescentes como futuros cidadãos.

Com efeito, é necessário que o Poder Judiciário busque combater as injustiças sociais, incorporadas em práticas de *violência processual* cometidas contra a mulher, consubstanciada em atos processuais discriminatórios, baseados em estereótipos, preconceitos e juízos morais fundados em padrões culturais androcêntricos, machistas, patriarcais, misóginos e sexistas, que caracterizam a equidade entre as partes e causam violência de gênero. Incumbe ao magistrado buscar formas de prevenir e de reparar atos ilícitos e abusivos, inclusive pela responsabilização integral do autor, para assegurar a máxima proteção dos direitos humanos fundamentais das mulheres, bem como para não ensejar a sua *revitimização* pelo sistema de justiça.[259]

Ofensas apenas desferidas em peças escritas em processo sob segredo de justiça. Irrelevância para a configuração do dano. Objetivo de desqualificação da mãe do autor atingido. Circulação dos autos restrita, mas existente. Relevância somente para a quantificação do dano. Responsabilização exclusiva do advogado. Regra geral excepcionada pela existência de culpa *in eligendo* ou assentimento às manifestações escritas pelos demais réus (...)" (STJ, REsp 1761369/SP, Rel. Ministro Moura Ribeiro, Rel. p/ Acórdão Ministra Nancy Andrighi, Terceira Turma, julgado em 07.06.2022, DJe 22.06.2022, pub. no *Boletim Jurisprudência em Teses 209 do STJ*, de 24.03.2023).

259. TJPR – 12ª Câmara Cível – 0075645-10.2023.8.16.0000 – Curitiba – Rel.: Eduardo Augusto Salomão Cambi – J. 27.11.2023.

7
CONCLUSÕES

Feminismo não é coisa só de mulheres, para mulheres. O movimento feminista, junto com outras correntes críticas do pensamento (a exemplo das teorias antirracistas), é importante na superação das desigualdades e na busca de justiça social. Está voltado para a construção de um mundo mais justo, com respeito às diferenças e afirmação de deveres e direitos humanos para todas as pessoas, sem preconceitos de origem, raça, sexo, cor, idade e quaisquer outras formas de discriminação (como está expresso no artigo 3º, inc. IV, da Constituição Federal).

Assim, somos todos – homens e mulheres – *machistas em desconstrução*.

A associação da mulher ao *sexo frágil*[1] é uma construção cultural do patriarcado, que procurou naturalizar a imagem de uma mulher fraca, tanto corporal como intelectualmente, reduzida ao espaço privado e sexualmente passiva.[2] Na ideologia androcêntrica, tais atributos já estavam na natureza biológica da mulher, para justificar a sua inaptidão para as atividades políticas e econômicas fora do lar.

A hierarquização social, entre homens e mulheres, se prestou à dominação masculina e à expansão do capitalismo, com a exploração do trabalho da mulher, mal pago no mercado laboral ou inviabilizado pelo trabalho doméstico não remunerado.

As mulheres, na Declaração dos Direitos do Homem e do Cidadão de 1789, eram consideradas uma segunda categoria de pessoas, pois eram os homens

---

1. "(...) As tradições abraâmicas buscaram coibir o corpo feminino com véus, roupas longas, burcas e toda sorte de apetrechos que repelissem o objeto de desejo: o corpo feminino. Dona de uma ferramenta capaz de pecar e de incitar o pecado, seu intelecto e alma tiveram que ser diminuídos. A mulher era de natureza frágil, acreditavam, por isso a primeira de todas sucumbira à tentação. O Diabo procurou Eva, e ela desvirtuou Adão. Tomás de Aquino foi claro em afirmar que ´a mulher é um acho deficiente´, ou seja, um pedaço reformulado do homem, sua costela crescida. Os homens tinham a imagem de Deus, as mulheres, não; logo, 'não é então surpreendente que este débil ser, marcado pela *imbecillitas* de sua natureza', estivesse mais exposto ´às seduções do tentador, devendo ficar sob tutela´. A argumentação insistia em que todo ser humano possuía uma alma espiritual assexuada e um corpo sexuado. No indivíduo masculino, o corpo reflete a alma, uma vez que o homem é a imagem de Deus. Mas não a mulher, que, inferior ao home, deve se submeter a ele. Odon, abade de Cluny, no século X, foi ainda mais objetivo em sua descrição: a mulher é 'um saco de excremento'" (KARNAL, Leandro; ESTEVAM, Luiz. *Preconceito: Uma história*. São Paulo: Companhia das Letras, 2023. p. 52).
2. LUGONES, María. Colonialidade e gênero. In: HOLLANDA, Heloisa Buarque de (Org.). *Pensamento feminista hoje. Perspectivas decoloniais*. São Paulo: Bazar do Tempo, 2019. p. 26-27.

(brancos, heterossexuais, cisgêneros e proprietários) os *sujeitos universais de direitos*. As mulheres eram definidas a partir da normatividade masculina.

Nesse sentido, por exemplo, argumentou Louis de Bonaud em 1816, sobre as razões pelas quais a legislação da Revolução Francesa sobre o divórcio devia ser revogada:[3] "Da mesma forma que a democracia política 'permite ao povo, parte fraca da sociedade política, se rebelar contra o poder estabelecido', da mesma forma o divórcio 'verdadeira democracia doméstica', *permite à esposa, 'parte mais fraca, se rebelar contra a autoridade do marido'*... 'a fim de manter o Estado fora do alcance do povo, é necessário manter a família fora do alcance das esposas e das crianças'".

Os inimigos, os "outsiders", os subversivos e a fraqueza eram identificados ao feminino. Por outro lado, o masculino estava relacionado com a dominação, a força, a autoridade central e o poder soberano.

Como consequência dos padrões normativos masculinos, as leis que colocam as mulheres no seu lugar, *"proibindo sua participação na vida política, tornando o aborto ilegal, proibindo o trabalho assalariado das mães, impondo códigos de vestuário às mulheres"*.[4]

A *divisão sexual*, entre homens e mulheres, foi concebida para a *dominação masculina* e o *controle dos corpos e dos comportamentos das mulheres*. Tais diferenças sexuais são naturalizadas ou normalizadas nas instituições jurídicas, como na relação hierárquica do marido sobre a esposa no *modelo do casamento da tradição romano-canônica*.[5]-[6] Os homens, por serem *mais fortes* que as mu-

---

3. SCOTT, Jean. *Gênero*: uma categoria útil para análise histórica. Disponível em: https://edisciplinas.usp.br/pluginfile.php/185058/mod_resource/content/2/G%C3%AAnero-Joan%20Scott.pdf. Acesso em: 30 set. 2023.
4. SCOTT, Jean. *Gênero*: uma categoria útil para análise histórica. Disponível em: https://edisciplinas.usp.br/pluginfile.php/185058/mod_resource/content/2/G%C3%AAnero-Joan%20Scott.pdf. Acesso em: 30 set. 2023.
5. "(...) a noção de família romana era similar à grega, aristocrática, e incluía pai, mãe, filhos, escravos, animais e bens como propriedades do homem, que podia mandar em tudo e em todos e decidir destinos. Essa lógica também fazia com que a identidade dos filhos fosse dada por linhagem paterna e que não raro o nome das meninas fosse variação do nome do pai ou do avô: Júlia era a filha ou neta de Júlio, por exemplo. Se tivesse duas filhas, Júlia Maior e Júlia Menor. Reparemos: o modelo de identidade de um ser humano é dado pelo seu progenitor. Estar sob a influência de um homem fazia bem a uma mulher, atestando, com isso, sua inferioridade. Cícero, outro destacado autor romano, escreveu que seus ancestrais eram seguidores da antiga lei segundo a qual toda mulher, por sua natureza frágil e pouco inteligente, deveria estar sob o poder de protetores homens" (KARNAL, Leandro; ESTEVAM, Luiz. *Preconceito*: Uma história. São Paulo: Companhia das Letras, 2023. p. 20).
6. "(...) Em Roma, o catolicismo tornou-se religião oficial e combinou perfeitamente o patriarcado romano, pautando o imaginário medieval europeu. Agostinho, que, como muitos de seus contemporâneos cristãos, tinha horror ao ardor sexual (sobretudo feminino), condenava o sexo fora do casamento, mas recomendava que mulheres e homens casados dividissem o leito conjugal. Para os escritores romanos

lheres e as crianças (seres humanos vulneráveis), deveriam prover o seu sustento e oferecer-lhes proteção.

Historicamente, o sucesso masculino foi associado a reis e a guerreiros poderosos, tolhendo a vida de animais ou de outros homens. O homem era exaltado por fazer uso da força. Os romanos criaram a ideia da *virilidade*, cuja virtude seria a dominação e o autocontrole. Já a lógica burguesa da virilidade, do século XVIII, incorporava o valor do trabalho, sendo o macho bem-sucedido um provedor da família. O padrão de homem de sucesso do século XX era um misto de guerreiro, cortesão e pai de família que provê, mas não convive no espaço doméstico.[7] O apelo explícito à virilidade masculina legitima às guerras e justifica o sacrifício de vidas de jovens para a proteção do Estado.

A dominação masculina, para fundamentar o exercício hierárquico do poder, deixou de ser uma construção humana, fazendo parte da ordem natural ou divina.

Dessa forma, a redução do gênero ao privado, ao controle do sexo, seus recursos e produtos, é uma *questão ideológica*, apresentada como biológica.[8]

O lugar da mulher na sociedade foi estabelecido pelo homem.[9] Porém, o sexo feminino não é o sexo frágil, subordinado e passível de exploração (econômica, política, patrimonial, moral, psicológica e sexual). Por outro lado, a virilidade masculina não pode ser justificativa para o uso da violência, para o exercício da opressão ou para legitimar as guerras.[10] A manutenção da virilidade, como condição imprescindível para a masculinidade, representa a mutilação das

---

cristianizados, como Tertuliano (séculos II-III), a maquiagem era um ato contra Deus, pois a mulher estaria tentando 'refazer a criação divina'. Com o matrimônio santificado, o aborto vira tabu, os filhos passam a ser, no plano ideal, cópias das virtudes dos pais. O casamento é um sacramento, mas diminui quem o faz: o estado celibatário é tido como superior e melhor. Paulo escreve aos coríntios a carta que mais pautou a lógica familiar milênios adentro: 'Contudo, digo às pessoas solteiras e às viúvas que é bom ficarem como eu. Mas, se não podem guardar a continência, casem-se, pois é melhor casar-se do que ficar abrasado' (1 Coríntios 7, 8-9). A historiadora Michele Perrot sintetizou a lógica que se estabelecia: 'O catolicismo é, em princípio, clerical e macho, à imagem da sociedade de seu tempo. Somente os homens podem ter acesso ao sacerdócio e ao latim'" (KARNAL, Leandro; ESTEVAM, Luiz. *Preconceito*: Uma história. São Paulo: Companhia das Letras, 2023. p. 48-49).

7. KARNAL, Leandro; ESTEVAM, Luiz. *Preconceito*: Uma história. São Paulo: Companhia das Letras, 2023. p. 80.
8. LUGONES, María. Colonialidade e gênero. In: HOLLANDA, Heloisa Buarque de (Org.). *Pensamento feminista hoje*. Perspectivas decoloniais. São Paulo: Bazar do Tempo, 2019. p. 26.
9. A guerra é a desnaturação da política por meio da violência. Cf. BUCCI, Eugênio. *Incerteza, um ensaio. Como pensamos a ideia que nos desorienta (e orienta o mundo digital)*. Belo Horizonte: Autêntica, 2023. p. 107.
10. BEAVOIR, Simone. *O segundo sexo*. 4. ed. São Paulo: Divisão Europeia do Livro, 1970. t. I. Os fatos e os mitos. p. 97-98.

emoções e afetos, pois a imposição da brutalidade é sempre uma violência, em si, destinada aos homens.[11]

Com efeito, é necessário, na contemporaneidade, reconstruir *novas formas de subjetividades*, isto é, tanto a masculinidade quanto a feminilidade.

Destaca-se, na letra da música "Masculinidade" de Tiago Iorc, a ideia de que "Homem não chora", porque precisa reprimir os seus sentimentos:

> Meu pai foi minha referência de homem forte
> Trabalhador, generoso, decidido
> Mas ele sempre teve dificuldade de falar
> O pai do meu pai também não soube se expressar
> Por esses homens é preciso chorar
> E perdoar
> Essa dor guardada
> Até agora, enquanto escrevo
> Me assombra se o que eu digo é o que eu devo
> Um eco de medo
> O que será que vão dizer?
> O que será que vão pensar?
> (...).
> Cuidado com o excesso de orgulho
> Cuidado com o complexo de superioridade, mas
> Cuidado com desculpa pra tudo
> Cuidado com viver na eterna infantilidade
> Cuidado com padrões radicais
> Cuidado com absurdos normais
> Cuidado com olhar só pro céu
> E fechar o olho pro inferno que a gente mesmo é capaz
> (...).
> Ser homem por querer se aprender, todo dia
> Dominar a si mesmo
> Apesar de qualquer fobia, respeito
> Tem que ter peito
> Tem que ter culhão pra amar direito
> Vou dizer que não?

---

11. HERNANDEZ, Aline Reis Calvo. Teoria King Kong: O "Escandaloso" Livro de Virginie Despentes. *Revista Psicologia Política* [Versão on-line], v. 18, n. 43, São Paulo, set./dez. 2018.

Esperando sentado por salvação?
Conexão, empatia, verdade
Divino propósito, responsabilidade
Deitar a cabeça no travesseiro e sentir paz
Por ter vivido um dia honesto
Ah
Ser homem exige muito mais do que coragem
Muito mais do que masculinidade
Ser homem exige escolha, meu irmão

Parafraseando o pensamento de que "Ninguém nasce mulher, torna-se mulher" de Simone de Beauvoir, pode-se afirmar também que "Ninguém nasce homem, torna-se homem". Para se fazer um homem, não basta nascer com o sexo masculino, é indispensável educá-lo para respeitar e lutar pelos direitos humanos, o que exige políticas públicas e investimentos adequados, porque os homens, tal como as mulheres, são constituídos culturalmente.[12]

O século XXI aponta para um novo modelo de masculinidade, ou seja, para um homem *solidário, empático, positivo* e *presente*.[13] Rejeita-se a tradição histórica e violenta da masculinidade.

A epistemologia moderna precisa se alicerçar no terreno da luta biopolítica (enquanto poder da vida de resistir e determinar uma produção alternativa de subjetividade), seja para fazer a crítica da realidade de dominação (masculina, branca, eurocêntrica etc.), seja para a constituição de outra realidade mais in-

---

12. "Há mais de cinquenta anos, Simone de Beauvoir sacudiu a poeira dos meios intelectuais com a frase Ninguém nasce mulher: torna-se mulher. A expressão causou impacto e ganhou o mundo. Mulheres das mais diferentes posições, militantes e estudiosas passaram a repeti-la para indicar que seu modo de ser e de estar no mundo não resultava de um ato único, inaugural, mas que, em vez disso, constituía-se numa construção. Fazer-se mulher dependia das marcas, dos gestos, dos comportamentos, das preferências e dos desgostos que lhes eram ensinados e reiterados, cotidianamente, conforme normas e valores de uma dada cultura. Muita coisa mudou desde o final dos anos 1940 (quando Beauvoir publicou o seu Segundo sexo) e o fazer-se mulher transformou-se, pluralizou-se, de um modo tal que talvez nem mesmo a filósofa ousasse imaginar. Mas a frase ficou. De certa forma, pode ser tomada como uma espécie de gatilho provocador de um conjunto de reflexões e teorizações, exuberante e fértil, polêmico e disputado, não só no campo do feminismo e dos estudos de gênero, como também no campo dos estudos da sexualidade. A frase foi alargada, é claro, passando a ser compreendida também no masculino. Sim, decididamente, fazer de alguém um homem requer, de igual modo, investimentos continuados. Nada há de puramente natural e dado em tudo isso: ser homem e ser mulher constituem-se em processos que acontecem no âmbito da cultura" (LOURO, Guacira Lopes. Gênero e sexualidade: pedagogias contemporâneas. Dossiê: Educação, Gênero e Sexualidade. *Revista Pro-Posições*, v. 19, n. 2, 2008, p. 17-18).
13. KARNAL, Leandro; ESTEVAM, Luiz. *Preconceito*: Uma história. São Paulo: Companhia das Letras, 2023. p. 80-81.

clusiva,[14] marcada pela *horizontalidade das relações de poder*, capaz de construir uma nova gramática social.

A luta contra a discriminação exige a *recriação* de identidades masculinas e femininas que superem hierarquias do forte e do fraco, do ativo e do passivo, do público e do privado, para que as diferenças entre os sexos sejam de *complementariedade*, não de dominação.[15] Essa hierarquização entre masculino ("superior") e feminino ("inferior") é uma construção ideológica, não é reflexo da diferenciação biológica.[16] Força e fraqueza, atividade e passividade ou razão e emoção não devem ser colocadas em polos opostos para definir o que é masculino e o que é feminino, porque fazem parte da *totalidade dialética e contraditória do ser humano*.

A racionalidade, vista como um instrumento da liberdade comum, deve ser colocada à serviço da vida e a técnica, das necessidades ecológicas (não apenas para a preservação da natureza, mas como forma de desenvolvimento e reprodução de relações sociais entre humanos e não humanos), inclusive para que, pela apropriação social dos bens comuns, a acumulação de riquezas atenda a um projeto de bem-estar coletivo.[17]

A hermenêutica constitucional deve estar comprometida com a *restituição da humanidade*,[18] própria da diversidade e que exige inclusão social, por meio da concretização interseccional dos direitos fundamentais de todos, na esfera pública e privada.[19] Priorizam-se os esforços para a tutela adequada e efetiva dos sujeitos mais vulnerabilizados, não mais considerados como *outridades*[20] do universal, mas como partes de uma *humanidade pluriversal*,[21] que valoriza suas tradições, saberes, experiências e circunstâncias.

---

14. HARDT, Michael; NEGRI, Antonio. *Bem-estar comum*. Trad. Clóvis Marques. Rio de Janeiro: Record, 2016. p. 161.
15. ALVES, Branca M.; PITANGUY, Jacqueline. *O que é feminismo*. São Paulo: Abril Cultural Brasiliense, 1985. p. 57.
16. ALVES, Branca M.; PITANGUY, Jacqueline. *O que é feminismo*. São Paulo: Abril Cultural Brasiliense, 1985. p. 63.
17. HARDT, Michael; NEGRI, Antonio. *Bem-estar comum*. Trad. Clóvis Marques. Rio de Janeiro: Record, 2016. p. 81 e 156.
18. CAMBI, Eduardo. *Neoconstitucionalismo e neoprocessualismo. Direitos fundamentais, políticas públicas e protagonismo judiciário*. 4. ed. Belo Horizonte: D´Plácido, 2023. p. 1152-1153.
19. Para colocar-se no lugar do outro, e buscar restituir a humanidade, é indispensável "assumir fragilidades e dores próprias da condição humana" (RIBEIRO, Djamila. *Cartas para minha avó*. São Paulo: Companhia das Letras, 2021. p. 76).
20. VAZ, Lívia Sant'Anna. *Eu, mulher negra, não sou sujeito universal! Eu, mulher negra, não sou sujeito universal!* Disponível em: https://www.jota.info/opiniao-e-analise/artigos/eu-mulher-negra-nao--sou-sujeito-universal-12082020. Acesso em: 20 nov. 2023.
21. Grada Kilomba, por exemplo, explica que a "branquitude" possui uma identidade relacional constituída a partir da absoluta negação dos negros; isto é, "a negritude serve como forma primária de Outridade, pela qual a branquitude é constituída" (*Memórias da plantação. Episódios de racismo cotidiano*. Rio de Janeiro: Cobogó, 2019. p. 38).

Afinal, o "outro" é um eterno desafio, ao se opor a fantasia de totalidade individual, de autossuficiência e dá a chance de estar no mundo além de uma posição paranoica ou narcisista; é, pois, como diz Marcia Tiburi, o outro é "um desconforto sem o qual não podemos viver".[22]

Pessoas são seres dialéticos: o significado da existência humana se constrói a partir da relação que se estabelece com os outros. Logo, sociedades autoritárias são aquelas em que os indivíduos agem impondo a sua vontade aos demais, naturalizam a violência, não tem capacidade de reconhecer o lugar do outro, a alteridade e a diferença.[23]

Se a relação entre os gêneros deve ser de *complementariedade*, não de *dominação*, é possível estabelecer estratégias que busquem a superação de *políticas de identidade* (baseadas na diferenciação entre o feminino e o masculino) para a construção de *políticas de afinidade*, fundadas na corresponsabilidade e na solidariedade (como, por exemplo, as que reconhecem o exercício do dever humano de cuidado familiar de ambos os pais em relação aos filhos).

O Direito pós-moderno deve superar a lógica formal da modernidade burguesa, marcada pela noção de sujeitos genéricos, indiferentes e abstratos.[24] Traços culturais da feminilidade (como a suavidade, a leveza, a sensibilidade e a emotividade) devem marcar a revisão das posturas jurídicas que repetem estereótipos patriarcais opressores. A tradição masculina-viril, enraizada no Direito, deve ser repensada a partir da *ética do cuidado*. Afinal, a afirmação dos Direitos Humanos implica *responsabilidade pelo outro* e o ato de julgar é um lugar do *cuidado socialmente institucionalizado*. É preciso observar o *caráter imperativo* do Direito, mas também a *lógica da sensibilidade* da Justiça.

Homem e mulher são *categorias vazias e transbordantes*:[25] a) Vazias: não têm nenhum significado definitivo e transcendente; b) Transbordantes: mesmo quando parecem fixadas, contém dentro delas definições negadas ou reprimidas.

Por isso, é preciso perguntar: Qual é a relação entre as leis sobre as mulheres e o poder do Estado?; Por que as mulheres foram colocadas como sujeitos históricos *invisíveis*, tendo participação decisiva em grandes e pequenos eventos da História

---

22. *Delírio do poder*: psicopoder e loucura coletiva na era da desinformação. Rio de Janeiro: Record, 2019. p. 35.
23. TIBURI, Marcia. *Delírio do poder*: psicopoder e loucura coletiva na era da desinformação. Rio de Janeiro: Record, 2019. p. 139.
24. BITTAR, Eduardo Carlos Bianca; ALMEIDA, Guilherme Assis de. *Curso de filosofia do direito*. 16. ed. Rio de Janeiro: Forense, 2022. p. 617 e 621.
25. SCOTT, Jean. *Gênero*: uma categoria útil para análise histórica. Disponível em: https://edisciplinas. usp.br/pluginfile.php/185058/mod_resource/content/2/G%C3%AAnero-Joan%20Scott.pdf. Acesso em: 30 set. 2023.

humana?; Qual é a relação entre a política do Estado e a violência doméstica e familiar?; Como as instituições sociais e o sistema de justiça têm incorporado o gênero nos seus pressupostos e na sua organização?

A exploração dessas e de outras perguntas fará emergir uma história que oferecerá *novas perspectivas às velhas questões* (como, por exemplo, é imposto o poder político e qual é o impacto da guerra sobre a sociedade), *redefinirá as antigas questões em termos novos* (introduzindo, por exemplo, considerações sobre a família eudemonista e a sexualidade no estudo da economia e da guerra), *tornará as mulheres visíveis como participantes ativas* e *estabelecerá uma distância analítica entre a linguagem* (aparentemente) *neutra* fixada do passado e a própria terminologia científica.

O gênero é uma categoria sociocultural e foi construído historicamente pelo patriarcado sob o pressuposto de que os homens tivessem as mulheres em casa, cuidando da família.[26] Os homens, normalmente, não têm de optar entre a carreira e os filhos, enquanto as mulheres, frequentemente, se deparam com essa situação.

É preciso fomentar não apenas o desenvolvimento das capacidades da mulher e seu acesso a cargos mais valorizados na sociedade, mas também favorecer e incentivar a inserção de homens nas atividades domésticas, em especial no cuidado dos filhos (*v.g.*, com programas de licença parental compartilhada, extensível aos pais,[27] e a viabilização de creches e escolas infantis vinculadas ao trabalho do homem).

Portanto, a *redefinição do gênero* – e a sua restruturação em *conjugação com a visão de igualdade política e social*, que *incluiu não apenas o sexo, mas também a raça e a classe* – possibilita que a sociedade contemporânea *construa uma nova história* que previna e corrija todas as formas de opressões, sobretudo às *intersecionais*.

O Direito Civil Constitucional, e principalmente o Direito das Famílias, por ser dinâmico e estar aberto às transformações sociais, pode contribuir para a afirmação do constitucionalismo feminista multinível. O Protocolo de Julgamento com Perspectiva de Gênero do Conselho Nacional de Justiça (Recomendação n. 128/2022 e Resolução n. 492/2023) conferem ao Poder Judiciário, por intermé-

---

26. GARCIA, Letícia Giovanini. *Mulheres, Política e Direitos Políticos*. São Paulo: Almedina, 2023. p. 48-49.
27. O artigo 29 da Lei Modelo Interamericana de Cuidados da Organização dos Estados Americanos (OEA) prevê: "*Licença parental compartilhada*. À escolha da mãe, a licença-maternidade poderá ser compartilhada com o pai, pelo número de semanas por ela indicado, atendendo a suas necessidades de recuperação. Em todo caso, as semanas utilizadas pelo pai deverão ocorrer no período final da licença".

dio do devido processo legal/convencional, a possibilidade de concretização de direitos humanos fundamentais.

É dever do Poder Judiciário adotar uma postura empática e humanista na interpretação e aplicação do sistema jurídico para repensar o processo de *naturalização* dos papéis sociais assumidos pelos homens e mulheres ao longo da história, realizar a permanente desconstrução do machismo estrutural e buscar o estabelecimento de um *novo pacto civilizatório*, baseado na corresponsabilidade pela produção econômica e pela reprodução social, com a valorização da ética do cuidado, da parentalidade responsável e da justa divisão das tarefas domésticas não remuneradas, inclusive pela forma de reparação da invisibilidade do labor desempenhado tradicionalmente pelas mulheres no cuidado e no desenvolvimento dos demais integrantes da família.[28]

A aplicação do Protocolo de Julgamento com Perspectiva de Gênero é uma extraordinária oportunidade para que a jurisprudência brasileira contribua para a transformação da realidade social. Porém, a questão não é apenas jurídica, mas principalmente cultural.

A eficácia do Protocolo de Julgamento com Perspectiva de Gênero depende de outros fatores como a sua incorporação na luta pela afirmação dos direitos humanos pelos movimentos sociais, do seu estudo e debate nas Escolas de Direito, da sua cobrança nas provas, exames da Ordem dos Advogados do Brasil e nos concursos públicos, bem como da qualificação permanente de advogados, membros do Ministério Público, juízes e demais profissionais do Direito.

No entanto, antes de qualquer ação concreta, é preciso *sonhar*, pois, como diz Rubem Alves, a construção da ciência exige ousadia:[29]

> (...) para se aprender a pensar é preciso primeiro aprender a dançar. Quem dança com as ideias descobre que pensar é alegria. Se pensar lhe dá tristeza é porque você só sabe marchar, como soldados em ordem unida. Saltar sobre o vazio, pular de pico em pico. Não ter medo da queda. Foi assim que se construiu a ciência: não pela prudência dos que marcham, mas pela ousadia dos que sonham. Todo conhecimento começa com o sonho. O conhecimento nada mais é que a aventura pelo mar desconhecido, em busca da terra sonhada. Mas sonhar é coisa que não se ensina. Brota das profundezas do corpo, como a água brota das profundezas da terra. Como Mestre só posso então lhe dizer uma coisa: 'Conte-me os seus sonhos, para que sonhemos juntos!'

O novo Direito das Famílias nasce da articulação com os Direitos Humanos, com observância do constitucionalismo feminista multinível. A interpretação e

---

28. TJPR – 12ª Câmara Cível – 0001630-84.2020.8.16.0191 – Curitiba – Rel.: Eduardo Augusto Salomão Cambi – J. 27.11.2023.
29. *A alegria de ensinar.* São Paulo: Ars Poética Editora, 1994. p. 37.

aplicação do Protocolo de Julgamento com Perspectiva de Gênero é um trabalho em curso que, para ser eficaz, depende da superação da cultura do machismo estrutural hegemônico.

Cabe a todos os atores do sistema jurídico, e principalmente ao Poder Judiciário, a responsabilidade de identificar os casos concretos e fazer expandir o Protocolo para outras situações que desafiem a equidade de gênero, na esperança de que as transformações sociais aconteçam a partir da redefinição das subjetividades (masculinas e femininas) pelo viés da complementariedade necessária para o aperfeiçoamento de cada um e de todos os seres humanos.

REFERÊNCIAS

AGUIRRE, João. Alimentos provisórios, alienação parental contra a pessoa idosa e convivência. In: EHRHARDT JÚNIOR, Marcos (Coord.). 2. ed. *Enunciados doutrinários do IBDFAM – 2024/2025* [livro eletrônico]. Belo Horizonte: Instituto Brasileiro de Direito de Família, 2024.

ALVES, Branca M.; PITANGUY, Jacqueline. *O que é feminismo*. São Paulo: Abril Cultural Brasiliense, 1985.

ALVES, Rubem. *A alegria de ensinar*. São Paulo: Ars Poética Editora, 1994.

ANDRADE, Gustavo. In EHRHARDT JÚNIOR, Marcos (Coord.). 2. ed. *Enunciados doutrinários do IBDFAM – 2022/2023* [livro eletrônico]. Belo Horizonte: Instituto Brasileiro de Direito de Família, 2022.

ASSIS, Araken. *Manual da Execução*. 21. ed. São Paulo: Ed. Thomson Reuters, 2021.

BARBIERI, Paula. *Dever jurídico de cuidado e manutenção de desigualdades de gênero*: efeitos do abandono afetivo paterno na garantia de direitos das mulheres. Orientadora: Ana Carla Harmatiuk Matos. Trabalho de Conclusão de Curso (Graduação). Curso de Direito, Universidade Federal do Paraná, Curitiba, 2022.

BARROSO, Luís Roberto. Diferentes, mas iguais: o reconhecimento jurídico das relações homoafetivas no Brasil. *Revista Diálogo Jurídico*, n. 16, maio/ago. 2007.

BAUMAN, Zygmunt. *44 Cartas do Mundo líquido moderno*. Trad. Vera Pereira. Rio de Janeiro: Zahar, 2011.

BEAUVOIR, Simone de. *O segundo sexo*. 2. ed. Rio de Janeiro: Nova Fronteira, 2009.

BENJAMIN, Walter. *Sobre o Conceito de História*. São Paulo: Alameda, 2020.

BIROLI, Flávia. *Gênero e desigualdade. Limites da democracia no Brasil*. São Paulo: Boitempo, 2019.

BITTAR, Eduardo Carlos Bianca. *Democracia, justiça e emancipação*: reflexões jusfilosóficas a partir do pensamento de Jürgen Habermas. São Paulo: Quartier Latin, 2013.

BITTAR, Eduardo Carlos Bianca. *Introdução ao Estudo do Direito*. 3. ed. São Paulo: Saraiva, 2021.

BITTAR, Eduardo Carlos Bianca; ALMEIDA, Guilherme Assis de. *Curso de filosofia do direito*. 16. ed. Rio de Janeiro: Forense, 2022.

BOFF, Leonardo. *A águia e a galinha: uma metáfora da condição humana*. 21. ed. Petrópolis: Vozes, 1998.

BOBBIO, Norberto. *El erec de los erecho*. Madri: Editorial Sistema, 1991.

BRASILEIRO, Luciana. In: EHRHARDT JÚNIOR, Marcos (Coord.). *Enunciados doutrinários do IBDFAM – 2024/2025* [livro eletrônico]. 2. Ed. Belo Horizonte: Instituto Brasileiro de Direito de Família, 2024.

BRAZIL, Glicia de Mattos Barbosa. Quais os efeitos psicológicos, para as crianças, na fixação de duas casas? *Revista IBDFAM: Famílias e Sucessões*, v. 33. maio/jun. 2019.

BRITO, Laura Souza Lima e; SILVA, Paula Aguiar e. Obrigação alimentar dos avós: (re)pensando os limites da natureza subsidiária e complementar da prestação. *Revista de Direito Privado*, v. 106, out./dez. 2020.

BUCCI, Eugênio. *Incerteza, um ensaio. Como pensamos a ideia que nos desorienta (e orienta o mundo digital)*. Belo Horizonte: Autêntica, 2023.

BUTLER, Judith. *Problemas de Gênero – Feminismo e Subversão da identidade*. Rio de Janeiro: Editora Civilização, 2003.

BUTLER, Judith. Critically Queer. *GLQ: A Journal of Lesbian and Gay Studies*, v. 1, 1993.

CAHALI, Yussef Said. *Dos alimentos*. 8. ed. São Paulo: Ed. RT, 2013.

CALAMANDREI, Piero. La funcion de la jurisprudência en el tempo presente. *Estudios sobre proceso civil*. Trad. de Santiago Sentís Melendo. Buenos Aires: EJEA, 1986. v. III.

CÂMARA, Hermano Victor Faustino; MATOS, Ana Carla Harmatiuk; SILVA, Fernando Moreira Freitas da. Adoção *intuito personae*: a tipicidade aberta e as tendências para o reconhecimento da entrega direta. *Civilistica.com*, n. 1, 2024.

CAMBI, Eduardo; SGARIONI, Clarissa Lopes. Dinamização do ônus da prova quanto à condição econômico-financeira do devedor de alimentos. *Revista de Direito Privado*, v. 81, set. 2017.

CAMBI, Eduardo; DOTTI, Rogéria; PINHEIRO, Paulo Eduardo d´Arce; MARTINS, Sandro Gilbert; KOZIKOSKI, Sandro Marcelo. *Curso de Processo Civil completo*. 3. ed. São Paulo: Thomson Reuters, 2022.

CAMBI, Eduardo. *Neoconstitucionalismo e neoprocessualismo. Direitos fundamentais, políticas públicas e protagonismo judiciário*. 4. ed. Belo Horizonte: D´Plácido, 2023.

CAMBI, Eduardo Augusto Salomão; GARCEL, Adriane. Reconhecimento de efeitos jurídicos às famílias simultâneas – a monogamia como valor ético-social relevante. *Revista IBDFAM: Famílias e Sucessões*, v. 57, maio/jun. 2023.

CAMBI, Eduardo; NOSAKI, Letícia de Andrade Porto; FACHIN, Melina Girardi. Tutela judicial das vulnerabilidades femininas: o papel do Poder judiciário brasileiro na efetivação do constitucionalismo feminista. *Revista CNJ*, v. 7, n. 1, jan./jun. 2023.

CAMBI, Eduardo; NOSAKI, Letícia de Andrade Porto. Equidade de gênero, trabalho doméstico não remunerado e potenciais emancipatórios do Direito das Famílias. *Revista IBDFAM: Família e Sucessões*, v. 60, nov./dez. 2023.

CAMBI, Eduardo; TEODORO, Matheus. Entre o direito e a moral: a hiperconstitucionalização do direito por meio da aplicação de princípios e os riscos à força normativa/transformadora da Constituição. *Revista dos Tribunais*, v. 1057, nov. 2023.

CAMBI, Eduardo; PORTO, Letícia de Andrade; FACHIN, Melina Girardi. O Supremo Tribunal Federal e a construção do constitucionalismo multinível. *Suprema. Revista de Estudos Constitucionais*, v. 1, n. 2, 2021.

CAMBI, Eduardo; PASTINA, Silvana Aparecida. Violência doméstica e familiar (patrimonial) contra a mulher na dimensão do constitucionalismo feminista e do Protocolo de Julgamento na Perspectiva de Gênero. *Revista dos Tribunais*, v. 1054, p. 63-80, 2023.

CANOTILHO, José Joaquim Gomes. *Direito Constitucional e Teoria da Constituição*. 6. ed. Coimbra: Almedina, 2002.

CARNELUTTI, Francesco. *La prova civile*. Milão: Giuffrè, 1992.

CARNEIRO, Sueli. *Enegrecer o feminismo*: a situação da mulher negra na América Latina a partir de uma perspectiva de gênero. Disponível em: https://www.patriciamagno.com.br/wp-content/uploads/2021/04/CARNEIRO-2013-Enegrecer-o-feminismo.pdf. Acesso em: 24 out. 2023.

COSSO, Roberto; SUWWAN, Leila. Virgindade deixa de anular união. *Folha de São Paulo*, 15 de agosto de 2001. Disponível em: https://www1.folha.uol.com.br/fsp/cotidian/ff1508200123.htm. Acesso em: 06 abr. 2024.

COSTA, Camile Vieira da. *A política de creche como instrumento de igualdade de gênero*. Dissertação de Mestrado. Curitiba: Faculdade de Direito da Universidade Federal do Paraná, 2020.

COSTA, Maria Isabel Pereira da. Responsabilidade civil dos pais pela omissão do afeto na formação da personalidade dos filhos. *Revista jurídica*: doutrina, legislação, jurisprudência, v. 56, n 368, jun. 2008.

CRENSHAW, Kimberle. Documento para o Encontro de Especialistas em Aspectos da Discriminação Racial Relativos ao Gênero. *Revista Estudos Feministas*, Florianópolis, v. 10, n. 1, p. 171-188, jan. 2002. Disponível em: http://www.scielo.br/scielo.php?script=sci_arttext&pid=S0104-026X2002000100011&lng=en&nrm=iso. Acesso em: 13 jun. 2023.

DESPENTES, Virginie. *Teoria King Kong*. Trad. Márcia Bechara. São Paulo: N-1 Edições, 2016.

DIAS, Maria Berenice. *Alimentos sem culpa*. Disponível em: https://berenicedias.com.br/alimentos-sem-culpa-2/?print=print. Acesso em: 08 mar. 2024.

DIAS, Maria Berenice. *Manual de Direito das Famílias*. 8. ed. São Paulo: Ed. RT, 2011.

DIAS, Maria Berenice. *Manual de Direito das Famílias*. 12. ed. São Paulo: Ed. RT, 2017.

DIAS, Maria Berenice. *Manual de Direito das Famílias*. 14. ed. Salvador: JusPodivm, 2021.

DIAS, Maria Berenice. *A mulher e o Direito*. https://berenicedias.com.br/a-mulher-e-o-direito/. Acesso em: 17 out. 2023.

DIAS, Maria Berenice. *Manual de direito das famílias* [Livro Eletrônico]. São Paulo: Ed. RT, 2016.

DIAS, Maria Berenice. *Alimentos: direito, ação, eficácia e execução* [Livro Eletrônico]. São Paulo: Ed. RT, 2017.

DIAS, Maria Berenice. *Manual de Direito das Famílias*. 14. ed. Salvador: JusPodivm, 2021.

DIAS, Maria Berenice. Multiconjugalidades. *Revista IBDFAM – Famílias e Sucessões*, v. 59, set./out. 2023.

DIDIER JR., Fredie. *Benefício da Justiça Gratuita*. 6. ed. Salvador: JusPodivm, 2016.

DOTTI, Rogéria. *Tutela da evidência. Probabilidade, defesa frágil e o dever de antecipar a tempo*. São Paulo: Ed. RT, 2020.

DWORKIN, Ronald. *Justiça para Ouriços*. Trad. Pedro Elói Duarte. Coimbra: Almedina, 2012.

ENGELS, Friedrich. *A origem da família, da propriedade privada e do Estado*. Trad. de Leonardo Konder. 9. ed. Rio de Janeiro: Civilização Brasileira, 1984.

FACHIN, Luiz Edson; RUZYK, Carlos Eduardo Pianoski. Direitos fundamentais, dignidade da pessoa humana e o novo Código Civil: uma análise crítica. In: SARLET, Ingo Wolfgang (Org.). *Constituição, Direitos fundamentais e Direito privado*. Porto Alegre: Livraria do Advogado, 2003.

FACHIN, Luiz Edson. *Código Civil*: vinte anos depois, regras e princípios atestam resiliência. Disponível em: https://www.conjur.com.br/2022-jan-10/luiz-edson-fachin-codigo-civil-vinte-anos-depois. Acesso em: 27 abr. 2023.

FACHIN, Luiz Edson. Desafios e esperanças de 2024. *Correio Braziliense*, 11 de janeiro de 2024.

FACHIN, Melina. Constitucionalismo multinível: diálogos e(m) direitos humanos. *Revista Ibérica do Direito*, ano I, v. I, n. I, jan./abr. 2020.

FACHIN, Melina Girardi; CAMBI, Eduardo; PORTO, Letícia de Andrade. *Constituição e Direitos Humanos. Tutela dos grupos vulneráveis*. São Paulo: Almedina, 2022.

FARALLI, Carla. *A filosofia contemporânea do direito. Temas e desafios*. Trad. Candice Premaror Gullo. São Paulo: Martins Fontes, 2006.

FARIAS, Cristiano Chaves de; ROSENVALD, Nelson. *Curso de Direito Civil*. 15. ed. Salvador: JusPodivm, 2017. v. 1.

FARIAS, Cristiano Chaves de; ROSENVALD, Nelson. *Curso de Direito Civil*. Famílias. 9. ed. São Paulo: JusPodivm, 2021.

FARIAS, Cristiano Chaves de; ROSA, Conrado Paulino da. *Teoria geral do afeto*. 4. ed. São Paulo: JusPodivm, 2023.

FARIAS, Cristiano Chaves de. ROSENVALD, Nelson. BRAGA NETTO, Felipe. *Manual de Direito Civil*. 2. ed. São Paulo: JusPodivm, 2018. Volume único.

FARIAS, Cristiano Chaves de; BRAGA NETO, Felipe; ROSENVALD, Nelson. *Manual de Direito Civil*. São Paulo: JusPodivm, 2023. Volume único.

FEDERICI, Silvia. *Calibã e a Bruxa. Mulheres, corpo e acumulação privatista*. Trad. Coletivo Sycorax. São Paulo: Editora Elefante, 2019.

FEDERICI, Silvia. *Entrevista de Úrsula Passos*. Disponível em: https://www.geledes.org.br/o-que-eles-chamam-de-amor-nos-chamamos-de-trabalho-nao-pago-diz-silvia-federici/ GARCIA, Letícia Giov. Acesso em: 22 mar. 2024.

FLORES, Joaquín Herrera. *A (re)invenção dos direitos humanos*. Trad. de Carlos Roberto Diogo Garcia, Antonio Henrique Graciano Suxberger e Jefferson Aparecido Dias. Florianópolis: Boiteux, 2009.

FONSÊCA, Vitor. Por que os juízes devem se preocupar com a jurisprudência da Corte Interamericana de Direitos Humanos: Recomendação CNJ 123/2022. *Juris MPES – Revista do Ministério Público do Espírito Santo*, v. 4, n. 5.

FRASER, Nancy. *Redistribución o reconocimiento? Un debate político-filosófico*. Madri: Ediciones Morata, 2001.

FROMM, Erich. *A arte de amar* [Livro Eletrônico]. Trad. Milton Amado. São Paulo: Martins Fontes, 2000.

GAGLIANO, Pablo Stolze. *Divórcio Liminar*. Disponível em: http://jus.com.br/artigos/28187/divorcio-liminar#ixzz3k8kqLQgY. Acesso em: 9 ago. 2023.

GAMA, Guilherme Nogueira da. *Princípios constitucionais de direito de família*. São Paulo: Atlas, 2008.

GARCIA, Ana Güezmes; VAEZA, María-Noel. In: GARCÍA, Ana Güezmes y VAEZA, María-Noel (Coord.). *Avances en matéria normativa del cuidado en América Latina y el Caribe. Hacia una sociedade del cuidado con igualdad de género*. Santiago: Nações Unidas, 2023.

GARCIA, Letícia Giovanini. *Mulheres, política e direitos políticos*. São Paulo: Almedina, 2023.

GIANETTI, Eduardo. *O anel de Giges*. São Paulo: Companhia das Letras, 2020.

GICO JÚNIOR, Ivo Teixeira. *A Tragédia do Judiciário: subinvestimento em capital jurídico e sobreutilização do Judiciário*. Tese (doutorado). Brasília: Universidade de Brasília, Faculdade de Economia, Administração, Contabilidade e Ciência da Informação e Documentação. Departamento de Economia, Programa de Pós-Graduação em Economia, 2012.

GOLDIN, Claudia Goldin; KELLER, Sari Pekkala; OLIVETTI, Claudia. When the Kids Grow Up: Women's Employment and Earnings across the Family Cycle. *NBER*, Cambridge. Aug. 2022. Working Paper 30323. Disponível em: https://www.nber.org/system/files/working_papers/w30323/w30323.pdf. Acesso em: 26 jan. 2024.

GOMES, Orlando. *Raízes Históricas e Sociológicas do Código Civil Brasileiro*. São Paulo: Martins Fontes, 2003.

GONÇALVES, Carlos Roberto. *Direito Civil brasileiro. Direito de Família*. 9. ed. São Paulo: Saraiva, 2012. v. 6.

GONZÁLEZ, Lélia. *Por um feminismo afro-latino-americano*. Rio de Janeiro: Zahar, 2020.

GROENINCA, Giselle Câmara. *Direito à convivência entre pais e filhos: análise interdisciplinar com vistas à eficácia e sensibilização de suas relações no Poder Judiciário*. Tese de Doutorado. São Paulo: Universidade de São Paulo (USP), 2011.

GUZMÁN, Federico Andreu; COURTIS, Christian. *Comentarios sobre las 100 Reglas de Brasilia sobre Acceso a la Justicia de las Personas en Condición de Vulnerabilidad*. Disponível em: https://www.corteidh.or.cr/tablas/r29269.pdf. Acesso em: 24 maio 2023.

HABERMAS, Jürgen. *The inclusion of other. Studies in political theory*. Cambridge: MIT, 1998.

HABIGZANG, Luísa F.; KOLLER, Silvia H. *Violência contra crianças e adolescentes* [Livro Eletrônico]. Porto Alegre: Editora Artmed, 2012.

HARARI, Yuval Noah. *21 Lições para o Século 21*. Trad. Paulo Geiger. São Paulo: Companhia das Letras, 2018.

HARDT, Michael; NEGRI, Antonio. *Bem-estar comum*. Trad. Clóvis Marques. Rio de Janeiro: Record, 2016.

HEEMANN, Thimotie Aragon. Violência processual contra a mulher: conceito e formas de combate. *Coluna Jota*. 26 de junho de 2023. Disponível em: https://www.jota.info/opiniao-e-analise/colunas/direito-dos-grupos-vulneraveis/violencia-processual-contra-a-mulher-conceito-e-formas-de-combate-26062023 Acesso em: 30 ago. 2023.

HERNANDEZ, Aline Reis Calvo. Teoria King Kong: O "Escandaloso" Livro de Virginie Despentes. *Revista Psicologia Política* [Versão on-line], v. 18, n. 43, São Paulo, set./dez. 2018.

HERRERA, Marisa. *Manual de derecho de las famílias*. 3. ed. Buenos Aires: Albeledo Perrot, 2024.

HONNETH, Axel. *Luta por reconhecimento. A gramática moral dos conflitos sociais*. Trad. Luiz Repa. São Paulo: Editora 34, 2003.

KARNAL, Leandro; ESTEVAM, Luiz. *Preconceito: Uma história*. São Paulo: Companhia das Letras, 2023.

KILOMBA, Grada. *Memórias da plantação. Episódios de racismo cotidiano*. Rio de Janeiro: Cobogó, 2019.

Lérias, Reinéro Antônio. *Ética, moral, ciência e direitos humanos*. Revista Argumenta, v. 7, 2008.

LÔBO, Paulo. *Direito Civil: famílias*. 8. ed. São Paulo: Saraiva Educação, 2018. V. 5.

LÔBO, Paulo. *Entidades familiares constitucionalizadas*: para além do *numerus clausus*. Disponível em: https://ibdfam.org.br/artigos/128/Entidades+familiares+constitucionalizadas:+para+al%2525252525C3%2525252525A9m+do+numerus+clausus. Acesso em: 28 abr. 2023.

LOURO, Guacira Lopes. Gênero e sexualidade: pedagogias contemporâneas. Dossiê: Educação, Gênero e Sexualidade. *Revista Pro-Posições*, v. 19.

LUCCHESE, Mafalda. *Filhos* – Evolução até a plena igualdade. Disponível em: https://www.emerj.tjrj.jus.br/serieaperfeicoamentodemagistrados/paginas/series/13/volumeI/10anosdocodigocivil_231.pdf. p. 232-233.

LUGONES, María. Colonialidade e gênero. In: HOLLANDA, Heloisa Buarque de (Org.). *Pensamento feminista hoje. Perspectivas decoloniais*. São Paulo: Bazar do Tempo, 2019.

MACÊDO, Lucas Buril de; PEIXOTO, Ravi Medeiros. *Ônus da prova e sua dinamização*. Salvador: JusPodivm, 2014.

MADALENO, Rolf. *Repensando o direito de família*. Porto Alegre: Livraria do Advogado Ed., 2007.

MADALENO, Rolf. *Direito de família*. 8. ed., rev., atual. e ampl. Rio de Janeiro: Forense, 2018.

MADALENO, Rolf. *Direito de família*. 10. ed. Rio de Janeiro: Forense, Renovar, 2020.

MADALENO, Rolf; CARPES, Ana Carolina; MADALENO, Rafael. *Fraude no Direito de Família e Sucessões*. Rio de Janeiro: Forense, 2021.

MADALENO, Rolf. *Direito de Família*. 12. ed. Rio de Janeiro: Forense, 2022.

MADALENO, Rolf. O juízo verbal de partilha. *Revista IBDFAM – Famílias e Sucessões*, v. 59, set./out. 2023.

MADALENO, Rolf. *A separação de corpos e o direito de estar só*. Disponível em: https://www.rolfmadaleno.com.br/web/artigo/a-separacao-de-corpos-e-o-direito-de-estar-so. Acesso em: 14 jan. 2023.

MADALENO, Rolf. *Alimentos compensatórios*. Rio de Janeiro: Forense, 2023.

MAZZUOLI, Valerio de Oliveira. *O controle jurisdicional da convencionalidade das leis*. 3. ed. São Paulo: Ed. RT, 2013.

MOREIRA, Adilson José. *Tratado de direito antidiscriminatório*. São Paulo: Editora Contracorrente, 2020. v. 1.

MOREIRA, Maíra Marcondes. *Homens que cuidam e estereótipos de gênero*. Disponível em: https://diplomatique.org.br/homens-que-cuidam-e-estereotipos-de-genero/. Acesso em: 12 jan. 2024.

MOREIRA, Maíra Marcondes. *Freud e o casamento. O sexual no trabalho de cuidado*. Belo Horizonte: Autentica, 2023.

MOTTA, Maria Antonieta Pisano. A síndrome da alienação parental. *Síndrome da alienação parental e a tirania do guardião*: aspectos psicológicos, sociais e jurídicos. Organizado pela Associação de Pais e Mães Separados. Porto Alegre: Equilíbrio, 2007.

NEVES, Daniel Amorim Assumpção. *Novo Código de Processo Civil Comentado*. Salvador: JusPodivm, 2016.

NOVAIS, Jorge Reis. *Direitos fundamentais. Trunfos contra a maioria*. Coimbra: Coimbra Editora, 2006.

NUNES, Paula Freire Andrade. A defesa da dignidade animal e da alteração da natureza jurídica do animal no direito brasileiro: por uma análise interdisciplinar com vistas ao reconhecimento jurídico e social às famílias multiespécies. *Revista IBDFAM*: Famílias e Sucessões, v. 43, jan./fev. 2021.

OLIVEIRA, Ligia Ziggiotti de. Cuidado como valor jurídico: crítica aos direitos da infância a partir do feminismo. Tese (Doutorado) – Programa de Pós-Graduação em Direito. Universidade Federal do Paraná, 2019.

PACHÁ, Andréa. *A vida não é justa*. Rio de Janeiro: Intrínseca, 2022.

PAES, Érica de Aquino; MOÁS, Luciane da Costa. O Direito das Famílias à luz da perspectiva de gênero: Considerações acerca da fixação dos alimentos compensatórios a partir do Protocolo para Julgamento com Perspectiva de Gênero 2021. *Revista CNJ* – Edição especial Mulheres e Justiça. 2022.

PEREIRA, Rodrigo da Cunha. *Direito das famílias*. 4. ed. Rio de Janeiro: Forense, 2023.

PIN, Camila Carlesso. Justiça e Gênero: uma reflexão da teoria de Axel Honneth. *Juris MPES – Revista Jurídica do Ministério Público do Estado do Espírito Santo*, v. 4, n. 5, 2023.

PIOVESAN, Flávia. Direitos humanos e diálogos entre jurisdições. *Revista brasileira de direito constitucional*, n. 19, jan./jun. 2012.

PORFÍRIO, Danilo. Definição e natureza jurídica do princípio da afetividade. *Revista de Direito de Família e das Sucessões*, v. 3, mar./abr. 2015.

RAMOS, Marcelo Maciel. Teorias Feministas e Teorias Queer do Direito: gênero e sexualidade como categorias úteis para a crítica jurídica. *Revista Direito e Práxis*, v. 12, n. 3, 2021.

RECHIA, Fernando Mariath. Prova e raciocínio indutivo. *Revista de processo*, v. 350, abr. 2024.

RIBEIRO, Djamila. *Cartas para minha avó*. São Paulo: Companhia das Letras, 2021.

RIBEIRO, Moacyr Petrocelli de Ávila. *Alienação fiduciária de bens imóveis* [Livro Eletrônico]. 2. ed. São Paulo: Thomson Reuters Brasil, 2022.

ROA, Jorge Ernesto Roa. *El rol del juez constitucional en el constitucionalismo transformador latinoamericano*. Max Planck Institute Research Paper Series, n. 2020-01.

RODAS, João Grandino. *Contribuições da análise econômica do Direito para a gratuidade processual*. Disponível em: https://www.conjur.com.br/2021-dez-16/olhar-economico-contribuicoes-analise-economica-gratuidade-processual. Acesso em: 17 ago. 2023.

RODOTÀ, Stefano. *Diritto d'amore*. Bari: Laterza, 2015.

ROTHENBURG, Walter Claudius. Igualdade. *Direitos fundamentais e Estado Constitucional. Estudos em homenagem a J. J. Gomes Canotilho*. São Paulo: Ed. RT, 2009.

RUZYK, Carlos Eduardo Pianovski. Famílias simultâneas: da unidade codificada à pluralidade constitucional. *Dissertação de Mestrado*. Curitiba: Universidade Federal do Paraná, 2003.

RUZYK, Carlos Eduardo Pianovski. *Direito de Família contemporâneo, codificação civil e constitucionalização*. No prelo.

SÁ, Marco Antônio Rodrigues e Carla Teresa Bonfadini de. In: PEIXOTO, Ravi (Coord.). *Enunciados FPPC – Fórum Permanente de Processualistas Civis – organizados por assunto, anotados e comentados*. Salvador: JusPodivm, 2018.

SANCHES, Fernanda Karam de Chueiri. *A responsabilidade no Direito de Família brasileiro contemporâneo: do jurídico à ética*. Dissertação de Mestrado. Curitiba: Universidade Federal do Paraná, 2013.

SANTOS, Boaventura de Souza. Por uma concepção multicultural de direitos humanos. *Reconhecer para libertar. Os caminhos do cosmopolitismo multicultural*. São Paulo: Difel, 2003.

SANTOS, Boaventura de Souza. *Introdução a uma ciência pós-moderna*. 4. ed. Rio de Janeiro: Graal, 1989.

SARTRE, Jean-Paul. *Existencialismo é um humanismo*. Trad. Rita Correia Guedes. Disponível em: http://www.educadores.diaadia.pr.gov.br/arquivos/File/2010/sugestao_leitura/filosofia/texto_pdf/existencialismo.pdf. Acesso em: 29 mar. 2024.

SCOTT, Jean. *Gênero*: uma categoria útil para análise histórica. Disponível em: https://edisciplinas.usp.br/pluginfile.php/185058/mod_resource/content/2/G%C3%AAnero-Joan%20Scott.pdf. Acesso em: 30 set. 2023.

SCOTT, Jean. O enigma da igualdade. *Estudos* feministas, v. 13, jan./abr. 2005.

SILVA, Christine Oliveira Peter da. Por uma dogmática constitucional feminista. *Suprema. Revista de Estudos Constitucionais*, v. 1, n. 2, 2021.

SOARES, Flaviana Rampazzo. Dano presumido e dano in re ipsa – distinções necessárias. *Revista IBERC.* n. 1, jan/abr. 2023.

SOUZA, Vanessa Ribeiro Corrêa Sampaio Souza. *O princípio da paternidade responsável: de suas diretrizes conceituais à influência sobre os efeitos decorrentes da filiação.* Tese (Doutorado). Rio de Janeiro: Universidade do Estado do Rio de Janeiro, Faculdade de Direito, 2012.

SUDATTI, Ariani Bueno. Reflexões sobre a "Desigualdade Racial". In: GONÇALVES, Cláudia Maria da Costa e DESTERRO, Rodrigo (Org.). *Vulnerabilidades sociais em tempo de pandemia.* Rio de Janeiro: Lumen Juris, 2020.

TARTUCE, Fernanda. *Processo Civil no Direito de Família*: Teoria e Prática. 4. ed. São Paulo: Editora Método, 2019.

TARTUCE, Flávio. *Direito Civil. Direito de Família.* 11. ed. Rio de Janeiro: Forense, 2016. v. 5.

TEYBER, Edward. *Ajudando as crianças a conviver com o divórcio.* Trad. Carmen Youssef. São Paulo: Nobel, 1995.

TIBURI, Marcia. *Delírio do poder: psicopoder e loucura coletiva na era da desinformação.* Rio de Janeiro: Record, 2019.

VALADARES, Maria Goreth Macedo. Da necessidade de se compartilhar a custódia física dos filhos para evitar a perpetuação do machismo e garantir a implementação do Protocolo com Perspectiva de Gênero 2021 do CNJ. *Revista IBDFAM: Famílias e Sucessões*, v. 60, nov./dez. 2023.

VAZ, Lívia Sant´Anna. Eu*, mulher negra, não sou sujeito universal! Eu, mulher negra, não sou sujeito universal!* Disponível em: https://www.jota.info/opiniao-e-analise/artigos/eu-mulher-negra-nao-sou-sujeito-universal-12082020. Acesso em: 20 nov. 2023.

VENOSA, Silvo de Salvo. *Código Civil interpretado.* São Paulo: Atlas, 2010.

VESCHI, Marcos Roberto Marques. Alimentos gravídicos: direitos da gestante ou do nascituro. *Revista IBDFAM*, v. 57, mar./jun. 2023.

VIEIRA, Oscar Vilhena. *A gramática dos direitos humanos.* Disponível em: file:///C:/Users/023450~1/AppData/Local/Temp/BC_04_Art02.pdf. Acesso em: 1º abr. 2024.

WAQUIM, Bruna Barbieri. *A integração da alienação parental à doutrina da proteção integral*: repercussões jurídico-políticas do enquadramento da alienação familiar induzida como situação de risco. Tese (Doutorado). Brasília: Centro Universitário de Brasília, 2020.

ANOTAÇÕES